POVO DE ARUANDA

MANUAL DE ORIXÁS E GUIAS ESPIRITUAIS

Flávio Penteado

POVO DE ARUANDA

MANUAL DE ORIXÁS E GUIAS ESPIRITUAIS

POVO DE ARUANDA
Copyright© Editora Nova Senda

Revisão: *Luciana Papale*
Capa e diagramação: *Décio Lopes*

DADOS INTERNACIONAIS DE CATALOGAÇÃO DA PUBLICAÇÃO

Penteado, Flávio

Povo de Aruanda: Manual de Orixás e Guias Espirituais / Flávio Penteado – 3ª impressão – São Paulo – Editora Nova Senda – Inverno de 2023.

Bibliografia.
ISBN 978-85-66819-14-4

1. Umbanda   2. Religião Afrobrasileira   I. Título.

Proibida a reprodução total ou parcial desta obra, de qualquer forma ou por qualquer meio, seja eletrônico ou mecânico, inclusive por meio de processos xerográficos, incluindo ainda o uso da internet sem a permissão expressa da Editora Nova Senda, na pessoa de seu editor (Lei nº 9.610, de 19.02.1998).

Direitos exclusivos reservados para Editora Nova Senda.

EDITORA NOVA SENDA
Rua Jaboticabal, 698 – Vila Bertioga – São Paulo/SP
CEP 03188-001 | Tel. 11 2609-5787
contato@novasenda.com.br | www.novasenda.com.br

Sumário

Palavra do autor 7
Agradecimentos 9
Prefácio 11
Primeira Parte – Orixás 13
    Exú 22
    Oxalá 28
    Nanã 33
    Iemanjá 40
    Iansã 47
    Xangô 54
    Ogum 61
    Oxum 68
    Oxóssi 74
    Ossain 80
    Oxumarê 85
    Obá 91
    Logunan 97
    Egunitá 101
    Obaluaiê / Omolú 106
Segunda Parte – Os Guias Espirituais 119
    Os Guias Espirituais 121
    Caboclos 124
    Pretos-velhos 158
    Erês 197
    Boiadeiros 203

Ciganos 210
Marinheiros 234
Baianos 236
Exús e Pombagiras 244
Malandros 303
Fonte de Pesquisa 320

Palavra do autor

A ideia de escrever este livro surgiu da vontade de conhecer melhor a Umbanda e os Guias Espirituais que nela trabalham, assim como aprender mais sobre as últimas passagens por esta Terra, desses seres quando encarnados.

Minha curiosidade aumentou durante uma longa conversa que tive com um Guia Espiritual da linha dos Malandros, chamado Miguel da Camisa Preta, que me contou um pouco mais sobre sua linha de trabalho, a vida que tinha quando encarnado e sua existência no astral.

Sempre fui um estudioso do lado místico das religiões, procurei aprender mais sobre seus mistérios, magia, histórias, lendas, mitos e toda a energia decorrente das suas práticas. Comecei então a me aprofundar sobre o assunto, conversei com alguns médiuns para descobrir o que conheciam a respeito dos Guias Espirituais com quem trabalham e quis saber mais de suas histórias. Verifiquei então que muitos, por falta de tempo ou de conhecimento, não tinham acesso a essas informações. O que se encontrava em literatura disponível eram histórias longas e isoladas, de apenas um ou outro Guia Espiritual. Por isso resolvi incluir num único livro, dividido em grupos ou linhas de trabalho, algumas informações sobre estes Guias Espirituais, além de um pouco de suas histórias em sua última encarnação.

Vou também falar sobre os Orixás que fazem parte do panteon umbandista, trazendo um pouco de informação e mitos que os cercam, assim como seus sincretismos.

Muitos podem considerar os mitos como histórias inventadas, que não trazem verdade em sua narrativa, porém se fizermos uma análise em cada mito, poderemos encontrar verdades e ensinamentos que podem nos ajudar a compreender, cada vez melhor, as energias que nos auxiliam em nossa caminhada evolutiva.

Cito aqui um pequeno texto que mostra bem o conceito dos mitos, extraído do livro *Os Segredos da Bíblia* de Roberto Lima Netto:

"A verdade do mito é maior que a verdade do fato. O mito fala uma linguagem simbólica, metafórica, e assim aceita, é fundamental para o desenvolvimento do homem, para dar sentido à sua vida. As imagens mitológicas da bíblia simbolizam poderes espirituais que todos os seres humanos carregam dentro da psique humana, mesmo aqueles que se dizem ateus. Por isso mesmo os mitos não se referem a fatos, mas jogam sua luz para frente deles. São verdades maiores que vão além, que transcendem aos fatos. Sobre eles, Salústio, historiador romano, disse uma frase: 'São coisas que nunca aconteceram, mas que sempre existiram'."

Os mitos sempre foram importantes para os seres encarnados, pois através deles conseguimos compreender melhor o incompreensível.

Outro objetivo que tenho ao escrever esse livro é o de mostrar que a verdadeira Umbanda não está voltada para trabalhos de amarração ou para prejudicar o próximo, e sim, para o bem, visando o amor e a caridade, com o único objetivo de mostrar que todos os caminhos levam para um só lugar: Deus.

Para evitar que as pessoas que não conhecem a fundo a nossa religião se confundam, o livro foi dividido em duas partes. Na primeira, descrevo de forma sucinta sobre os Orixás, algumas informações básicas, atributos, lendas e seu ecletismo, porém resolvi inovar, trago histórias sobre os santos católicos que se associam com os Orixás, pois acredito que muitos sabem o sincretismo, mas poucos conhecem as histórias destes santos católicos.

A segunda parte eu reservei para aos Guias Espirituais e suas histórias, mitos e lendas, além de falar de cada grupo de entidades para que as pessoas possam compreender um pouco mais sobre estes seres que nos auxiliam tanto em nossa caminhada e evolução.

Espero ter ajudado a esclarecer e saciar a curiosidade de algumas pessoas.

Boa Leitura!

Agradecimentos

Começo primeiramente pedindo desculpas aos *Guias Espirituais* que não foram citados neste livro, mas prometo que num próximo trabalho buscarei com mais afinco suas histórias, fábulas, lendas ou mitos, para saciar não só os leitores, mas também para mostrar um pouco mais destes Guias que tanto admiro e respeito e que trabalham na nossa querida Umbanda, pregando a humildade, a caridade e o amor ao próximo.

Espero ter conseguido trazer nestas páginas, histórias interessantes, que possam ajudar as pessoas de dentro e fora do meio umbandista a compreender melhor não só esta religião, mas também estes Guias Espirituais, que de demônios não possuem nada. Podem ser exóticos nas suas formas de incorporação ou de trato aos consulentes, mas todos trabalham dentro de uma lei divina, sempre buscando ajudar os mais necessitados.

Gostaria de aproveitar este momento para sair em defesa dos nossos queridos Exús e Pombagiras, por mais que não necessitem, pois eles não praticam o mal, mas são confundidos por Espíritos de pouca ou nenhuma luz que tentam se passar por eles para ganharem credibilidade e enganar pessoas incrédulas e desesperadas, se aproveitando de suas energias. Médiuns mal-intencionados se utilizam de espíritos que se passam por estes guardiões para causar o mal e o desequilíbrio daqueles que buscam desesperadamente o sucesso ou amor de sua vida, mas lembrem-se de que a lei divina é implacável e o retorno é certo, por mais que demore ele sempre vem e acaba cobrando o ônus das atitudes e pensamentos negativos.

Queria mais uma vez lembrar que as histórias, mitos e lendas contadas neste livro, são resultado de uma pesquisa longa, e esclarecer que nem sempre o Tranca Ruas, o Caboclo Sete Flechas e tantos outros guias, possuem vários espíritos que tiveram vidas distintas, eles trabalham nestas falanges, mas não são os mesmos em todos os terreiros. Por isso pode ser que as histórias lidas aqui, possa não condizer com a entidade que você conhece ou trabalha.

Agradeço a meu pai Xangô e a todos os Guias Espirituais que me iluminaram e me acompanharam durante este período de pesquisas e elaboração deste material que acredito trazer muita informação a muitos leitores.

E a todas aquelas pessoas que me ajudaram para que este livro se tornasse realidade, como meu amigo e irmão Emerson Luiz, Sergio Leandro Reis, Claudio Lino e tantos outros.

Agradeço a minha esposa Maura e minha filha Thaís, as amigas Florisa, Raquel, Alcioni e o amigo Daniel, por toda ajuda que me deram para que eu concluísse mais este trabalho e pudesse assim, mostrar o outro lado desta religião maravilhosa, seu lado místico, e ainda mostrar às pessoas que a vida não se encerra do lado de cá e, conforme nossos atos e pensamentos, nós podemos seguir pelo lado do bem após o desencarne ou nos redimir de erros para que possamos seguir nossa evolução, segundo as leis divinas.

Que minha mãe Oxum me guie nesta nova caminhada!

Que assim seja!

Prefácio

Quando Flávio Penteado me pediu para prefaciar seu livro ponderei que sou leigo no assunto e que não teria bagagem suficiente para cumprir tal tarefa. O pouco que sei sobre Orixás e entidades diversas aprendi aqui, revisando este livro que o caro leitor tem em mãos. Além de leigo no assunto, sou um ateu incorrigível e talvez você esteja se perguntando por que um cético que não conhece nada sobre umbanda em geral tem a incumbência de escrever sobre o tema.

Primeiramente foi o gosto pessoal por narrativas fantásticas. Leitor de grandes narradores como Jorge Amado, Gabriel Garcia Márquez, Jorge Luis Borges e de tantos outros escritores que flertaram com diversos gêneros fantásticos, cultivo certo interesse por contadores de histórias. E Flávio Penteado é um bom contador de histórias.

Se você for um leitor literário como eu, e não religioso, se deliciará com grandes histórias de anjos guerreiros e verdadeiras batalhas épicas, envoltas em tramas, das mais complexas e instigantes. Portanto, o que me interessou em primeiro lugar foi a facilidade de Flávio Penteado em contar uma história sobre Orixás sem cair no misticismo religioso, interessando também os "não religiosos" ou praticantes de religiões diversas.

Outro motivo que me levou a aceitar a incumbência de escrever uma apresentação (não chamaria de prefácio) é a consideração que tenho pelo autor. Competente no resultado final deste livro só me resta desejar muita satisfação nos frutos vindouros que Flávio colherá com esta obra, assim como desejar satisfação ao leitor durante a leitura.

Daniel Osiecki

Primeira Parte

ORIXÁS

Orixás

Para começarmos este assunto, precisamos entender primeiro, o que significa a palavra ORIXÁ.

ORI = *Coroa* + XÁ = *Luz*,
logo, ORIXÁ = *Coroa de Luz*

A palavra Orixá, como se vê na explicação acima, quer dizer "Coroa de Luz", ou ainda, "Espírito de Luz", o princípio mais evoluído existente em nosso sistema, criado através das energias emanadas de Deus. Podemos dizer que os sete principais Orixás são qualidades divinas ou divindades. Para os umbandistas, os Orixás não tiveram encarnação, pois são partes vivas de Deus.

Tudo em nosso Planeta possui energia. O equilíbrio e a harmonia destas energias, só são possíveis pelo jogo energético entre os elementos que compõe a Terra. Para manter este equilíbrio, estas energias são regidas por forças universais e cósmicas, que acabam sendo associadas às forças da natureza que, para melhor compreensão humana, chamamos de Orixás. Estes seres divinos são responsáveis por manter o equilíbrio para que a força vital do Planeta flua com mais harmonia.

O fogo, o ar, a terra e a água são os elementos primordiais que combinados, dão origem a tudo que nossos corpos físicos necessitam.

Acreditamos que esses elementos e suas ramificações são comandados e trabalhados por entidades Espirituais que vão desde os Elementais (espíritos em transição atuante no grande laboratório planetário e que ainda não possuem encarnação), até aos Espíritos Superiores, que inspecionam, comandam e fornecem o fluido vital para o trabalho constante de *Criar, Manter e Transformar* a dinâmica evolutiva da vida no Planeta Terra.

Os Orixás, expressão extraída do vocábulo Iorubá, de origem africana, são, portanto, esses espíritos de alta força vibratória.

Quando falamos em Orixás, a primeira imagem que nos vêm, são as humanizações feitas pelos africanos destas forças, para facilitar a compreensão e fé nestes espíritos, seres, ou energias que nos ajudam a seguir em frente. Porém, para nós umbandistas, Orixás são energias representadas pelas forças e elementos da natureza. Isso não quer dizer que devemos deixar de lado todas as mitologias que podemos vir a conhecer, e não precisamos tampouco, tê-las como invencionice, pois se prestarmos atenção às histórias, mitos e lendas contados, veremos que eles nos trazem ensinamentos e informações sobre as qualidades de cada Orixá, tendo assim, sempre um fundo de verdade ou uma qualificação a ser considerada.

Como seres humanos encarnados em estágio evolutivo, necessitamos ainda destas figuras humanizadas para fortalecermos a fé e focarmos nossos pensamentos e atitudes, para que possamos nos harmonizar e nos equilibrar para seguirmos nessa caminhada com maior leveza e com pensamentos elevados.

Precisamos esclarecer que, tanto na Umbanda como no Candomblé, os Orixás são os mesmos, o que difere uma da outra é a forma de cultuá-los.

Os Orixás são tidos como os maiores responsáveis pelo equilíbrio da natureza. São conhecidos como espíritos de alta vibração evolutiva que cooperam diretamente com Deus, fazendo com que as Suas Leis sejam cumpridas constantemente.

O culto aos Orixás foi trazido pelos escravos ao Brasil na época da colonização, porém na África, cada tribo ou nação cultuavam apenas um Orixá, e lá não havia e ainda não há o Candomblé, e sim o culto separado para cada Orixá. Por isso podemos afirmar que o Candomblé é uma religião brasileira com matriz africana, pois sua origem está diretamente ligada aos cultos africanos realizados para os Orixás.

Quando os escravos chegaram ao Brasil, os senhores de engenho, evitando qualquer tipo de rebelião ou motim em suas senzalas, buscavam comprar escravos de tribos distintas, assim os enfraqueciam e evitavam problemas. Com a mistura de várias nações em uma mesma senzala, os escravos decidiram unir forças e começaram a cultuar a todos os Orixás em conjunto, assim os agradariam conjuntamente e poderiam manter, além de suas raízes vivas, a esperança em uma vida melhor e com isso poderiam suportar tanto sofrimento que estava por vir.

Porém os escravos precisavam disfarçar o culto a seus Orixás, pois além da religião dominante no Brasil ser a católica naquela época – e esta exercer um grande poder sobre a sociedade branca –, os senhores dos engenhos acreditavam que os escravos, ao realizarem o culto aos seus Orixás, estavam praticando algum culto satânico contra eles, para se vingarem da escravidão e das condições que lhes eram impostas. Para evitar represálias e castigos, os escravos resolveram associar seus Orixás com os santos católicos. Realizando o que chamamos de sincretismo religioso – fusão de diferentes cultos ou doutrinas religiosas, com reinterpretação de seus elementos.

Para evitar confusão, vamos nos ater apenas a dissertar sobre os Orixás e suas ligações com a Umbanda, evitando assim polêmicas com as religiões irmãs que cultuam os Orixás de forma distinta da nossa.

Para melhor entendermos os Orixás na Umbanda precisamos abranger algumas informações importantes:

- São sete os Orixás cultuados na maioria dos terreiros de Umbanda: Oxalá, Xangô, Oxóssi, Ogum, Iansã, Oxum e Iemanjá. Porém ainda temos Obaluaiê/Omolú e Nanã. Então podemos dizer que cultuamos ao todo nove Orixás. Lembrando que na Umbanda não há incorporação de Orixá e sim dos Guias Espirituais que trabalham nestas energias.
- Existem algumas vertentes da Umbanda que cultuam os Orixás e seus pares, o que nos apresentaria o polo positivo e o polo negativo, proporcionando um equilíbrio energético. Neste caso estaríamos falando em dezesseis Orixás, formando o panteon umbandista.

Na Umbanda – assim como no Candomblé – os Orixás, acabam sendo humanizados para melhor compreensão da força destas energias, influenciando diretamente em nosso caminhar, conforme havíamos informado anteriormente. Com isso surgem as lendas, mitos, histórias ou a forma como queiram chamar estas forças divinas.

Muitos podem estar se perguntando, qual é a influência que estas forças exercem sobre nós?

Para responder a esta pergunta, antes gostaria de falar brevemente sobre os chakras, que são pontos energéticos que envolvem, absorvem e emanam energias para, e do nosso corpo. Não nos aprofundaremos neste assunto, pois não é o foco deste livro, mas acredito ser importante para que possamos melhor compreender a ação dos Orixás em nossas vidas.

Temos em nosso corpo sete principais pontos de forças, e vários outros secundários, porém também de grande importância para nosso equilíbrio energético. Os sete chakras principais são divididos em:

- **Três Superiores** – *coronário* (localizado no topo de nossa cabeça, conhecido também como moleira), *frontal* (localizado no meio de nossa testa, entre as sobrancelhas, também conhecido como terceiro olho) e *laríngeo* (que se localiza em nossa garganta);
- **Três Inferiores**: *esplênico* (localizado próximo à região do baço), o *umbilical* ou *plexo solar* (localizado próximo à região do nosso umbigo) e *básico* ou *sexual* (localizado entre o órgão sexual e o ânus);
- E completando os sete chakras, o *cardíaco* (localizado na região próxima ao coração).

Gostaria de informar que os superiores não são melhores que os inferiores, todos têm grande importância em nossas vidas, apenas são determinados assim pela sua posição, uns na parte superior e outros na parte inferior do nosso corpo. Já o coronário está no centro, pois é ele que faz a ligação entre os superiores e os inferiores. Algumas literaturas codificam os chakras inferiores como aqueles ligados à Terra (correlacionado com o ser humano), os superiores ligados ao Céu, ao alto, ao mundo espiritual, e o cardíaco como o que faz esta ligação entre o Céu e a Terra, entre o ser humano encarnado e as forças divinas.

Vamos nos ater a quatro Orixás que nos dão a sustentação principal e que formam nossa quadratura. Sem desmerecer a importância dos demais, acredito serem eles os que mais despertam o interesse de médiuns, simpatizantes e curiosos: **Orixá Ancestral (masculino e feminino), Orixá de Frente e Orixá Juntó.**

Orixá Ancestral *(Masculino e Feminino)*

Quando o nosso espírito está sendo gerado, e não digo para encarnar, mas sim no momento da criação como espírito, absorvemos energias de todos os Orixás. Porém, um casal destes Orixás irá nos adotar, e irradiará mais energia que os demais, pois para gerar um ser, necessitamos da energia do masculino e do feminino. Este será o nosso Orixá Ancestral, responsável pelo nosso íntimo, o eu interior. Codificado como dominante e recessivo, ou positivo e negativo, este casal atua para que possamos ter o equilíbrio necessário de nossas energias. O posicionamento deles será dominante no nosso chakra coronário e recessivo em nosso chakra básico, formando assim uma linha reta que distribuirá a energia em nossos demais chakras.

O Orixá ancestral é imutável, pois ele faz parte da nossa criação como espírito. Uma pergunta que surge referente a este Orixá, ou melhor, deste casal de Orixás, por muitos médiuns, simpatizantes e curiosos, é:

Como descobrimos o nosso Orixá Ancestral?

Na verdade, a leitura para descobrirmos o nosso Orixá Ancestral é muito complexa e envolve várias informações e elementos, sendo assunto quem sabe para um próximo livro, pois é muito difícil definirmos qual é o nosso casal ancestral, exigindo assim um amplo estudo.

Orixá de Frente

Este é o Orixá que nos mostra para o mundo, responsável pelo lado racional, aquele que forma nossas principais características para esta encarnação. Chamado de Orixá de cabeça por muitos, ele será determinado de acordo com a nossa missão nesta ou em outra encarnação.

Uma curiosidade interessante, que pode ou não ocorrer durante qualquer encarnação, e que muitas vezes pode trazer confusão, é que este Orixá em determinados momentos de nossa vida pode se afastar, dando vez a outro que nos auxiliará na realização da nossa missão.

Mas como isso acontece?

Vamos imaginar que uma pessoa tenha como Orixá de frente, Xangô, porém em um determinado momento de sua encarnação ela vá precisar das energias de Oxóssi. Neste caso, Xangô se afastará do controle e dará passagem a Oxóssi, porém sempre estará na supervisão daquele seu filho nesta encarnação.

Este Orixá (o de frente) fará par com outro de gênero distinto o que chamamos de Orixá Juntó, que explicaremos mais adiante. Apenas toquei neste assunto para podermos compreender uma dúvida que paira em muitas cabeças:

Se nosso Orixá de frente forma um casal com o Orixá Juntó, por que ouvimos dizer que uma pessoa é filha de dois Orixás do mesmo gênero, ou sexo?

De fato não ocorre a formação de um casal com dois Orixás masculinos ou dois femininos. O que pode ocorrer é sermos filhos de um Orixá que trabalha na vibração de outro. Por exemplo: Um filho de Ogum também apresenta características de Xangô. Esta pessoa é filha de Ogum, porém este Orixá estará trabalhado na vibração de Xangô, pois a missão daquele encarnado, naquele momento, está ligada à justiça ou precisa aflorar seu senso de justiça.

Queria abrir aqui um parêntese para evitar polêmicas ou qualquer tipo de confusão. Quando falamos em um casal masculino e feminino, não estamos indo contra os casais de mesmo sexo, nem expressando aqui uma opinião homofóbica, apenas estamos nos referindo à energia masculina que é a positiva e a energia feminina que é negativa, sendo que positivo e negativo aqui, também não se refere à inferioridade nem à superioridade, e sim, aos polos de energia.

Estes Orixás são mais fáceis de serem identificados através de oráculos utilizados por babalorixás, ialorixás ou aqueles que tenham o dom e o conhecimento destas ferramentas.

Orixá Juntó

Posicionado na parte posterior do chakra frontal, mais precisamente localizado na nuca, este é o Orixá responsável pelo nosso emocional. Sua função é nos auxiliar em nosso equilíbrio. Como já mencionamos, possuímos um Orixá Ancestral e um Orixá de Frente que, em muitas vezes, não são os mesmos, e que suas energias e características, em determinado momento de nossa encarnação, pode entrar em conflito. É nesse momento que o Orixá Juntó entrará em ação e nos ajudará a nos equilibrar.

Por exemplo: uma pessoa tem o Orixá Ancestral Oxalá, com características de ser introspectivo, tranquilo e sereno, e como Orixá de Frente Ogum, que é ativo, guerreiro e determinado. Em algum momento de sua encarnação, estas duas energias podem acabar se conflitando, o que irá requerer uma terceira força para manter o equilíbrio. Está é a função do Orixá Juntó. Digamos que neste exemplo o Orixá que irá intervir seja Oxum, então ela trará o amor e o carinho necessários para que o equilíbrio seja restabelecido.

Vejam como tudo tem a sua função e o seu motivo. Nada é criado por acaso, pois Deus é sábio e sabe do que seus filhos precisam ou do que necessitarão durante sua caminhada.

No entanto, mais importante que tentarmos descobrir qual nosso Orixá em suas categorias, ou estudar sobre eles, é o dever de senti-los e de entendermos que eles fazem parte da nossa existência.

Para completar, todos os demais chakras principais que fazem parte do nosso corpo energético, também têm uma casa de Orixás ou energias divinas que nos dão a sustentabilidade e o equilíbrio para que possamos seguir nossa caminhada na evolução.

Vamos agora conhecer um pouco sobre cada Orixá cultuado na Umbanda e suas histórias, mitos e lendas, mas antes, quero fazer um breve esclarecimento.

Quando comecei esta obra, eu tinha decidido criar um tópico para falar de Exú. Porém, quando já havia escrito sobre todos os demais Orixás que estão neste livro e ia começar a falar sobre Exú, resolvi colocar este bônus primeiro.

Vou falar agora do Orixá que deve ser oferendado antes de qualquer outro, pois é ele que leva nossos pedidos e súplicas aos demais Orixás. Essa é uma tradição no Candomblé, posto que na Umbanda, este Orixá não é cultuado. Mas tenho muito carinho e respeito pelo Orixá responsável pela fecundação e abertura dos caminhos. Ele, que mesmo estando no mundo espiritual, ao lado dos demais Orixás, é o que está mais próximo de nós aqui no mundo material.

Outro motivo importante pela qual escolhi falar antes sobre este Orixá, é para evitar a confusão que ainda é causada a algumas pessoas que confundem o Orixá Exú com os Guias Espirituais que chamamos de Exú, nossos queridos Guardiões. Assim espero sanar essa dúvida que paira em muitos umbandistas, simpatizantes e curiosos.

Exú

A palavra *Exú* significa, em iorubá, "esfera", aquilo que é infinito, que não tem começo nem fim. Ele é o princípio de tudo, a força da criação, o nascimento, o equilíbrio negativo do Universo (lembrando que negativo aqui não quer dizer ruim).

Exú é a célula mater da geração da vida, o que gera o infinito, considerado o primeiro, o primogênito, responsável e grande mestre dos caminhos, o que permite a passagem do início de tudo. Ele é a força natural viva que fomenta o crescimento. O primeiro passo em todas as coisas. Gerador do que existe, do que existiu e do que ainda vai existir. Exú é a figura mais controvertida do panteão africano, o mais humano dos Orixás, senhor do princípio e da transformação. Deus da Terra e do Universo. O ego de cada ser, o grande companheiro do homem no seu dia a dia.

Muitas são as denominações erradas relacionadas a Exú, a pior delas é a associação com a figura do diabo cristão. Ele é considerado por muitos, de maneira equivocada, como um deus voltado para a maldade, perversidade, que se ocuparia em semear a discórdia entre os seres humanos. Na realidade, Exú contém em si todas as contradições e conflitos inerentes ao ser humano. Ele não é totalmente bom, nem totalmente mau, assim como o homem tem a capacidade de amar e odiar, unir e separar, promover a paz e a guerra.

A cultura africana desconhece oposições, em especial entre o bem e o mal. Sabe-se que o bem de um pode perfeitamente ser o mal de outro, portanto, cada um deve dar o melhor de si para obter tudo de bom em sua vida, sempre cultuando, agradando e agradecendo a Exú, para que ele seja, no seu cotidiano, a manifestação do amor, da sorte, da riqueza e da prosperidade.

Orixá que entende como ninguém o princípio da reciprocidade, Exú, se agradado como se deve, saberá retribuir, e quando agradecido por sua retribuição, torna-se amigo e fiel escudeiro. No entanto, quando esquecido é o pior dos inimigos e volta-se contra o negligente, tirando-lhe a sorte, fechando-lhe os caminhos e trazendo catástrofes e dissabores.

Exú é a figura mais importante da cultura Iorubá. Sem ele o mundo não faria sentido, pois só através dele é que se chegam aos demais Orixás e ao Deus Supremo. Ele fala todas as línguas e permite a comunicação entre o Orum (Céu) e o Aiê (Terra), entre os orixás e os homens.

Todo comerciante e aqueles que lidam com vendas devem agradar a Exú, pois ele é o guardião e dono do mercado. As vendedoras de acarajé, por exemplo, sempre oferecem o primeiro bolinho a Exú, atirando-o na rua, não só para vender bem, mas também para afastar as perturbações, evitar assaltos etc., ou seja, para que Exú seja de fato um guardião e proteja o seu negócio.

É importante ressaltar que Exú não tem amigos nem inimigos. Ele sempre protege aqueles que o agradam e sabem retribuir os seus favores.

Lenda de Exú

Exú é um dos filhos de Iemanjá, irmão de Ogum e Oxóssi. Dos três é o mais agitado, capcioso, inteligente, inventivo, preguiçoso e alegre. É aquele que inventa histórias, cria casos e o que tentou violar a própria mãe.

Numa de suas muitas histórias, podemos entender exatamente sua capacidade inventiva, sua conduta maquiavélica e a maneira prática de resolver seus assuntos e saciar seus desejos.

Conta-se que dois grandes amigos tinham cada um deles, um pedaço de terra, divididos por uma cerca. Diariamente os dois iam trabalhar, capinando e revirando a terra para o plantio. Exú, interessado nas terras, fez a proposta para adquiri-las, o que foi negado pelos agricultores. Aborrecido, mas determinado a possuir aqueles dois terrenos, Exú procurou agir. Colocou na cerca um boné, sendo de um lado branco e do outro vermelho. Naquela manhã, os amigos lavradores chegaram cedo para trabalhar e viram o boné na cerca. Um deles via o lado *branco* e outro o lado *vermelho*. Em dado momento, um perguntou ao outro o que aquele boné branco estava fazendo pendurado na cerca, ao que o outro retrucou que não era branco e sim vermelho. Isso gerou grande discussão entre os dois amigos que acabaram por partirem para luta corporal e, com as suas ferramentas de trabalho, acabaram se matando. Exú, que de longe assistia a tudo, esperando o desfecho já imaginado por ele, aproximou-se e assumiu a posse das terras.

Não quero passar a impressão de que se trata de uma coisa ruim ou má, e sim que Exú é nosso próprio interior, a intimidade, o poder de ser bom ou mau, de acordo com nossa própria vontade. Exú é o ponto mais obscuro do ser humano e é, ao mesmo tempo, aquilo que existe de mais óbvio e claro.

Assim é Exú, Senhor dos caminhos, pai da verdade e da mentira. O Deus da contradição, do calor, das estradas, o princípio ativo da vida. O mestre do Todo... E do Nada!

Sincretismo de Exú

Santo Antônio ou Fernando Antônio de Bulhões, seu nome de nascença, nasceu em Lisboa, Portugal, em 15 de agosto do ano de 1195. De família nobre e rica, era filho único de Martinho de Bulhões, oficial do exército de Dom Afonso e de Tereza Taveira. Sua formação inicial foi feita pelos cônegos da Catedral de Lisboa.

Antônio gostava de estudar e de ficar mais recolhido. Aos dezenove anos, contra a vontade de seu pai, entrou para o Mosteiro de São Vicente dos Cônegos Regulares de Santo Agostinho, e lá morou por dois anos.

Com uma grande biblioteca em mãos, Antônio avança em sua determinação pelo estudo e pela oração. É transferido para Coimbra, que é um importante centro de estudos de Portugal, permanecendo naquele local por dez anos, quando depois, foi ordenado sacerdote. Logo se viu o dom da palavra que transbordava do jovem padre agostiniano. Ele tinha conhecimento e grande poder de pregação.

Em seguida, o Padre Antônio conhece os freis franciscanos, entusiasma-se pelo fervor e radicalidade com que eles viviam o Evangelho e, pouco depois, torna-se Frei Antônio, mudando-se para o mosteiro de São Francisco de Assis.

Frei Antônio pede para ir para Marrocos pregar o evangelho e os Franciscanos permitem. No meio do caminho, porém, ele fica muito doente e é forçado a voltar a Portugal. Na viagem de volta, o barco é desviado e vai para Itália, terminando por parar na Sicília, em um grande encontro de mais de cinco mil frades franciscanos, chamado Capítulo das Esteiras. Lá, Frei Antônio conhece pessoalmente São Francisco de Assis.

A mão de Deus o tinha guiado por caminhos diferentes.

Após conhecer São Francisco, o Frei passa quinze meses como um eremita no monte Paolo. São Francisco enxerga os dons que Deus deu a ele, chama-o de "Frei Antônio, meu Bispo", e o encarrega da formação teológica dos irmãos do Mosteiro.

No capítulo geral da ordem dos franciscanos ele é enviado a Roma para tratar de assuntos da ordem com o Papa Gregório IX, que fica impressionado com sua inteligência e eloquência e o chama de "Arca do Testamento".

Antônio tinha uma força irresistível com as palavras e São Francisco o nomeou como o primeiro leitor de Teologia da Ordem. Em seguida, mandou-o estudar teologia para ensinar seus alunos e pregar ainda melhor. Juntavam-se às vezes mais de trinta mil pessoas para ouvi-lo pregar, e muitos milagres aconteciam. Após a morte de São Francisco de Assis, o Frei foi enviado a Roma para apresentar ao Papa a "Regra da Ordem de São Francisco".

Protetor das coisas perdidas, dos casamentos e dos pobres, Frei Antônio foi denominado Santo dos milagres. Fez muitos ainda em vida, durante suas pregações nas praças e igrejas, muitos cegos, surdos, coxos e doentes ficaram curados. Redigiu os Sermões, os tratados sobre a quaresma e os evangelhos que estão impressos em dois grandes volumes de sua obra.

Santo Antônio morreu em Pádua, na Itália, em 13 de junho de 1231, com trinta e seis anos. Por isso ele é conhecido também como Santo Antônio de Pádua. Antes de falecer nas portas de Pádua, ele diz: "Ó Virgem gloriosa que estais acima das estrelas." E completou, "estou vendo o meu Senhor". Em seguida, faleceu.

Os meninos da cidade logo saíram a dar a notícia: o Santo morreu! E em Lisboa os sinos das igrejas começaram a repicar sozinhos e só depois o povo soube da morte do Santo. Ele também é chamado de *Santo Antônio de Lisboa*, por ser sua cidade de origem.

Arquétipo dos filhos de Exú

Os filhos de Exú são apaixonados, conquistadores, enérgicos, alegres, brincalhões, atraentes e carismáticos. Sabem retribuir um favor, da mesma forma sabem retribuir uma dor também.

Apesar da errônea associação deste Orixá com o diabo católico, ele é a ligação entre os sentimentos mais terrenos e os conhecimentos e energias dos Orixás. Por isso é errado dizer que um filho de Exú é a encarnação do capeta.

Alguns pais de santo ao se defrontarem com um filho de Exú em um jogo de búzios preferem adaptar e mudar o seu Orixá para evitar que o mesmo se assuste. Porém isso pode causar alguns problemas, mesmo que tenha sido com boa intenção.

Ainda que não tão belos, como os de Oxum, os filhos de Exú são muito atraentes e envolventes, possuem o dom da fala, assim como Santo Antônio também tinha, e a capacidade de harmonizar ou desarmonizar uma desavença, conforme se mostrar a situação.

A forma dúbia de um filho de Exú pode torná-lo uma pessoa de difícil trato, pois se for ferido, fere, se for amado, ama. São ambivalentes e relativistas. Donos de um caráter moral não tão rígido e inabalável preferem apegar-se a flexibilidade que faz cada situação ser única e tomam atitudes independentes umas das outras, de forma distinta para ações que muitas vezes mereciam atitudes iguais.

Informações sobre Exú

- **Dia:** segunda-feira.
- **Data:** não existe especificamente, pois todos os dias são de Exú.
- **Saudações:** *Exú Mojubá* ou *Exú é Mojubá*: (Mojubá sendo *meus respeitos*) – significa *Exú eu te saúdo* ou *Exú é Grande, te reverencio*. *Laroiê Exú!* – significa *Mensageiro, Exú!*
- **Metal:** não tem, sua matéria é a terra, pois nasceu da terra em forma de pênis.
- **Cor:** preto e vermelho.
- **Campo de Força:** encruzilhadas.
- **Ervas:** mamona, carqueja, picão-preto, unha-de-gato, arruda, comigo-ninguém-pode, beladona, cactos, cana-de-açúcar, mangueira, pimenta-da-costa, urtiga, pinhão-roxo, chorão.
- **Comida:** ovos, farofa com azeite de dendê, carnes mal passadas, pimenta, banana d'água, Cana-de-açúcar, frutas ácidas.
- **Símbolos:** Ogo (bastão cheio de tranças de palha numa ponta com cabaças dependuradas, nas quais ele traz suas bebidas. O Ogo é todo enfeitado de búzios).

Ponto cantado de Exú

O sino da igrejinha
Faz Belém blem blom (bis)
Deu meia-noite o galo já cantou
Todos Exús/as Pombagiras são donos da gira (bis)
Oi corre gira que Ogum mandou

Oxalá

Oxalá, ou Olorun, se utilizarmos a língua iorubá, é um dos primeiros Orixás criados por Deus a partir do ar que havia no início dos tempos, e das primeiras águas. Está ligado ao trono da fé é o responsável por emanar vibrações que geram sentimentos de religiosidade. Na Umbanda é sincretizado com Jesus Cristo.

Equilíbrio positivo do Universo é o pai da brancura, da paz, da união e fraternidade entre os povos da Terra e do Cosmo. Pai dos Orixás, considerado o fim pacífico dos seres, Oxalá é o passamento final, o momento da partida em paz, com a certeza de dever cumprido. É ele que vai determinar o fim da vida, por isso sua cor é considerada a cor do luto na Umbanda.

Embora não aceitemos, a morte é uma consequência da vida, pois tudo tem seu começo, meio e fim.

Oxalá representa amor, bondade, pureza espiritual e tudo aquilo que indica positividade. Chefe supremo é para ele que convergem todas as outras linhas da Umbanda e de seus trabalhadores. Os espíritos que trabalham na Umbanda têm por Oxalá enorme devoção, todos seguem aos mandamentos de seu Evangelho fervorosamente, transmitindo-os sempre a quem seus ensinamentos não conhecem. Por isso dizemos que a Umbanda é uma religião Cristã, pois segue os ensinamentos de Cristo.

O sincretismo de Oxalá com Jesus Cristo é perfeito, pode-se dizer que ambos são o mesmo ser com nomes diferentes. A ele devemos obediência e obrigação de aprender e praticar os ensinamentos, não apenas durante as giras e os trabalhos mediúnicos, mas principalmente no nosso dia a dia.

Por que principalmente no nosso dia a dia?

Porque quando estamos em nossos terreiros, casas de caridade, tendas ou o nome que queira chamar, nós estamos focados nos trabalhos e em ajudar aqueles que, em nossa casa, recorrem em busca de equilíbrio e harmonia em suas vidas.

Jesus ama a todos nós, bons ou maus, justos ou injustos, ricos ou pobres, de todas as raças, de todos os gêneros. Por isso podemos mais uma vez afirmar que a Umbanda é uma religião Cristã, pois é de conhecimento de muitos que esta religião maravilhosa ajuda alguém sem olhar a quem, independentemente de sua cor, credo ou posição social. Todos somos irmãos perante Deus.

Como falamos anteriormente, os Orixás representam forças da natureza. Oxalá também tem atribuições na natureza, é ele que vai proporcionar a paz entre os homens; que traz o entendimento, não somente entre os homens, mas também em sua relação com outras forças da natureza. Oxalá, portanto, está presente nos momentos em que a calma deve ser estabelecida. Seus domínios são todas as pessoas e todos os lugares. Seu reino é o nosso mundo.

Carece invocar Oxalá quando se busca abrigo no desamparo, consolação nas dores, iluminação nas incertezas, amor na solidão, paz nas aflições, nas horas que tudo parece estar perdido e não temos para onde fugir. Mas também não devemos esquecer que devemos agradecer por tudo aquilo que foi posto em nosso caminho, tanto para harmonizar como para nos ajudar em nossa evolução.

Lenda de Oxalá

Oxalá era marido de Nanã, Senhora do Portal da vida e da morte, Senhora da fronteira de uma dimensão (a nossa) para outras.

Por determinação da própria Nanã, somente os seres femininos tinham acesso ao Portal, não permitindo a aproximação de seres do sexo masculino em hipótese alguma. Esta determinação servia para todos, inclusive para o próprio Oxalá.

E assim foi durante muito tempo. Porém, Oxalá não se conformava em não poder conhecer o Portal, não só por ser marido de Nanã, como por sua própria importância no panteão dos Orixás. Inconformado, ele pensou muito até que encontrou a melhor forma de burlar as determinações de sua esposa. Não fugindo de sua cor branca, vestiu-se de mulher, colocou o Adê (coroa) com as franjas no rosto, próprio das Iabás (mulheres) e aproximou-se do Portal, satisfazendo, enfim, sua curiosidade. Porém foi pego por Nanã exatamente no momento em que via o outro lado da dimensão. Nanã aproximou-se de Oxalá e determinou que a partir daquele momento, ele, seu marido, teria a incumbência de ser o princípio do fim, aquele que tocaria o cajado três vezes ao solo para determinar o fim de um ser (matéria), porém jamais conseguiria retirar suas vestes femininas e, daquele momento pra frente, teria todas as oferendas femininas. Então Oxalá, conhecido por Oxalufan, passou a comer não mais como os demais santos Aborós (homens), mas sim cabras e galinhas como as Iabás (mulheres). E jamais se desfez das vestes de mulher. Em compensação, transformou-se no Senhor do princípio da morte e conheceu todo o seu segredo.

Oxalá, portanto, é o fim. Não o fim trágico, mas pacífico, de tudo que existe no mundo. Por isso merece todo o carinho que lhe damos. Ele é o nosso salvador, nosso conselheiro, aquele que vem nos momentos de angustia para trazer algo que esse mundo precisa demasiadamente: *Paz*.

Visão do autor em relação ao mito:

Este pequeno texto nos mostra que todos, independentemente de nossa posição social, cultural, raça, cor ou credo, estamos sujeitos às sanções de leis, ou melhor, determinações que nos são impostas. Quando falo em sanções ou determinações impostas, não digo que os espíritos superiores são maus ou inflexíveis, mas apenas que a escolha de qual caminho devemos seguir é nossa, assumindo, portanto, total responsabilidade sobre isso. É o que tanto pregamos na Umbanda, o plantio é livre, mas a colheita é obrigatória.

Oxalá escolheu, por pura curiosidade, ir contra a determinação que Nanã havia lhe dado, e com isso foi obrigado a continuar usando as vestes de um Orixá feminino por toda a eternidade. Sendo assim, Oxalá é o único Orixá masculino que usa saias, além de um capacete com franjas.

Sincretismo

Como já citamos anteriormente, Oxalá é sincretizado com Jesus Cristo, pois os dois são apenas um e esse um coordena o nosso Planeta, nos trazendo ensinamentos para que possamos seguir em nossos caminhos. Todos conhecem a história de Jesus Cristo quando encarnado no meio de nós. Seu nascimento, seus milagres, seus ensinamentos e sua morte, levando consigo todos os pecados da humanidade. Foi por isso que ele entregou sua vida, para que não mais tivéssemos que carregar o fardo pesado dos pecados adquiridos.

Não acrescentaria em nada dissertar sobre sua história. Apenas devemos seguir seus ensinamentos e vivermos uma vida harmoniosa. O maior ensinamento que Jesus tentou nos passar é o Amor, amor aos nossos irmãos e principalmente o nosso amor próprio, pois como poderemos amar nossos irmãos se não nos amamos.

O Sincretismo de Oxalá com Jesus Cristo se deu por seus ensinamentos e ideais serem similares, transformando os dois em um único ser.

Arquétipos dos filhos de Oxalá

Uma das características mais acentuada dos filhos de Oxalá é a de marcarem naturalmente sua presença, pois se destacam com grande facilidade em qualquer ambiente, devido ao seu porte altivo e o dom da palavra.

São cuidadosos, generosos e muito detalhistas, buscam a perfeição em tudo que fazem. Pais excelentes e mães amorosas dedicam-se com carinho excepcional às crianças com quem se relacionam. Porém aqueles que são regidos por Oxalufan (Oxalá velho), podem se tornar impacientes com crianças.

Os filhos de Oxalá são alegres, gostam profundamente da vida, são faladores, brincalhões, ao mesmo tempo idealistas, defendem os fracos, oprimidos e injustiçados. Podemos ver muitos deles ligados a ONGs e projetos sociais. Orgulhosos, são sedentos por feitos gloriosos, como todo bom guerreiro, mesmo que em função de atos voltados à caridade.

Curiosos, especialmente aqueles que são regidos por Oxaguian (Oxalá novo), são dados à liberdade em todos os sentidos, inclusive no lado amoroso. Detestam ser mandados, são sedutores e flertam com todos.

Relacionam-se com facilidade com os filhos dos outros Orixás, mas é sabido por aqueles que frequentam os terreiros de Umbanda, que os filhos de Oxalá têm sempre certa prevenção com pessoas que não conhecem muito bem e demoram a confiar, porém quando se tornam amigos, são fiéis e companheiros.

Informações sobre Oxalá

- **Dia:** sexta-feira.
- **Data:** 15 de janeiro.
- **Saudação:** Êpa Babá (Salve o Pai do branco).
- **Campo de Força:** todos os pontos de força da natureza, porém mais específico o campo aberto e florido, santuário natural das divindades regidas pelo tempo.

- **Metal:** prata, ouro branco, chumbo e níquel.
- **Cor:** branco leitoso.
- **Ervas:** boldo ou tapete de Oxalá; saião ou folha-da-costa; manjericão ou alfavaca branca; sândalo; patchouli; colônia; alfazema; algodoeiro; capim-limão; girassol; maracujá; jasmim; erva-cidreira; entre outras.
- **Comida:** ebô, acaçá, o igbi (caracol), canjica, inhame, entre outros.
- **Símbolos:** Apaasoró (cajado).

Ponto Cantado de Oxalá

Oxalá criou a terra; Oxalá criou o mar
Oxalá criou o mundo, Onde reinam os Orixás (2x)

A pedra deu pra Xangô; Meu pai, rei e justiceiro
As matas deu pra Oxóssi; Caçador, velho guerreiro
Grandes campos de batalha; Deu pra seu Ogum guerreiro
Campinas Pai Oxalá; Deu pra seu Boiadeiro
Mar com pescaria farta; Ele deu pra Iemanjá
Os rios para Oxum; Os ventos pra Oiá
Lindos jardins com gramados; Deu pras crianças brincar
Oxalá criou o mundo, Onde reinam os Orixás

Oxalá criou a terra, Oxalá criou o mar
Oxalá criou o mundo, Onde reinam os Orixás (2x)

O poço deu pra Nanã; A mais velha Orixá
E o Cruzeiro bendito; Deu pras Almas trabalhar
Finalmente deu as ruas; Com estrelas e luar
Pra Exús e Pombagiras; Nossos caminhos guardar

Oxalá criou a terra, Oxalá criou o mar
Oxalá criou o mundo, Onde reinam os Orixás (2x)

Nanã

Nanã Buruquê é representada como a grande avó, de energia amorosa e feminina é a ela que clamamos quando precisamos nos autoperdoar e nos libertar do passado. Um dos motivos de ser sincretizada com Santa Ana, avó de Jesus Cristo. Nanã é conhecida por dois nomes distintos: Nanã Buruquê, a avó de Oxalá, e Nanã Burucum – Nanã Buruku (iku, "morte") – a Mãe de todos os Exús.

Representa o colo que aconchega, acolhendo amorosamente nossas dores para nos ajudar a transformá-las com sabedoria. Nanã está na Linha da Evolução, um raio essencial para o crescimento dos seres. Ela é responsável pela passagem no estágio evolutivo do ser, adormecendo os espíritos e decantando as suas lembranças com o passado, deixando-os prontos para reencarnarem. Por isso esta querida Orixá está ligada à morte, aquela que cuida do portal entre o mundo dos vivos e dos mortos.

Deusa do pântano e da lama, mãe da varíola, regente das chuvas. A mais temida dos Orixás, mas também a mais respeitada. Nanã é o encantamento da própria morte, seus cânticos são súplicas para que leve a morte para longe de quem é permitido que a vida continue. Ela também está presente nos lodaçais e lamaçais, pois nasceu do contato da água com a terra, formando a lama e dando origem à sua própria vida. Nanã é a possibilidade de conhecer a morte para ter vida. Agradar a morte, para viver em paz.

Considerada a Iabá (Orixá feminino) mais velha das águas, age com rigor em suas decisões, oferece segurança, mas não aceita traição. Nanã é a mãe, boa, querida, carinhosa, compreensível, sensível, bondosa, mas que, irada, não reconhece ninguém. Ela é o princípio, o meio e o fim; o nascimento, a vida e a morte. É uma figura muito controversa no panteão africano: ora perigosa e vingativa, ora desprovida dos seus maiores poderes, relegada a um segundo plano amargo e sofrido. A origem e o poder.

Entender Nanã é compreender o destino, a vida e a trajetória do homem sobre a Terra, pois Nanã é a história, a água parada, água da vida e da morte. Nanã pode ser a lembrança angustiante da morte na vida do ser humano, mas apenas para aqueles que encaram esse final como algo negativo, como um fardo extremamente pesado que todo ser carrega desde o seu nascimento. Na verdade, apenas as pessoas que têm o coração repleto de maldade e dedicam a vida a prejudicar o próximo é que vão se preocupar com isso. Aqueles que praticam boas ações vivem preocupados com o seu próprio bem, com sua elevação espiritual, e desejam ao próximo o mesmo que pra si, só esperam da vida dias cada vez melhores e têm a morte como algo natural e inevitável. A sua certeza é a imortalidade de sua essência.

Portanto, o campo preferencial de atuação de Nanã é o racional, pois decanta o emocional dos seres, preparando-os para uma "nova vida". É ela quem faz esquecer, é ela quem deixa morrer para renascer.

Nanã sintetiza em si a vida e a morte, a fecundidade e a riqueza. Seu nome designa pessoas idosas e respeitáveis e, para os povos jêje, da região do antigo Daomé, Nanã significa mãe. A grande Mãe da Sabedoria.

Lenda de Nanã

Nanã, Senhora de Dassa Zumê, mãe de Obaluaiê, Ossain, Oxumarê e Ewá. Elegante senhora, nunca se meteu ou se preocupou com o que este ou aquele filho fazia de sua própria vida. Tratou sempre de si mesma, e dos filhos, de forma nobre, embora tenha sido precoce em tudo. Entretanto, Nanã sempre exigiu respeito àquilo que lhe pertencia. O que era seu era seu mesmo. Nunca fora radical, mas exigia que todos respeitassem suas propriedades.

Porém Ogum, viajante e conquistador, numa de suas viagens, se aproximou das terras de Nanã. Sabia que o lugar era governado por uma velha e poderosa senhora. Se quisesse, não seria difícil tomar as terras de Nanã, pois para Ogum não havia exército, nem força que o detivesse. Mas ele estava ali apenas de passagem. Seu destino era outro, entretanto seu caminho atravessava as terras de Nanã, isto ele não podia evitar e nem se importava, uma vez que nada o assustava. Ogum a nada temia.

Na saída da floresta, Ogum deparou-se com um pântano, lamacento e traiçoeiro, limite do início das terras de Nanã. Era por ali que teria que passar. Seu caminho, em linha reta, era aquele, por pior que fosse e não importando quem dominava o lugar. O destino e objetivo de Ogum era o que realmente importava.

Parou à beira do pântano e já ia atravessá-lo quando ouviu a voz rouca e firme de Nanã dizendo que aquelas terras lhe pertenciam e que pedisse licença para entrar. Porém Ogum respondeu que não pedia licença, avançava e conquistava, e não seria uma velha que impediria seu objetivo de atravessar aquelas terras. Imediatamente foi recriminado por Nanã, sempre com sua voz em tom baixo e pausado, informando ao jovem guerreiro que se continuasse com aquela atitude se arrependeria profundamente.

Ogum então disse à velha Orixá que se afastasse ou conheceria o fio de sua espada e a ponta de sua lança. Dito isto, ele avançou pelo pântano, atirando lanças com pontas de ferro contra Nanã, esta, de mãos vazias, cerrou os olhos e ordenou ao pântano que tragasse o imprudente e impetuoso guerreiro.

E assim aconteceu...

Aos poucos, Ogum foi sendo tragado pela lama do pântano, obrigando-o a lutar bravamente para salvar sua própria pele. Debatendo-se e tentando voltar atrás, Ogum lutou muito, observado por Nanã, até que conseguiu salvar sua vida, livrando-se das águas pantanosas e daquela lama que quase o devorara.

Ofegante e assustado, Ogum foi forçado a recuar, mas esbravejou chamando Nanã de velha feiticeira e disse a ela que não atravessaria suas terras, porém encheria o pântano de aço pontudo para que a cortassem quando andasse por ele. Nanã impassível e calma voltou a falar com Ogum, dizendo-lhe que ele era jovem, poderoso e impetuoso, mas precisava aprender a respeitar as coisas, e falou que por suas terras ele não passaria. E Ogum teve que procurar um novo caminho, longe das terras de Nanã.

A partir deste dia, Nanã aboliu o uso de metais em seu reino, e até hoje nada pode ser feito com lâminas de metal para Nanã.

Arquétipo dos Filhos de Nanã

Paciência e compreensão são características muito presentes nos filhos de Nanã, seguidas por perdão e tolerância, típicos de uma avó muito carinhosa e cuidadora. Normalmente vivem em função de praticar o bem, preocupadas com o bem-estar da família e da comunidade.

Por ela ser comparada a uma avó, os filhos de Nanã costumam parecer mais velhos do que realmente são, sendo conservadores por natureza, como se vivessem a vida de gerações anteriores ou sentissem saudade de um tempo passado que não é o seu.

Apesar de serem por vezes carinhosos em excesso, se tornam também ranzinzas, e exigem o respeito de forma incisiva. Basta imaginar uma avó que raramente puxa a orelha do neto, mas quando o faz, é com firmeza. A face ranzinza também aparece na preocupação com detalhes, na tendência a criticar tudo e todos e no pouco senso de humor, mantendo sempre o foco no que consideram ser o assunto mais importante.

Nanã é a paciência que vem com a experiência. Seus filhos dificilmente viriam à Terra para aprenderem a ser assim, pois já vêm agraciados com a sabedoria da Orixá.

A seletividade de Nanã para seus filhos não é sem propósito e talvez um dos motivos de serem raros, seja exatamente porque são raras as almas que já reencarnaram tantas vezes para adquirir tal sabedoria. Ouça os conselhos de Nanã e de seus filhos, pois podem trazer experiências valiosas de muitas vidas passadas.

Conservadores e presos aos padrões convencionais estabelecidos pelos homens, passam aos outros a aparência de serem calmos, mas podem mudar rapidamente de comportamento, tornando-se guerreiros e agressivos; quando então, eles podem ser perigosos, o que assusta as pessoas.

Levam seu ponto de vista às últimas consequências, tornando teimosia. Quando mãe, elas são apegadas aos filhos e muito protetoras. São ciumentas e possessivas. Exigem atenção e respeito, são pouco alegres e não gostam de muita brincadeira. Os filhos de Nanã são majestosos e seguros nas ações e procuram sempre o caminho da sabedoria e da justiça.

Sincretismo de Nanã

Nanã é sincretizada com Santa Ana, avó de Jesus Cristo, segundo as histórias que a bíblia nos traz. A associação de Nanã está ligada a esta santa pela idade avançada de Ana que, se não for a mais velha da igreja católica, é uma delas. Além disso, a sua importância no catolicismo, por ser mãe de Maria e avó de Jesus Cristo, equipara-se ao mesmo valor que a mais velha das Iabás possui em nosso panteon. Para melhor esclarecer, segue a história desta santa tão respeitada na igreja católica e que foi utilizada para sincretizar nossa querida mãe Nanã Buruquê.

Joaquim pertencia à tribo da Judeia. Aos vinte anos tomou por esposa Ana, filha de Issachar, de sua tribo, descendente de Davi. Desde o começo de seu matrimônio fizeram votos de que ofereceriam seu primogênito para ser criado no templo santo. Mas, após vinte anos, está criança ainda não havia nascido.

Sendo um homem muito rico, Joaquim cumpria suas obrigações no templo com muita generosidade, porém, chegado o Dia do Senhor, quando todos os filhos de Israel levam suas oferendas ao templo, ele foi impedido de participar por não ter filhos. Não gerar descendência para Israel era considerado fator de desconfiança, como um castigo de Deus por pecados não revelados. Sentindo-se injustiçado e sem dizer à sua mulher, foi para o deserto, e ali montou tenda, onde jejuou por 40 dias e 40 noites, esperando uma manifestação de Deus.

Enquanto isso, Ana, sua mulher, chorava e lamentava sua viuvez e sua esterilidade. No Dia do Senhor não se sentiu digna de participar das orações. Sentou-se no jardim, debaixo de um louro e ali orou fervorosamente. Em sua aflição comparou-se aos pássaros do céu, às feras, à águia e à própria terra. Todos eram fecundos perante o Senhor, menos ela. Então um Anjo do Senhor apareceu e disse-lhe: *"Ana, o Senhor escutou as tuas preces, conceberás e darás à luz uma filha e falar-se-á de tua primogênita por toda a Terra."*

Ao que Ana respondeu: *"Por mim Senhor, se dou à luz seja um filho ou uma filha, ofertado a Ti será, Senhor, e esse filho será teu servo por todos os dias de sua vida."*

Também a Joaquim, no deserto, um Anjo do Senhor se revelou anunciando: *"Ana conceberá uma filha".* Joaquim reuniu seu rebanho, separou uma parte para ser oferecido a Deus, aos sacerdotes e ao povo, e dirigiu-se à cidade.

Joaquim e Ana encontraram-se na entrada da cidade na Porta Dourada, pois Ana havia sido avisada, pelo Anjo, do retorno do marido. Cheia de alegria ela exclamou: *"Agora sei que o Senhor Deus me encheu de bênçãos, pois era viúva e já não sou mais, não tinha filhos e vou conceber em minhas entranhas."*

E, após nove meses, deu à luz uma filha, à qual chamou de Maria.

E tudo aconteceu em graça plena!

A fonte dessas histórias reverenciadas e de famosas obras de arte se encontra no Protoevangelho de Tiago. Escrito provavelmente no século II d.C., supostamente por Tiago, irmão de Jesus, esse evangelho circulou durante séculos entre os cristãos, mas acabou sendo banido pela Igreja Católica, jamais fazendo parte, portanto, do Novo Testamento.

Fonte: Mãe, A História de Maria, Ed. Mercuryo – 2003.

Informações sobre Nanã

- **Dia:** sábado.
- **Data:** 26 de julho.
- **Saudação:** Salubá Nanã (Senhora mais velha).
- **Campo de Força:** lodaçais, mangues, o fundo dois rios.
- **Metal:** latão.
- **Cor:** branco com traços roxos ou lilás.
- **Ervas:** alteia, angelim, assa-peixe, avenca, cedrinho, cipreste, gervão, manacá, quaresma, quitoco, etc.
- **Comida:** aberém (milho torrado e pilado do qual é feito um fubá com açúcar ou mel), mugunzá; acaçá, pipoca, farofa de dendê, peixe cozido com pouco sal, farofa de amendoim torrado, aipim cozido com dendê, sarapatel, feijão com coco, pirão com batata roxa, etc.
- **Símbolo:** Ibiri e os bradjas (contas feitas com búzios, dois a dois, e cruzados no peito, indicando Ascendente e Descendente).

Ponto Cantado de Nanã

Oxumarê me deu dois barajás
Pra festa de Nanã
A velha deusa das águas
Quer mugunzá
Seu ibiri enfeitado com fitas e búzios

O ponto pra assentar mandou cantar
Ê, Salubá!

Ela vem no som da chuva
Dançando devagar seu ijexá

Senhora da Candelária, abá
Pra toda a sua nação iorubá

Iemanjá

Rainha dos mares, Senhora dos oceanos, Iemanjá é a rainha das águas salgadas, considerada como mãe de todos os Orixás, regente absoluta dos lares, protetora da família.

Essa força da natureza também tem um papel muito importante em nossas vidas, pois é ela que vai reger nossas casas. Enquanto Oxum é responsável pela gestação dos seres humanos, é Iemanjá que vai dar o sentido de "família" a um grupo de pessoas que vivem debaixo de um mesmo teto. Iemanjá é o sentindo da educação que damos aos nossos filhos, a mesma que recebemos de nossos pais, que aprenderam com nossos avós, regendo até os castigos, as sanções que aplicamos aos nossos filhos. É o sentido básico, é à base da formação de uma família, aquela que vai gerar o amor dos pais pelos filhos e dos filhos pelos pais, transformando tais sentimentos num só, poderoso, imbatível, que se perpetuará. Está presente também no ato de nascer, pois é ela quem vai aparar a cabeça do bebê exatamente no momento do seu nascimento. Se Exú fecunda e Oxum cuida da gestação, é Iemanjá quem vai receber aquela nova vida no mundo e entregá-la ao seu regente, que inclusive pode ser até ela mesma. Esse ciclo tem uma importância muito grande sobre a fecundação e concepção da vida humana. Iemanjá é a senhora dos lares, pois, desde o nascimento, ou a partir dele, ela cuidará da família.

Iemanjá está presente nos mares e oceanos. Como Senhora das águas salgadas, será ela que proporcionará a boa pesca, regendo os seres aquáticos e provendo o alimento vindo de seu reino. Iemanjá é a onda do mar, o maremoto, a praia em ressaca, a marola, é ela quem controla as marés, quem protege a vida no mar. Dissimulada, ardilosa, Iemanjá faz uso da chantagem afetiva para manter os filhos sempre perto de si. Considerada a mãe da maioria dos Orixás de origem Iorubá, é o tipo de mãe que quer os filhos sempre por perto, que tem uma palavra de carinho, um conselho, um alívio psicológico, quando os perde é capaz de desequilibrar-se completamente.

Lenda de Iemanjá

Filha de Olokun, Iemanjá nasceu nas águas. Teve três filhos: Ogum, Oxóssi e Exú.

Conta a lenda que Ogum, o guerreiro, o filho mais velho, partiu para as suas conquistas; Oxóssi, que se encantara pela floresta, fez dela a sua morada e lá permaneceu caçando, e Exú, o filho problemático, saiu pelo mundo.

Iemanjá vivia sozinha, mas sabia que seus filhos seguiam seus destinos, e que não podia interferir na vida deles, já que os três eram adultos.

Em sua solidão, ficava pensando nos filhos e analisando cada um. Ogum havia nascido para conquistar, bravo, corajoso, impetuoso, jamais poderia viver num só lugar. Veio ao mundo para ser livre, conhecer estradas, conquistar terras. Exú, que já lhe trouxera tantos problemas, nasceu para conhecer o mundo, e dos três, era o mais inconstante, sempre preparando surpresas; imprevisível, astuto, capaz de fazer o impossível. Oxóssi era o seu filho caçula querido, bem que tentou prendê-lo perto dela, mas no fundo sabia que teria seu próprio destino. Ele era alegre, ativo, inquieto. Gostava de ver coisas belas, de admirar o que era bonito e era um grande caçador. Nasceu para explorar o mundo e também não poderia segurá-lo...

Iemanjá estava perdida em seus pensamentos quando viu que, ao longe, alguém que se aproximava. Firmou a vista e identificou-o, era Exú, seu filho que retornara depois de tanto tempo ausente. Já perto de Iemanjá, Exú saudou-a e comentou que havia andado pelo mundo, mas não tinha conhecido beleza igual a dela. Não entendendo o comentário do filho, perguntou-lhe o que queria dizer.

Exú então disse à mãe que ela era a única mulher que lhe encantava e que havia voltado para possuí-la, pois era a única coisa que faltava a ele fazer neste mundo. Sem ouvir a resposta de sua mãe, tomou-lhe a força e tentou violentá-la.

Uma grande luta se deu, pois Iemanjá não poderia admitir jamais aquilo que estava acontecendo. Bravamente, resistiu às investidas de seu filho que, na luta, dilacerou os seios de sua mãe. Enlouquecido e arrependido pelo que fez, Exú "caiu no mundo" sumindo no horizonte. Caída ao chão, Iemanjá, entre a dor, a vergonha, a tristeza e a pena que teve pela atitude do filho, pediu socorro ao pai Olokun e ao Criador, Olorun. E, dos seus seios dilacerados, a água, salgada como a lágrima, foi saindo, dando origem aos mares.

Exú, por sua atitude má, foi banido para sempre da mesa dos Orixás, tendo como incumbência eterna ser "O Guardião", não podendo juntar-se aos outros na Corte.

Iemanjá que deste modo deu origem ao mar, procurou entender a atitude do filho, pois ela é a Mãe verdadeira, considerada a mãe não só de Ogum, Exú e Oxóssi, mas de todo o panteão dos Orixás.

Arquétipo dos Filhos de Iemanjá

Os filhos de Iemanjá são quase sempre sensíveis e emotivos, podem ter dupla personalidade, são metódicos e sentem fascinação por tudo que seja oculto.

Geralmente são de estrutura forte, amável, porém vingativos. Possuem tendência a ter mais de um casamento. Sua revolta intensa é comparada às ondas do mar.

Sentem-se donos da verdade, passam aparência de calmos, polidos, meigos, humildes, mas no fundo são arrogantes e não se sabe o que realmente passa pela cabeça de um filho de Iemanjá.

Esposa e mãe fiel, eficiente, enérgica, mas ciumenta e possessiva, são muito mais mães do que esposas, sendo bastante independentes em relação aos homens, maridos, amantes ou pais. Seus sentimentos maternais são demonstrados no zelo e no amor com que se dedicam na educação de crianças que podem ser seus filhos ou não.

Fechados, tranquilos, doces, pacientes, prestativos, mas quando se enfurecem, são francos e enérgicos. Não gostam de anarquias e brigas, no entanto dificilmente um filho de Iemanjá fala bem de alguém. Muitas vezes são mesquinhos, conformistas, mas não duvide de que eles possam trair alguém para conseguir alguma coisa.

As filhas de Iemanjá são boas donas de casa, educadoras pródigas e generosas, criando até filhos dos outros.

Os homens carregam o mesmo temperamento, são protetores e cuidam de seus tutelados com muito amor.

De modo geral, são muito voluntariosos e tomam os problemas dos outros como se fossem seus. Pessoas fortes, rigorosas e decididas, gostam de viver em ambientes confortáveis e com certo luxo e requinte. Incapazes de guardarem segredos costumam enxergar longe nas suas verdades e fazem uso de chantagens emocionais e afetivas para conquistarem o que desejam.

São pessoas que dão grande importância aos seus filhos, mantendo com eles os conceitos de respeito e hierarquia sempre muito claros.

Em toda grande família, há sempre um filho de Iemanjá pronto para se envolver com o problema de todos, e gosta tanto disso que pode revelar-se um excelente psicólogo.

Fisicamente, os filhos de Iemanjá têm tendência à obesidade, ou certa desarmonia no corpo. São extrovertidos e demonstram sempre saberem de tudo, mesmo que não saibam.

Sincretismo de Iemanjá

Para contarmos a história de Maria, precisamos lembrar um pouco da história de seus pais Joaquim e Ana, descendentes do rei David. Ambos eram pessoas reconhecidamente de boa índole e eram apreciados por sua compaixão, humildade e generosidade. Joaquim e Ana atingiram uma idade muito avançada, mas não tinham filhos. Este fato entristecia-os, mas apesar da idade, eles continuavam a orar incessantemente e a pedir a Deus para que Ele lhes concedesse um filho.

Para isso fizeram até uma promessa de que se recebessem a dádiva do nascimento de um filho, o destinariam para Servi-lo. Naqueles tempos não ter filhos era considerado um castigo divino pelos pecados cometidos.

Joaquim em particular sofria muito com a falta de filhos, principalmente porque, de acordo com as profecias, na sua família deveria nascer o Messias – Jesus. Pela paciência e fé, Deus deu a Joaquim e Ana uma grande alegria: finalmente conceberam uma filha, e a Ela foi dado o nome de Maria, o que em hebreu significa: "Senhora Esperança."

Como haviam prometido, quando Maria completou três anos, os seus pais prepararam-na para cumprir a promessa fixada por eles: levaram-na a um templo em Jerusalém para que ela pudesse dedicar a sua vida a Deus. Maria passou a residir no templo. Lá, ela e outras companheiras estudavam as leis de Deus e executavam trabalhos manuais, rezavam e liam as escrituras sagradas. Neste templo Maria viveu cerca de onze anos, cresceu desenvolvendo em si uma profunda compaixão, imensamente modesta e dedicada em seus esforços.

Desejando viver e dedicar-se exclusivamente a Deus, ela fez um voto de não se casar e permanecer para sempre virgem.

Os já bastante idosos Joaquim e Ana não viveram muito mais tempo e Maria ficou órfã. Quando completou quatorze anos, não poderia mais continuar, pelas leis, a residir no templo, era necessário que se casasse. O pároco principal, conhecendo o voto por ela feito, para não o prejudicar, celebrou apenas proforma o seu casamento com um parente distante, que enviuvara na casa dos oitenta anos – um ancião de nome José. O velho comprometeu-se a cuidar dela e proteger a sua condição de virgem.

José vivia em Nazaré. Ele também era descendente da família de David, homem sem posses, trabalhava como marceneiro. Do seu primeiro casamento tivera duas filhas, Lísia e Lídia e os filhos Judas, Josetos, Simão e Tiago, os quais nas escrituras são denominados "irmãos" de Jesus. Maria levava na casa de José a mesma vida modesta e disciplinada que levara antes no templo.

No sexto mês após a aparição do Arcanjo Gabriel a Zacarias, por motivo do nascimento de São João Baptista, o mesmo Arcanjo Gabriel foi enviado por Deus para a cidade de Nazaré ao encontro de Maria, com a feliz notícia de que Deus a escolhera para ser a mãe do salvador do mundo. O Arcanjo Gabriel surge perante Maria e anuncia-lhe: *"Deus te salve, cheia de graça; o Senhor é contigo. Abençoada és tu entre as mulheres!"* – Ela, ao ouvir estas palavras, perturbou-se e começou a pensar que saudação seria esta. O Arcanjo então lhe disse: *"Não temas, Maria, pois achaste graça diante de Deus, eis que conceberás no teu ventre e dará à luz um filho, a quem porás o nome de Jesus. Este será grande, será chamado Filho do Altíssimo, e o Senhor Deus lhe dará o trono de seu pai David, reinará sobre a casa de Jacob eternamente, pois seu reino não terá fim."*

Maria disse ao anjo: "Como se fará isso, pois eu não conheço varão?" Respondendo-lhe o Arcanjo disse: *"O Espírito Santo descerá sobre ti e a virtude do Altíssimo te cobrirá com a sua sombra, por isso mesmo o Santo que há de nascer de ti, será chamado Filho de Deus. Eis que também Isabel, tua parente, concebeu um filho na sua velhice e este é o sexto mês da que se dizia estéril, porque a Deus nada é impossível."* Então completou: *"Eis aqui a serva do Senhor, faça-se em mim segundo a tua palavra."* E o Arcanjo afastou-se dela.

Deus informou também a José do nascimento de Cristo. O anjo de Deus apareceu-lhe em sonhos e comunicou-lhe que Maria iria ter um filho, por obra do Espírito Santo, como Deus já havia avisado através do profeta Isaías (7:14) e ordenou que lhe fosse dado o nome de "Jesus", nome que em hebraico significa Salvador, porque ele salvará as pessoas de seus pecados.

O sincretismo de Maria com Iemanjá se dá por ambas serem a mãe de todos. Maria viria a ser para a Igreja Católica a mãe santíssima, representando assim o dom e poder da maternidade e do cuidado com seus filhos (não só de Jesus, mas de toda humanidade). No panteão Umbandista esse papel cabe a Iemanjá, que é considerada a mãe de todos os Orixás.

As grandes navegações

Nossa Senhora dos Navegantes é um dos vários títulos que a Virgem Maria auferiu. Ela passa a receber muitos pedidos de intercessão na Idade Média, na época das Cruzadas, quando os portugueses e espanhóis cruzavam o mar Mediterrâneo rumo à Palestina, para protegerem dos infiéis os lugares sagrados. Nesta devoção Maria é chamada também de Estrela do Mar, aquela que protege os navegantes mostrando-lhes sempre o melhor caminho e um porto seguro para a chegada. Antes das travessias os navegantes participavam da Santa Missa pedindo proteção a Nossa Senhora dos Navegantes, para poderem ter mais coragem de enfrentar o mar e suas tempestades com aqueles pequenos barcos. É a padroeira dos navegantes e dos viajantes.

Quando os primeiros colonizadores portugueses chegaram ao Brasil, com eles também desembarcou a devoção a *Nossa Senhora dos Mares, a Estrela do Mar*. Pescadores simples e valentes, sempre faziam as orações a Nossa Senhora dos Navegantes antes de irem para o mar buscar o sustento para a família e o trabalho para sobreviverem.

Prova disso é que a grande maioria das igrejas e capelas dedicadas a Nossa Senhora dos Navegantes estão situadas no litoral do Brasil.

Nossa Senhora dos Navegantes é também conhecida pelo nome de Nossa Senhora das Candeias, Nossa Senhora da Boa Viagem; Nossa Senhora da Boa Esperança e Nossa Senhora da Esperança.

Esse atributo de Maria como Nossa Senhora dos Navegantes, é o que melhor representa o sincretismo com Iemanjá. Pois tanto a Orixá, quanto a Santa, possui uma grande ligação com oceanos e mares.

Informações sobre Iemanjá

- **Dia:** sábado.
- **Data:** 02 de fevereiro.
- **Saudação:** Odoiá (Mãe das Águas).
- **Campo de Força:** mares, oceanos, água salgada.
- **Metal:** prata e prateados.
- **Cor:** azul claro.
- **Ervas:** colônia, pata-de-vaca, embaúba, ábèbè (erva-capitão), jarrinha, golfo, rama-de-leite, aguapé, lágrima-de-nossa-senhora, araçá-da-praia, flor-de-laranjeira, guabiroba, jasmim, jasmim-do-cabo, jequitibá-rosa, malva branca, marianinha, trapoeraba azul, musgo marinho, nenúfar, rosa branca, folha de leite.
- **Comida:** ebô de milho branco, manjar branco com leite de coco e açúcar, acaçá, peixe de água salgada, bolo de arroz, mamão.
- **Símbolo:** abebê branco (leque circular com espelho no meio).

Ponto Cantado de Iemanjá

Mãe d'água, rainha das ondas Sereia do mar
Mãe d'água, seu canto é bonito; Quando faz luar

Êh, Iemanjá (2X)
Rainha das ondas, sereia do mar

Como é lindo o canto de Iemanjá; Sempre faz o pescador chorar
Quem escuta a mãe d'água cantar; Vai com ela pro fundo do mar

Iansã

Considerada a senhora da tarde, dos espíritos, dos raios e tempestades, Iansã recebeu de Olorun (Deus), a missão de transformar e renovar a vida através dos ventos que tanto sabe manipular. O vento nem sempre é tão forte, e com doçura, provoca mudanças por onde passa, gerando vida, espalhando sementes que germinam e brotam vida. Além disso, esse vento manso também é responsável pelo processo de evaporação de todas as águas da terra, atuando junto aos rios, lagos, mares e demais lugares com presença de água. Esse fenômeno natural é vital para a renovação dos recursos naturais que, ao provocar as chuvas, estarão fertilizando a terra e auxiliando a vida. Porém quando surge em forma de tormenta, provoca destruição, que podemos chamar também de renovação. Gerando assim uma reciclagem natural.

Apesar de dominar o vento, Iansã originou-se na água, assim como as outras iabás, que possuem o poder da procriação e da fertilidade. Ela está relacionada com o número 9, indicativo principal do seu odú.

Menina dos olhos de Oxalá, seu protetor, aprendeu com ele sobre o uso do raciocínio e o dom da paciência. Por isso não desiste facilmente de seus ideais, sabendo esperar o momento certo para agir e conquistar.

Iansã é puro movimento. Não pode ficar parada para não acabar com a sua energia. Como o vento, nunca para, está sempre percorrendo novos lugares.

Ela tem ligações com o mundo subterrâneo, onde habitam os mortos, sendo o único Orixá capaz de enfrentar os eguns. Orixá multifacetária, Iansã, é a deusa dos cemitérios.

Segundo a mitologia iorubana, ela é um Orixá muito forte, enfrentando a tudo e a todos por seus ideais. Não aceita a submissão ou qualquer tipo de prisão.

Faz parte de sua indumentária a espada curva (alfanje), o eruquerê, que usava para sua defesa, além de muitos braceletes e objetos de cobre.

Lenda de Iansã

Embora tenha sido esposa de Xangô, Iansã percorreu vários reinos e conviveu com diversos reis. Foi a paixão de Ogum, de Oxaguian e de Exú, conviveu e seduziu Oxóssi e Logun-Edé e tentou, em vão, relacionar-se com Obaluaiê. Sobre este assunto, a história conta que Iansã usava sua inteligência, astúcia e sedução para aprender de tudo e conhecer igualmente a tudo.

Em Irê, terra de Ogum, foi a grande paixão do guerreiro. Aprendeu com ele o manuseio da espada e ganhou deste o direito de usá-la. No auge da paixão de Ogum, Iansã partiu, indo para Oxogbô, terra de Oxaguian. Conviveu e aprendeu o uso do escudo para se proteger de ataques inimigos, recebendo de Oxaguian o direito de usá-lo. Quando Oxaguian estava tomado pela paixão por Iansã, ela partiu.

Pelas estradas deparou-se com Exú, e se relacionou com ele aprendendo os mistérios do fogo e da magia.

No reino de Oxóssi, seduziu o deus da caça, mesmo este tendo sido avisado por sua mulher, Oxum, dos perigos e encantos de Iansã. Com Oxóssi, ela aprendeu a caçar, a tirar a pele do búfalo e se transformar naquele animal, com a ajuda da magia aprendida anteriormente com Exú.

Seduziu também o jovem Logun-Edé, filho de Oxóssi e Oxum, e com ele aprendeu a pescar.

Iansã partiu, então, para o reino de Obaluaiê, pois queria descobrir seus mistérios e até mesmo conhecer seu rosto (conhecido apenas por Nanã sua mãe e Iemanjá, mãe de criação).

Uma vez chegando ao reino de Obaluaiê, Iansã tratou de se insinuar ao senhor das chagas, porém o mesmo questionou o que ela queria em seu reino. Iansã, astuta como sempre, lhe disse que apenas queria ser sua amiga para conhecer e aprender, e como prova disso, começou a dançar para Obaluaiê, a mesma dança que usou para seduzir Oxóssi, Ogum e Oxaguian. Dançou, no entanto, por horas, sem emocionar e nem chamar a atenção de Obaluaiê.

Incapaz de seduzir Obaluaiê, que nunca havia se relacionado com nenhuma mulher, resolveu simplesmente aprender, fosse o que fosse. Dirigindo-se ao homem de palha, foi logo dizendo que, com Ogum havia aprendido a usar a espada, com Oxaguian, o escudo, com Oxóssi aprendeu a caçar, com Logun-Edé a pescar e com Exú os mistérios do fogo, e que agora, apenas lhe faltava aprender algo com ele.

Obaluaiê, então perguntou a Iansã se realmente ela queria aprender. Iansã respondendo positivamente, ele disse que, sendo assim, iria ensiná-la a tratar dos mortos.

De início Iansã relutou, mas seu desejo de aprender foi mais forte e, com Obaluaiê, aprendeu a conviver com os eguns e controlá-los.

Partiu então Iansã, foi para o reino de Xangô, lá, acreditava que teria o mais vaidoso dos reis e aprenderia a viver ricamente, porém ao chegar ao reino do deus do trovão, Iansã aprendeu muito mais que isso, aprendeu a amar verdadeiramente e com uma paixão violenta, pois Xangô dividiu com ela os poderes do raio e deu a ela o seu coração.

O fogo é o elemento básico de Iansã. O fogo das paixões, o fogo da alegria, o fogo que queima. Iansã é o Orixá do fogo.

E aqueles que dão uma conotação de vulgaridade a essa belíssima e importantíssima divindade africana são dignos de pena e mais ainda, do perdão de Iansã.

Arquétipo dos Filhos de Iansã

Os filhos de Iansã são guerreiros que, em vez de ficar no lar ou em um cotidiano repetitivo, preferem ir à luta e criarem seu próprio destino.

São características dos filhos de Iansã transformar a vida num buscar desenfreado, tanto de prazer como de riscos. Mudam todo o rumo da sua vida por um amor ou por um ideal.

Da mesma forma que um filho de Iansã revira sua vida uma vez de pernas para o ar, poderá novamente chegar à conclusão de que estava enganado e, algum tempo depois, fazer mais uma alteração, tão ou mais radical que a anterior.

Os filhos de Iansã gostam de ocupar posição de destaque e nunca passam despercebidos. Possuem personalidade marcante, que dificilmente é esquecida. Brilham em quase tudo que fazem. Têm um caráter cheio de variações, de atitudes súbitas e imprevisíveis que costumam fascinar ou aterrorizar os que os cercam e os grandes interessados no comportamento humano. São atirados, extrovertidos e diretos, sem se preocuparem com os efeitos que isso possa trazer. Às vezes tentam ser maquiavélicos ou sutis, mas só detidamente. Em longo prazo, um filho de Iansã sempre acaba mostrando exatamente quais são seus objetivos e pretensões. Também são alegres, prestimosos e dedicados.

Com tendência a desenvolver vida sexual muito irregular, pautadas por súbitas paixões, que da mesma forma que começam arrebatadoras, terminam mais arrebatadoras ainda, são extremamente ciumentos, possessivo, muitas vezes se mostrando incapazes de perdoar qualquer traição, menos as que ele mesmo faz contra a pessoa amada. Porém costumam ser amigos fiéis àqueles poucos escolhidos do seu círculo mais íntimo de amizade.

Sua principal característica positiva é a capacidade de não apenas perdoar quem eventualmente lhe tenha ofendido, como esquecer a ofensa. Talvez nenhum outro filho de orixá consiga realmente esquecer um filho de Iansã.

Quando líderes em alguma atividade, quase sempre marcam, de maneira permanente, sua forma de administrar, mesmo que isso lhes custe sacrifícios.

As filhas de Iansã são extremadas como as chamadas "supermães". Lutam pela felicidade e progresso de seus filhos e não admitem erros ou falhas, embora, quase nunca tenham coragem de puni-los.

Sincretismo de Iansã

Santa Bárbara nasceu na cidade de Nicomédia na região da Bitínia, onde hoje se localiza a cidade de Izmit, na Turquia, às margens do Mar de Mármara. Bárbara viveu no final do Século III. Foi uma bela jovem, filha única de Dióscoro, um rico e nobre morador de Nicomédia.

Dióscoro não queria deixar sua filha única viver no meio da sociedade corrupta daquele tempo, por isso, decidiu fechá-la em torre. Lá, ela era ensinada por tutores da confiança de seu pai. Porém, aquilo que parecia um castigo, começou a abrir a mente de Bárbara. Do alto da torre ela contemplou a natureza: as estações do ano, a chuva, o sol, a neve, o frio, o calor, as aves, os animais, etc. Tudo isso fez Bárbara questionar se aquilo eram realmente criações dos "deuses", como seus tutores e seu povo acreditavam, ou se havia "alguém" muito mais inteligente e poderoso por trás da criação.

Quando atingiu idade para o casamento, por volta dos dezessete anos, seu pai a trouxe para casa, permitindo que ela recebesse a visita de pretendentes, mas não que ela visitasse a cidade. Bárbara era uma jovem muito bela e de família rica. Por isso, muitos eram os pretendentes que queriam se casar com ela. Mas Bárbara não aceitava nenhum, enxergando neles a superficialidade e o interesse, e nenhum toque de amor verdadeiro.

Para seu pai, isso era um problema sério, pois, segundo os costumes, ele tinha obrigação de casar sua filha. Dióscoro pensava que as "desfeitas" da filha diante dos pretendentes se davam por causa do tempo que ela passou na torre. Então, ele decidiu permitir que Bárbara conhecesse a cidade.

Nessas visitas, Bárbara acabou conhecendo os cristãos de Nicomédia que lhe passaram a mensagem de Jesus Cristo. Falaram-lhe também sobre o mistério da Santíssima Trindade. A novidade cristã tocou profundamente o coração da jovem. Com os cristãos ela encontrou a resposta para seus questionamentos: o Criador de tudo era o Deus Único e Pai do Nosso Senhor Jesus Cristo e não os deuses que seu povo cultuava.

Bárbara se converteu ao cristianismo de todo o coração. Logo, um padre vindo de Alexandria ministrou a ela o batismo e Bárbara passou a ser uma jovem fervorosa e cheia de virtudes cristãs. Em Jesus Cristo ela encontrou o sentido mais profundo de sua vida.

Seu pai decidiu então, construir uma casa de banho na torre para ela, onde planejou instalar duas belas janelas. Quando a obra começou, Dióscoro teve que fazer uma longa viagem. Durante a ausência do pai, Bárbara ordenou que construíssem uma terceira janela na obra. Sua intenção era que a torre tivesse três janelas em homenagem à Santíssima Trindade. Além disso, ela esculpiu uma cruz na torre.

Quando seu pai voltou, reparou logo as mudanças feitas na construção e foi perguntar à filha o porquê daquilo. Bárbara explicou que as mudanças eram símbolos de sua nova fé: três janelas em homenagem ao Deus Uno e Trino, Criador de todas as coisas. E a Cruz lembrava o sacrifício do Filho de Deus para salvar a humanidade. Dióscoro ficou furioso.

Ao perceber que a filha estava irredutível em sua fé cristã, Dióscoro, num impulso de ira, denunciou a filha ao prefeito da cidade. Este ordenou que Bárbara fosse torturada em praça pública, para tentar fazer com que a jovem renegasse a fé cristã. Porém, para surpresa de todos, Bárbara não renegou sua fé, mesmo diante dos mais atrozes sofrimentos.

Durante a tortura, uma jovem cristã chamada Juliana denunciou os nomes dos carrascos, coisa que era expressamente proibida na época. Por isso, Juliana foi presa e condena à morte por decapitação, assim como Bárbara.

As duas jovens cristãs foram levadas amarradas pelas ruas de Nicomédia, sob os gritos furiosos de muita gente. Bárbara teve os seios cortados. Depois, foi conduzida para fora da cidade. Lá, seu próprio pai a degolou.

Quando Dióscoro degolou a filha e a cabeça de Bárbara rolou pelo chão, um raio riscou o céu e um enorme trovão foi ouvido pelo povo. E para o assombro de todos os presentes, o corpo de Dióscoro caiu no chão sem vida, atingido pelo raio. Parece que a natureza se revoltou contra a atitude desse pai infanticida.

Depois deste fato, Santa Bárbara ganhou o status de "protetora contra relâmpagos e tempestades", além de ser nomeada padroeira dos artilheiros, dos mineradores e das pessoas que trabalham com fogo.

A história acima nos mostra a similaridade com a Orixá Iansã e o que fez os escravos sincretizarem a deusa dos raios com a santa católica. Quem garante que Iansã não era a protetora de Barbara? Isso é apenas uma brincadeira, mas a ligação entre os dois ícones de religiões diferentes são evidentes, tornando este um sincretismo indiscutível.

Informações sobre Iansã

- **Dia:** quarta-feira.
- **Data:** 04 de dezembro.
- **Saudação:** Eparrei (Olá, com admiração).
- **Campo de Força:** campo aberto.
- **Metal:** cobre.
- **Cor:** laranja.
- **Ervas:** alface, alteia, amoreira, angico da folha miúda, bambu, branda fogo, camboatá, cambuí amarelo, catinga de mulata, cordão-de-frade, cravo-da-índia, cururú, dormideira, erva prata, erva tostão, espada-de-santa-barbara, espirradeira, eucalipto limão, romã, pinhão branco, pata-de-vaca, manjericão roxo, maracujá, etc.
- **Comida:** acarajé, abará, acaçá, batata-doce, efó, inhames, caruru, etc.
- **Símbolos:** Espada curva de cobre e o eruquerê (rabo de boi ou de búfalo).

Ponto Cantado de Iansã

Olha que o céu clareou; Quando o dia raiou
Fez o filho pensar; A mãe do tempo mandou
A nova era chegou; Agora vamos plantar

Do Humaitá Ogum bradou; Senhor Oxóssi atirou
Iansã vai chegar; O Ogã já firmou
Atabaque afinou; Agora vamos cantar

Ah! Eparrei!; Ela é Oiá! Ela é Oiá!
Ah! Eparrei!; É Iansã! É Iansã!
Ah! Eparrei!

Quando Iansã vai pra batalha
Todos cavaleiros param
Só pra ver ela passar

Xangô

Orixá da justiça e da sabedoria, Xangô é sincretizado com São Jerônimo, São Pedro e São João Batista, e tem como seu campo de força as pedreiras e as cachoeiras. Seu símbolo é o machado de duas faces, representando a proteção e a punição àqueles que cometem injustiças.

Xangô é o responsável pela solução das pendências, dando a quem merece o devido castigo, e vitória ao injustiçado. Representa a lei de causa e efeito e a imparcialidade. Recorrem a Xangô todos os perseguidos espiritual e materialmente. É a ele que apelamos quando necessitamos de ajuda nos processos que exige muita energia, nas demandas espirituais, nos processos judiciais, enfim, todos os assuntos ligados à lei. Na natureza, personifica às tempestades e tudo que dela provêm como raios, chuva com trovoadas, etc.

Deste Orixá emanam a autoridade, a justiça e o saber. Ele jamais erra e não permite o erro de seus filhos. É o protetor dos bons juízes, dos bons advogados e de todos aqueles que tenham contato com as práticas das leis.

Nas demandas espirituais após o trabalho realizado pela energia dos outros Orixás, é a força de Xangô que vem para cumprir e determinar a lei divina de causa e efeito.

A vibração de Xangô, nas invocações que ocorrem nos templos de Umbanda é fortíssima. Quando incorporado em seus médiuns, transmite sempre a imagem de alguém forte como a rocha, todos pressentem a força deste Orixá. Ele é autoritário, capaz de despertar o respeito por suas determinações e leis, com poder para decidir sobre o bem e o mal. As suas determinações serão sempre obedecidas por todos, gostando ou não.

Por estar associado às rochas e à firmeza de uma pedreira, é deste campo de força que emana sua energia a qual podemos senti-la caso busquemos esse contato.

A justiça de Xangô é baseada nas leis divinas, leis que tem origem em Deus e não podem ser manipuladas pelos homens.

Talvez estejamos diante do Orixá mais cultuado e respeitado aqui no Brasil. Isso porque foi ele o primeiro deus iorubano, por assim dizer, que pisou em terras brasileiras. É, portanto, o principal tronco do candomblé do nosso país.

Xangô é o rei das pedreiras, Senhor dos coriscos e do trovão, pai da justiça e o Orixá da política. Guerreiro, bravo e conquistador, ele também é conhecido como o Orixá mais vaidoso entre os deuses masculinos africanos. Monarca por natureza é chamado pelo termo Obá, que significa rei.

Lenda de Xangô

Filho de Oranian e marido de Iansã, Obá e Oxum, Xangô nasceu para reinar, ser monarca e, como Ogum, para conquistar e solidificar cada vez mais sua condição de rei. Uma das lendas que mostra bem o senso de justiça de Xangô é aquela que conta a história de uma conquista feita pelo deus do trovão.

Xangô, acompanhado de seu numeroso exército, viu-se frente a frente com o exército inimigo. Seus opositores tinham ordens de não fazer prisioneiros. Destruir o adversário, desde o mais simples guerreiro até os ministros e o próprio Xangô, ao longo da guerra, era o que seus rivais queriam. Aqueles que caíam prisioneiros dos oponentes de Xangô eram executados sumariamente, sem dó ou piedade, sendo os corpos mutilados e devolvidos para que Xangô visse o poder que tinham.

Batalhas foram travadas nas matas, nas encostas dos morros, nos descampados. Xangô perdeu muitos homens, sofreu grandes baixas, pois seus oponentes eram impiedosos e bárbaros.

Do alto da pedreira, Xangô meditava e elaborava planos para derrotar o inimigo, quando viu corpos de seus fiéis guerreiros serem jogados ao pé da montanha, mutilados, com os olhos arrancados, alguns com a cabeça decepada. Aquela barbárie provocou a ira de Xangô que, num movimento rápido e forte chocou seu martelo contra a pedra provocando faíscas tão fortes que pareciam coriscos. E quanto mais forte batia, mais os coriscos ganhavam força e atingiam seu inimigo.

Tantas foram às vezes que Xangô bateu seu machado na rocha, quantos foram os inimigos vencidos. Xangô triunfou e saiu vencedor daquela batalha. A força de seu machado emudeceu e acovardou seus oponentes.

Com os adversários aprisionados, os ministros de Xangô clamaram por justiça, pedindo a destruição total dos rivais. Porém, Xangô, com todo seu senso de justiça, disse aos seus ministros que os soldados de seu inimigo apenas cumpriam ordens, e foram fiéis aos seus superiores, e por isso, não deveriam ser destruídos, mas que seus líderes mereciam sofrer a sua ira. Levantando seu machado em direção ao céu, Xangô gerou uma sequência de raios, destruindo os chefes inimigos e liberando os guerreiros, que logo passaram a servi-lo com lealdade e fidelidade.

Assim, Xangô mostrou que a justiça está acima de tudo e que, sem ela, nenhuma conquista vale a pena, que o respeito pelo rei é mais importante que o medo.

Xangô, apesar de ser grande guerreiro, justo e conquistador, detesta a doença, a morte e aquilo que já morreu. Ele é avesso a eguns (espíritos desencarnados). Admite-se que Xangô é uma espécie de ímã de eguns, daí sua aversão por eles. Xangô costuma entregar a cabeça de seus filhos, antes da morte deles, a Obaluaiê e Omolú, tal grau de repúdio que tem por doenças e coisas mortas.

O elemento fundamental de Xangô é o fogo.

Arquétipo dos Filhos de Xangô

O filho de Xangô tem geralmente um corpo forte, com tendência a obesidade, porém sua boa constituição óssea suporta bem seu físico avantajado. Normalmente são baixinhos e possuem olhar expressivo.

Por mais que durante sua caminhada passem humilhações ou tenham que superar obstáculos difíceis, os filhos de Xangô nascem para serem grandes vencedores na vida, seus nomes estando entre as pessoas que venceram por seus talentos e fizeram história. São audaciosos e justiceiros. Correm atrás do que acreditam ser certo, mesmo quando isso não vá mudar em nada suas vidas e sim ajudar alguém em especial.

São grandes exemplos para aqueles que se deixam abater por qualquer coisa. Sua força vem da autoconfiança que possuem e da fé em si mesmo.

Considerados amantes perfeitos e inesquecíveis, sabem como mexer com os desejos mais secretos do seu par, e como fazer a pessoa se sentir segura em seus braços. Fidelidade não é o seu forte, mesmo quando estão apaixonados ou vivendo um romance sério, e podem até cair na ousadia de namorar mais de uma pessoa ao mesmo tempo.

Por serem extrovertidos e carismáticos, acabam chamando a atenção e despertando o ciúme de seus parceiros, e não toleram cobranças, preferem ficar sozinhos.

Na área profissional, são considerados difíceis de lidar. Possuem todos os artifícios para se destacarem em suas profissões, porém o gênio autoritário faz com que sejam odiados por muitos. Não aceitam outra opinião que não seja a deles, a não ser que a argumentação seja forte. Por jugar falar a verdade, falam tudo o que pensam, doa a quem doer. Costumam criar inimigos de graça. Às vezes, perdem o emprego por não saber controlar a língua.

Com a idade, aprendem que tem hora para tudo e que nem sempre eles têm razão, por mais que suas ideias sejam boas. Por terem a posição tensa de um guerreiro que jamais deve cair, vivem com os nervos à flor da pele. Não é difícil ter problemas de coração e do sistema nervoso, costumam ser hipertensos e sofrer com nevralgias e tensão, doenças ocasionadas pela vida austera que levam, pois são autoritários, severos, justiceiros, egocêntricos e mandões. Possui temperamento quente e pavio curto. São muito benevolentes e solidários, mas devem ter cuidado para não aborrecê-los, pois sua ira é incontrolável.

Com apurado senso de integridade, não gostam de ver injustiças, compram logo a briga e a resolvem, mesmo que seja com a força física, pois perdem o controle diante de contrariedades. Para diminuir os riscos de cair numa cama, precisam buscar uma vida mais saudável e principalmente colocar para fora seus sentimentos mais humanos como medo, saudade, dor, carência, etc.

São incapazes de qualquer atitude injusta contra alguém, porém certo egoísmo faz parte de seu arquétipo. Extremamente austeros (para não dizer sovinas), não é por acaso que Xangô dança alujá com a mão fechada. Gostam do poder e do saber, que são os grandes objetos de sua vaidade.

Não admitem mudanças de programação, mesmo que não dependendo deles a realização do plano programado. Costumam remoer o que lhes acontece, ou o que não se realizou como queriam. Separam com muita frequência a realidade de si, levando seus pensamentos para altas esferas. Por serem muito honestos, magoam-se com facilidade pela ingratidão das pessoas, achando que todo o mundo tem obrigação de ser honesto e preciso em suas decisões.

As filhas de Xangô geralmente são muito crédulas, pois acreditam em tudo que lhe falam. Magoam-se profundamente quando as acusam de coisas que não fizeram. Guardam mágoas profundas, mas não conseguem guardar raiva. Não gostam de sair de casa, preferem o aconchego do lar e são excelentes mães de família, mantendo tudo em perfeita harmonia, não permitindo desavenças entre os familiares, dando possibilidades a todos de se defenderem sempre que for necessário.

Sincretismo de Xangô

Apesar de termos citados alguns santos católicos sincretizados com o Orixá Xangô, falaremos aqui daquele que é o mais tradicional neste sincretismo e que podemos encontrar sua imagem em boa parte dos Congás (altar) dos terreiros de Umbanda. São Jerônimo.

Jerônimo foi um homem de grande cultura, era doutor nas Sagradas Escrituras, teólogo, escritor, filósofo, historiador. Foi ele quem traduziu a Bíblia pela primeira vez, do hebraico e grego para o latim, a língua falada pelo povo. Sua tradução foi chamada de Vulgata, ou seja, popular.

Nascido na Dalmácia, hoje Croácia, no ano de 340, Jerônimo era de família rica, culta e de raiz cristã. Ele era filho único e herdou uma pequena fortuna de seus pais. Após a morte deles foi morar em Roma, lá, estudou retórica, que é a arte de falar bem, e oratória, com os melhores mestres da época, adquirindo com isso, mais cultura ainda.

Apesar de vir de uma família cristã, Jerônimo ainda não tinha sido batizado. Só aos vinte e cinco anos ele tomou uma decisão madura e pediu o batismo, sendo então batizado pelo Papa Libério. Depois disso, em oração, sentiu o chamado para o monastério. Mas não simplesmente para uma vida reclusa. Seu chamado era para a vida monástica dedicada à oração, ao recolhimento e ao estudo. Jerônimo descobriu alguns monges que viviam na Gália, atual França, e foi morar com eles. Lá formou uma comunidade com seus amigos e discípulos que se dedicavam ao estudo da Bíblia e das obras de teologia.

De temperamento forte e radical, Jerônimo resolve ir para o deserto, pois precisava se fortalecer espiritualmente. E num ritmo de orações e jejuns rigorosos quase chegou a falecer. Tempos depois, já recuperado, foi para Constantinopla, segunda capital do império romano, quando se encontrou com Gregório, que lhe mostrou o caminho do amor pelo estudo das Sagradas Escrituras.

Por isso, Jerônimo decidiu dedicar sua vida ao estudo da Palavra de Deus, para transmitir o cristianismo em sua máxima fidelidade, ao maior número de pessoas possível. Com sua grande aptidão para aprender línguas, estudou hebraico e grego. Seu objetivo era compreender as escrituras nas suas línguas originais para transmitir um ensinamento seguro aos fiéis.

A fama da cultura e sabedoria de Jerônimo se espalhou e chegou até Roma. Sabendo disso, o Papa Damaso o chamou e lhe deu a grandiosa missão de traduzir a Bíblia para o Latim, a língua do povo.

O Papa queria uma tradução o mais fiel possível do hebraico e do grego para o latim, mas que ao mesmo tempo, o povo pudesse compreender. Jerônimo reunia todas as condições para realizar esse feito. Ele se tornou, então, o secretário do Papa. E assim surgiu a Vulgata, para que o povo conhecesse em profundidade as riquezas da palavra de Deus, tornando-se assim, a base da tradução bíblica da Igreja, aprovada no Concílio de Trento. E é devido a esse trabalho, que durou muitos anos, pois ele procurava, em cada versículo, a tradução mais fiel possível, que temos hoje a Bíblia traduzida para o português e várias outras línguas. Em sua tradução, além da extrema fidelidade aos textos originais, Jerônimo mostrou uma grande riqueza de informações sobre a história da salvação.

Terminado esse imenso trabalho, São Jerônimo foi morar em Belém, a terra onde Jesus nasceu. Lá, viveu como monge num mosteiro fundado por Paula, sua grande amiga e auxiliadora nos trabalhos de estudo e tradução da Bíblia.

São Jerônimo morreu com quase oitenta anos no dia 30 de setembro do ano 420. Ele é o padroeiro dos estudos bíblicos, dos estudiosos da Bíblia. O dia da Bíblia foi atribuído ao dia de sua morte.

Representado sempre escrevendo, com muitos livros à sua volta, imagem, que faz referência ao inestimável trabalho de tradução da Bíblia, São Jerônimo veste roupas de monge em referência a seus últimos anos no mosteiro de Belém.

Podemos verificar na história de São Jerônimo, que seu temperamento forte e sua dedicação aos estudos e ao conhecimento, levou os escravos a sincretizá-lo com o Orixá Xangô.

Informações sobre Xangô

- **Dia:** quarta-feira.
- **Data:** 29 de junho.
- **Saudação:** Kaô Kabecilê (Venham ver o Rei Descer Sobre a Terra).
- **Campo de Força:** pedreiras e cachoeiras.
- **Metal:** cobre, ouro e chumbo.
- **Cor:** marrom.
- **Ervas:** alfavaca-roxa, levante, mil-homens, azedinha, cavalinha, morangueiro, musgo-da-pedreira, noz-moscada, pessegueiro, romã, dormideira, taioba, erva-de-são-joão, erva-de-santa-maria, beti cheiroso, nega-mina, cordão-de-frade, jarrinha, erva-de-bicho, erva tostão, caruru, para raio, umbaúba, etc.
- **Comida:** quiabo com rabada, peito de boi com angu, caruru, abacaxi, maçã verde, fruta do conde, banana, mamão, marmelo, etc.
- **Símbolos:** Oses (machados), edun ará (pedra de raio), seré (feito de uma cabaça alongada com pequenos grãos de areia dentro).

Ponto Cantado de Xangô

Xangô é corisco; Nasceu na trovoada
Trabalha na pedreira; Acorda na madrugada
Longe, tão longe; Aonde o sol raiou

Saravá Umbanda; Oi, saravá Xangô

Ogum

Ao contrário do que muitos acham, Ogum é o Orixá protetor contra as guerras e contra as demandas espirituais. Patriarca dos exércitos, dono das armas, Ogum é o poder do sangue que corre nas veias. Orixá da manutenção da vida, é protetor de todos os seguidores da Umbanda e daqueles que sofrem perseguições materiais ou espirituais. Por isso é considerado o General da Umbanda.

Conhecido como o general de Oxalá, Ogum protege a todos aqueles que a ele recorrem. Orixá guerreiro, senhor do ferro, sincretizado com São Jorge no Sul do Brasil e com São Sebastião do Sudeste para cima.

Conhecido por ser um exímio ferreiro, construtor de armas, pois ele próprio forja suas ferramentas de guerra, caça e agricultura, é a divindade da metalurgia, do ferro, do aço e outros metais fortes.

O culto ao Orixá Ogum era restrito aos homens na África e, talvez por isso, não vejamos muitas mulheres filhas de Ogum por lá, mas no Brasil esse panorama muda; principalmente na Umbanda.

Ogum é um orixá de definição mais simples que a dos seus irmãos, tendo uma representação objetiva. Companheiro de Exú tem como cor o vermelho, sangue na Umbanda, sendo dono dos caminhos e encruzilhadas e, como irmão de Oxóssi, traz o azul claro e o verde no Candomblé. Diz a lenda que foi o primeiro Orixá a descer para a Terra.

Considerado um Orixá impiedoso e cruel, ele pode até passar essa imagem, mas sabe ser dócil e amável.

Ogum é o filho mais velho de Odudua, o herói civilizador que fundou a cidade de Ifé. Quando Odudua esteve temporariamente cego, Ogum tornou-se seu regente em Ifé.

Orixá importantíssimo na África e no Brasil, sua origem de acordo com a história, é datada de eras remotas. Ogum é o último imolé.

Os Igbá Imolé eram os duzentos deuses da direita que foram destruídos por Olodumaré após terem agido mal. Ogum, o único Igbá Imolé que restou foi incumbido de conduzir os Irun Imolé, os outros quatrocentos deuses da esquerda.

Foi Ogum quem ensinou aos homens como forjar o ferro e o aço. Ele tem um molho de sete instrumentos de ferro: alavanca, machado, pá, enxada, picareta, espada e faca, com as quais ajuda o homem a vencer a natureza.

Em todos os cantos da África negra, Ogum é conhecido, pois soube conquistar cada espaço daquele continente com sua bravura. Matou muita gente, mas matou a fome de outras tantas, por isso antes de ser temido Ogum é amado.

Ogum é o Orixá da força, da determinação, não desiste nem abandona uma batalha tão fácil. Grande estrategista comanda as legiões do bem contra as energias trevosas.

Lenda de Ogum

Ogum, o filho mais velho de Iemanjá, irmão de Exú e Oxóssi, nutre por este último um enorme sentimento, um amor consanguíneo verdadeiro e poderoso, capaz de matar e aniquilar quem puser em risco a sua tranquilidade. Há quem diga até, que Ogum zela mais pelos filhos de Oxóssi que pelos seus próprios, tal é o sentimento que ele tem pelo irmão.

Grande caçador, tranquilo, calmo, pacato, bom filho, bom irmão, atencioso e trabalhador, era ele quem provia sua casa e família, pois Exú gostava de viajar pelo mundo, Oxóssi, ao contrário, era mais descansado e contemplativo. Como irmão mais velho, Ogum cuidava da caça, dos concertos, e outros afazeres. Mas, dentro de seu coração, existia um enorme desejo em "ganhar o mundo", como seu irmão Exú.

Num belo dia, ao voltar de uma exaustiva caçada, Ogum viu sua casa e família ameaçada por guerreiros de terras distantes. Ao ver sua casa em chamas e seus entes queridos clamando por socorro, Ogum tomou-se de ira e, sozinho, cheio de ódio, arrasou os agressores, não deixando um só de pé.

Deste dia em diante Ogum iniciou Oxóssi na arte da caça, mostrando os caminhos e trilhas da floresta, e disse ao irmão que, sempre que estivesse em perigo, pensasse nele, pois onde estivesse viria para defendê-lo.

Antes de partir se aproximou de Iemanjá e se despediu de sua mãe dizendo que precisava ir para vencer e conquistar, pois isso estava em seu sangue e devia seguir seu destino.

Desta forma, Ogum partiu e tornou-se o maior guerreiro do mundo. Mesmo sem um exército, vencia todos os inimigos, conquistando tudo àquilo que queria. Ogum se tornou a vitória, a força da conquista.

Este Orixá de temperamento explosivo e coração quente é a força da Natureza, talvez a mais temida e respeitada. O elemento de Ogum é a terra e, dependendo das qualidades, ou seja, sua fundamentação, ele carrega também os elementos água e ar.

Quando você sentir seu pulso e seu coração batendo, tenha certeza, Ogum está presente. Quando sentir que seu sangue corre nas veias, pense com convicção, Ogum está presente. E enquanto sentir que existe vida dentro de si, saiba, Ogum a está mantendo e abençoado.

Arquétipo dos Filhos de Ogum

Os filhos de Ogum se apresentam muitas vezes intransigentes e obstinados. Comportamento que geralmente os confundem com brigões, porém eles apenas possuem uma postura firme e decidida.

Assim como seu Orixá regente, os filhos de Ogum seguem a risca as leis e raramente ponderam as coisas. Se a regra é está, então tem que ser seguida a qualquer custo. Ele segue a lei sem se importar se ela serve para este ou aquele caso. É a lei e tem que ser cumprida.

O filho de Ogum é dado à conquista, não entra em uma batalha para perder. Estrategistas, eles buscam sempre o melhor momento de agir, pois não estão preparados para a derrota.

Possuem forte tendência para liderança e lutam bravamente até a vitória. Com temperamento quente, irritam-se com facilidade, são egoístas e encrenqueiros. Porém inteligentes, alegres e gostam de compartilhar as alegrias.

Como mencionado anteriormente são donos de uma postura firme e são determinados, se colocam algo na cabeça ninguém tira.

A ligação desse Orixá com os caminhos caracteriza a vontade e a satisfação de seus filhos viajarem.

Os filhos de Ogum, pela própria característica deste Orixá, são valentes, impetuosos e sentem um gosto por mudanças, conquistas e assuntos ligados a ferramentas e tecnologia. Também são grandes negociantes, amantes fiéis e dedicados à família, são também verdadeiros guardiões de seu próprio patrimônio, geralmente são pessoas bonitas, talentosas e inteligentes.

Os filhos e protegidos de Ogum recebem dele o gosto pela liberdade e a coragem para enfrentar as maiores batalhas da vida.

Quando o assunto envolve o coração, os filhos de Ogum se mostram bastante egoístas. Se estiverem apaixonados, não medem esforços para conquistar quem desejam, às vezes nem se preocupam se estão magoando alguém ou não. Como bons guerreiros, adoram tomar a iniciativa na hora da conquista e sabem usar o charme com maestria para atrair a quem desejam. Como são determinados, não desistem nunca e é difícil alguém escapar de sua rede. Após conquistar o coração da pessoa amada, faz de tudo para que ela seja feliz ao seu lado. Entrega-se por inteiro e ama quase que cegamente. Sua fidelidade é verdadeira, porém, se sentir que a pessoa que ama não está sendo sincera, o lado fiel é deixado de lado e não pensa duas vezes em trair.

Costumam ter bom desempenho em profissões que envolvam raciocínio rápido ou então energia física. Também se destacam na área de administração, comércio e engenharia.

Como não gostam de ficar parados, às vezes arrumam mais de um emprego, isso é também uma maneira de melhorar sua conta bancária, já que gosta de gastar.

Por serem ansiosos e tensos, os regidos por Ogum têm como pontos fracos a cabeça, o fígado e o estômago. Doenças como enxaquecas e gastrite são sinais de que precisam controlar o estresse. Uma maneira saudável é fazer caminhadas solitárias ou esportes coletivos. Dormir bem também é importante para ficar cada vez melhor, pois uma boa noite de sono é capaz de transformar seu humor.

Sincretismo de Ogum

Jorge nasceu em 275 d.C., numa antiga região chamada Capadócia, hoje parte da Turquia. O pai de Jorge era militar e faleceu numa batalha. Após a morte do pai, Jorge e sua mãe, chamada Lida, mudaram-se para a Terra Santa. Lida era originária da Palestina, mulher de instrução e de muitos bens, ela conseguiu dar ao filho Jorge uma educação esmerada.

Ao atingir a adolescência, Jorge seguiu o caminho de muitos jovens da época e entrou para a carreira das armas, pois tinha um temperamento naturalmente combativo, tanto, que logo se tornou capitão do exército romano. Muito habilidoso com as armas e de uma dedicação extrema, acabou por receber do Imperador Diocleciano o título nobre de Conde da Capadócia. Assim, com apenas vinte e três anos, Jorge passou a morar na alta Corte de Nicomédia. Nesse tempo, ele exerceu o cargo de Tribuno Militar.

Quando sua mãe faleceu, Jorge recebeu a herança que lhe cabia e foi enviado para um nível mais alto ainda: a Corte do imperador. Lá, porém, quando começou a ver a crueldade com que os cristãos eram tratados pelo império romano que ele servia, mudou seu pensamento. Ele já conhecia o cristianismo por causa da influência de sua mãe e da Igreja de Israel. E então, Jorge deu seu primeiro passo de fé: distribuiu todos os seus bens aos pobres. Mesmo sendo membro do alto escalão do exército, ele quis a verdadeira salvação prometida pelo Evangelho que já conhecia.

No entanto, o imperador Diocleciano tinha outros planos. Sua intenção era eliminar os cristãos. Assim, no dia em que o senado confirmaria o decreto do imperador que autorizaria a eliminação dos cristãos, Jorge levantou-se na tribuna e se declarou espantado com esta decisão, que julgava absurda. Ele ainda disse diante de todos que os romanos é que deveriam assumir o cristianismo em suas vidas. Todos ficaram muito surpresos quando ouviram aquelas palavras vindas da boca de um membro da Suprema Corte de Roma. Questionado por um cônsul sobre o porquê de tal discurso, Jorge respondeu-lhe que estava dizendo aquilo porque acreditava na verdade e, por ser esta a verdade, a defenderia a todo custo. *"Mas, o que é a verdade?"*, perguntou o cônsul. Jorge respondeu: *"A Verdade é o meu Senhor Jesus Cristo, a quem vós persegius, e eu sou servo do meu redentor, Jesus Cristo, e nele confiando, me pus no meio de vós para dar testemunho da Verdade."*

O Imperador, furioso ao ver o cristianismo infiltrado no império, tentou obrigá-lo a desistir da fé cristã. Por isso, enviou-o a sessões de torturas violentas e terríveis. Assim, depois de cada aflição, Jorge era levado de volta ao imperador. Este lhe perguntava se, depois do flagelo, abandonaria a fé cristã. Jorge, porém, reafirmava sua fé, cada vez com mais coragem. Muitos romanos ao presenciarem estes fatos, tomaram as dores de Jorge, até mesmo a própria esposa do imperador que, mais tarde, viria a se converter à fé em Jesus Cristo. Por fim, Diocleciano, vendo que não conseguiria dissuadir Jorge de sua fé, mandou que ele fosse degolado. Era o dia 23 de abril do ano 303, na cidade de Nicomédia, na Ásia Menor.

Os cristãos recolheram o corpo de São Jorge e veneraram seus restos mortais como relíquias. Isso porque, todo mártir, ou seja, aquele que é morto por causa da fé em Jesus Cristo se torna santo. Mais tarde, os cristãos levaram as relíquias de São Jorge para a antiga cidade de Dióspolis, onde ele crescera. Lá, seu corpo foi sepultado. Anos mais tarde o primeiro imperador cristão chamado Constantino, conhecendo a bela história de São Jorge, mandou que fosse construído um oratório. Sua intenção era que a devoção a São Jorge se espalhasse por todo o império.

Por volta do século V, já se contavam cinco igrejas dedicadas a São Jorge na capital do império no Oriente, chamada Constantinopla. Mais tarde, no vizinho país do Egito, foram construídas quatro igrejas e mais quarenta conventos dedicados a São Jorge.

São Jorge passou a ser venerado como sendo um dos maiores santos da Igreja Católica em várias regiões como na Armênia, em Bizâncio e no Estreito de Bósforo, na Grécia.

São Jorge e o Dragão

De acordo com uma lenda, São Jorge fez acampamento com sua legião romana numa região próxima a Salone, Líbia, no norte da África. Lá, diziam haver um enorme dragão com asas. O animal devorava pessoas da cidade como cordeirinhos. Diziam que o hálito da terrível criatura era tão venenoso que qualquer um que se aproximasse poderia morrer por envenenamento. Com o intuito de manter a besta longe da cidade, eles ofereciam ovelhas como alimento, mas por fim, quando não havia mais ovelhas, começaram a oferecer crianças.

O sacrifício caiu então sobre Sabra, a filha do rei, de quatorze anos. A menina foi em direção a seu cruel destino e deixou a muralha da cidade, ficando ali à espera da criatura. São Jorge, ao ficar sabendo da história, decidiu por fim a tudo isso. Montou seu cavalo branco e partiu para a batalha. Antes, porém, exigiu a palavra do rei: se trouxesse sua filha de volta, o rei, e todo o reino, se converteriam ao cristianismo. O rei aceitou e deu sua palavra.

Jorge, então, partiu para a luta com o tal "dragão". Após muita batalha e oração, ele acertou a cabeça da fera com sua poderosa espada que era chamada de Ascalon. Depois, São Jorge cravou sua espada debaixo da asa do dragão, num local que tinha escamas. Assim, o animal foi ferido mortalmente e caiu sem vida. São Jorge amarrou a fera e a levou arrastada até a cidade, levando consigo a princesa. Lá, sendo observado pela multidão, cortou a cabeça do dragão e fez com que todas as pessoas da cidade se tornassem cristãs.

Informações sobre Ogum

- **Dia:** terça feira.
- **Data:** 23 de abril.
- **Saudação:** Patacori Ogum e Ogum yê (salve Ogum, cabeça coroada).
- **Campo de Força:** encruzilhadas, campo aberto e beira de estradas.
- **Metal:** ferro e aço.
- **Cor:** vermelho.
- **Ervas:** açoita-cavalo, açucena-rajada, agrião, arnica, cana-de-macaco, cana-do-brejo, canjerana, carqueja, crista-de-galo, pau-roxo, jabuticaba, jambo-amarelo, jatobá, jucá, losna, limão bravo, etc.
- **Comida:** feijoada, inhame, cará assado, fradinho de ogum, bagre assado, etc.
- **Símbolos:** espada, faca, facão e lança.

Ponto Cantado de Ogum

Ogum já venceu; Já venceu, já venceu
Ogum vem de Aruanda; E quem lhe manda é Deus

Ogum já venceu; Já venceu, já venceu
Ogum vem de Aruanda; E quem lhe manda é Deus

Ele vem beirando o rio; Ele vem beirando o mar
Salve Santo Antônio da Calunga; Benedito e Beira Mar

Ele vem beirando o rio; Ele vem beirando o mar
Salve Santo Antônio da Calunga; Benedito e Beira Mar

Oxum

Oxum é a deusa do ouro e da beleza, orixá do amor, da fertilidade e da maternidade, mãe da água doce, rainha dos rios e das cachoeiras, deusa da candura e da meiguice. Responsável pela proteção dos fetos e das crianças recém-nascidas, sendo adorada pelas mulheres que querem engravidar. Seu elemento é a água, sua cor é o amarelo e seu dia é o sábado.

Enquanto Exú é o começo da vida, Oxum é o Orixá responsável pelo processo de fecundação, é ela que cuida do embrião, do feto até seu nascimento, zelando pelo crescimento desta nova vida durante o período de gestação em bolsa d'água, já que é a rainha das águas. Oxum tomará conta desta criança até que venha ao mundo, quando entregará a Iemanjá o destina desta nova vida.

Oxum é uma força da natureza muito presente em nossas vidas, já que todos nós fomos gerados no útero materno.

Na Nigéria, mais precisamente em Ijexá, Ijebu Osogbó, corre calmamente o rio Oxum, a morada da mais bela Iabá, rainha de todas as riquezas, protetora das crianças, mãe da doçura e da benevolência. Oxum é a deusa mais bela e mais sensual. É a própria vaidade e formosura, mãe que amamenta e ama. Mãe de Logun-Edé, seu primeiro filho. Para ela seus filhos não têm defeitos, são verdadeiras joias.

Na natureza, o culto a Oxum costuma ser realizado nos rios e nas cachoeiras e, mais raramente, próximo às fontes de águas minerais.

Oxum é símbolo da sensibilidade e muitas vezes, derrama lágrimas ao incorporar em alguém, característica que se transfere a seus filhos, identificados por chorões.

Lenda de Oxum

Filha de Oxalá, Oxum sempre foi uma moça muito curiosa, bisbilhoteira, interessada em aprender de tudo. Como sempre fora manhosa, além de muito mimada, conseguia tudo do pai, o deus da brancura.

Sempre que Oxalá queria saber de algo, consultava Ifá, O Senhor da adivinhação, para que ele visse o destino a ser seguido. Ifá, por sua vez, sempre dizia a Oxalá, que perguntasse a Exú, pois era ele quem tinha o poder de ver os búzios.

E isso se repetia toda vez que Oxalá precisava saber de algo. Aquilo intrigou Oxum, que pediu ao pai para aprender a ver o destino. Oxalá então disse à filha que tal poder pertencia a Ifá, que proporcionou a Exú o conhecimento de ler e interpretar os búzios e isto ele não poderia lhe dar.

Oxum não satisfeita com a resposta do pai foi procurar Exú para que esse lhe ensinasse o poder de ler e interpretar os búzios, para poder ver o destino.

Exú estava intransigente e Oxum sabia que não conseguiria nada com ele. Então resolveu partir para a floresta, onde viviam as feiticeiras Iyami Oxorongá. Ao se aproximar do âmago da floresta foi tomada por um grande medo, porém sua vontade de desbancar Exú era mais forte que seu próprio temor.

De repente Oxum se deparou com as Iyami empoleiradas nas árvores. Entre risos e gritos alucinantes, elas perguntaram para a jovem o que ela queria naquela região da floresta. Com a voz trêmula e assustada, Oxum disse às feiticeiras que queria aprender uma magia para poder enganar Exú e descobrir os segredos dos búzios.

As Iyami há muito querendo se vingar de Exú resolveram ensinar a Oxum todo o tipo de magia, mas advertiram a linda jovem, dizendo que sempre que fizesse uso do feitiço, deveria fazer uma oferenda às feiticeiras. Como estava determinada, Oxum concordou imediatamente. Após seu aprendizado, partiu.

Chegando ao seu reino, encontrou seu pai Oxalá preocupado com sua demora, porém foi imediatamente ao encontro de Exú. Ao encontrar-se com ele, insistiu para que a ensinasse a ver os búzios, no que obteve a mesma resposta anterior, um não.

Oxum então, com a mão cheia de um pó brilhante, mandou que Exú olhasse e adivinhasse o que tinha escondido entre os dedos. Exú chegou perto e fixou o olhar em sua mão que, num movimento rápido, a abriu e soprou o pó em seu rosto, deixando-o temporariamente cego. Exú, ao levar as mãos para limpar seus olhos, deixou seus búzios caírem ao chão.

Oxum fingindo preocupação e interesse em ajudar, disse a ele que ajudaria a procurá-los e começou a indagar a Exú, para obter as informações que queria. Primeiro perguntando a quantidade de búzios que formavam o jogo, este respondeu que eram dezesseis. Continuando o questionamento perguntou: *por que dezesseis?* – Sem se dar conta de que aos poucos Oxum ia adquirindo todo o segredo do jogo de búzios, Exú continuou respondendo as perguntas, até passar todas as informações que a jovem precisava.

Inteligente, Oxum guardou o segredo do jogo e voltou ao seu reino, deixando Exú com os olhos ardidos e a sensação de ter sido enganado.

No reino de Oxalá, Oxum disse ao seu pai que havia ido procurar as Iyami para aprender com elas a arte da magia e com isso tomara de Exú o segredo do Jogo de Búzios.

Ifá, o Senhor da adivinhação, admirado pela coragem e inteligência de Oxum, resolveu dar-lhe, então, o poder do jogo e advertiu que ela iria regê-lo assim como Exú.

Oxalá quis saber o porquê de tudo aquilo e pediu explicações à filha. Meiga, Oxum respondeu que havia feito aquilo por amor ao pai, apenas por amor.

Ora Yê Yê, amor... Ora Yê Yê, Oxum...

Sincretismo de Oxum

Oxum é sincretizada com Nossa Senhora da Conceição, mais uma das várias denominações que Maria, mãe de Jesus, recebeu ao longo do tempo.

Mas como uma mesma santa pode ser sincretizada em mais de um Orixá?

Isso ocorre, porque são visões e arquétipos diferentes de Nossa Senhora, que acaba abrangendo as duas Orixás que estão diretamente ligadas à geração e à criação. As duas Iabás são chamadas de mãe, no sentido literal da palavra, pois as Rainhas das Águas são mães protetoras, carinhosas e cuidam de todos os filhos com muito amor.

Imaculada Conceição refere-se a um título que Maria recebeu e que a Igreja Católica transformou em um dogma. Representa que Maria foi imaculada, não havia manchas na vida de Nossa Senhora, sem pecado original. Desde o primeiro instante de sua existência, a Virgem Maria foi preservada do pecado pela graça de Deus. Ela sempre foi cheia da graça divina. O dogma declara também que a vida da Virgem Maria transcorreu completamente livre de pecado.

Desde os primórdios, seus fiéis sempre acreditaram que Maria, a Mãe de Jesus, nasceu sem o pecado e assim viveu por todos os tempos.

O dogma que declara a Imaculada Conceição da Virgem Maria é fundamentado na Bíblia: *"Maria recebeu uma saudação celestial do Anjo Gabriel quando este veio anunciar que ela seria a Mãe do Salvador. Nessa ocasião, o Anjo Gabriel a saudou como 'cheia de graça'."*

Foi o papa Pio IX, quem proclamou o dogma da Imaculada Conceição, recorrendo principalmente à afirmação do Gênesis (3:15), em que Deus diz: *"Eu Porei inimizade entre ti e a mulher, entre sua descendência e a dela."* Segundo esta profecia, necessitaria uma mulher sem pecado, para dar à luz o Cristo, que reconciliaria o homem com Deus.

O verso *"Tu és toda formosa, meu amor, não há mancha em ti"*, no Cântico dos Cânticos (4:7) também é uma referência para defender a Imaculada Conceição.

E assim, nós podemos recorrer a Maria com toda a confiança, justamente porque ela é Imaculada, sem mancha, sem pecado, sem impurezas. Ela é cheia, plena, repleta da graça de Deus e, portanto, pode ouvir nossos pedidos e súplicas e apresentá-los ao Pai, diante de quem ela está no Céu. Nossa mãe celestial é pura, santa, sem pecado e nos ama com um amor puro, santo e divino. Com essa confiança, recorremos a Virgem sempre, pois ela intercede por nós.

Se prestarmos atenção no texto acima, conseguimos identificar não só Oxum, mas Iemanjá também, pois foi Maria a escolhida para conceber aquele que seria O Símbolo de toda uma nação. Quando falo de nação, falo da população mundial, os filhos de Deus e, além disso, de uma mãe dedicada e carinhosa.

Eis o motivo pelo qual ela foi escolhida pelos escravos para sincretizar nossas queridas Mães Oxum e Iemanjá.

Arquétipo dos Filhos de Oxum

Antes de falarmos sobre o arquétipo dos filhos de Oxum, gostaria de esclarecer uma dúvida e um tabu que foi criado por uma sociedade religiosa preconceituosa e machista. Foi dito que, seus filhos homens, assumiam uma opção sexual feminina, pois Oxum se tratava de um Orixá feminino e com características fortes das mulheres. Porém isso é um ledo engano, pois todos os seres humanos têm seu lado masculino e feminino. Desfeito este erro de interpretação, vamos ao arquétipo desses filhos.

Os filhos de Oxum apesar de terem uma imagem doce e frágil, possuem características de pessoas que agem com estratégia, que jamais esquecem suas finalidades. Atrás de sua doçura, se esconde uma pessoa forte, determinada e com grande desejo de ascensão social.

Com tendência à gordura, é a bela imagem do gordinho risonho e bem-humorado. Gostam de festas, badalações e dos prazeres que a vida possa lhes oferecer. Tendem a uma vida sexual intensa, porém com muita discrição, pois detestam escândalos.

Não são adeptos a paixões impossíveis, por mais que sofram por isso, pois seu amor próprio é muito maior. São narcisistas por excelência.

Graça, vaidade, elegância, certa preguiça, charme e beleza definem os filhos de Oxum, que gostam de joias, perfumes, roupas vistosas e de tudo que é bom e caro.

A sensibilidade dos filhos de Oxum é ainda maior, pois deixam aflorar seus sentimentos com maior facilidade. Um fato a ser considerado nesses filhos é o de guardarem por mais tempo algo que lhes tenha atingido, e olharem com muita desconfiança para quem os traiu uma vez, além disso, não se irritam com facilidade, porém quando o fazem custam a se acalmar.

Oxum ocupa um lugar especial no coração das pessoas, o lugar destinado às mães, e esta característica faz com que seus filhos sejam bem quistos e invejados.

O homem e a mulher, filhos de Oxum, são muito ligados ao lar e a família, em geral. Preocupam-se em demasia com a opinião pública e com a imagem que passam para as pessoas de seu ciclo de amizade e todos que os cercam.

O lado espiritual dos filhos de Oxum é bastante aguçado. Talvez por isso as maiores ialorixás que o Brasil já teve, assim com ainda têm, são de Oxum.

Os filhos de Oxum, essencialmente honestos e dedicados, esperam sempre merecer as atenções que procuram despertar e sentem-se desprestigiados quando isso não acontece.

Informações sobre Oxum

- **Dia:** sábado.
- **Data:** 08 de dezembro.
- **Saudação:** Ora yê yê ô (Salve a senhora da bondade).
- **Campo de Força:** rios, lagos, água doce.
- **Metal:** latão e ouro, o bronze e o cobre.
- **Cor:** amarelo.
- **Ervas:** azedinha, bananeira, camomila, erva-cidreira, erva-de-santa-maria, flamboyant, ipê amarelo, arnica, alfavaca, calêndula, gengibre, rosa branca, rosa amarela, etc.
- **Comida:** omolocum (feito com feijão fradinho), ovos, banana, peixe de água doce, etc.
- **Símbolo:** Abebê (Leque com espelho).

Ponto Cantado de Oxum

Se minha mãe é Oxum
Na Umbanda e no Candomblé
Aiêiê, aiêiê, minha mãe
Aiêiê, minha mãe Oxumarê.

Mas ela vem beirando o rio
Colhendo lírios pra nos ofertar
Aiêiê, aiêiê minha mãe
Orixá desça e vem nos abençoar

Oxóssi

Na Umbanda, Oxóssi é conhecido como o senhor das matas, exímio caçador, e por que não dizer rei dos caçadores. Porém, não tem como suas presas os animais que habitam as florestas e matas fechadas, Oxóssi na Umbanda é visto como o caçador de almas e de homens, sendo a doutrina seu maior objetivo.

Orixá que sabe com maestria aliar a força com o bom senso, emanando assim energias, que através dos guias espirituais que trabalham em sua faixa vibratória, chegam a nossa querida Umbanda, para nos auxiliar em nossas caminhadas. De Oxóssi emana a altivez que encoraja a todos, transmitindo grande segurança para sempre seguirmos em frente.

A altivez do caboclo, força, coragem, perseverança e o sentido de lutar para vencer, é emanação direta do Orixá Oxóssi, pois são essas suas características principais. Assim como seu irmão Ogum, Oxóssi é um grande guerreiro, caçador destemido, corajoso e sempre pronto para defender seus filhos.

Oxóssi é o Orixá da contemplação, amante das artes e das coisas belas. Astúcia, inteligência e cautela são os atributos deste Orixá, que como diz sua lenda possui uma única flecha, portanto, não pode errar seu alvo, e jamais erra, pois é o melhor naquilo que faz, e sempre está em busca da perfeição.

Além de irmãos, Oxóssi e Ogum eram grandes amigos. Ogum ensinou quase tudo o que Oxóssi conhece sobre caça e a estratégia de um bom caçador, deixando este reino aos seus cuidados. Eles dominavam as florestas e foi isso que levou o homem à evolução. Suas forças se completam e juntos são imbatíveis.

Oxóssi também tem uma grande parceria com Ossain, com quem aprendeu o segredo das folhas e os mistérios da floresta, tornando-se além de exímio caçador, um grande feiticeiro, senhor de todas as folhas.

Como Xangô, Oxóssi é um Orixá avesso à morte, porque é a expressão da vida. Para ele não importa o quanto se viva, desde que seja intensamente. O frio de Ikú (a morte) não passa perto de Oxóssi, pois ele não acredita na morte.

Lenda de Oxóssi

Filho de Iemanjá e irmão de Ogum e Exú, Oxóssi sempre foi muito querido pela família, devido ao seu temperamento calmo, compreensivo, amigo e respeitador. Seu irmão mais velho, Ogum, preocupado com a inércia de Oxóssi, resolveu ensinar-lhe a arte da caça e os caminhos e trilhas da floresta. Ogum ensinou tudo o que havia de melhor na arte de uma caçada e os segredos da mata. Levou-o até ao alquimista Ossain, que morava no interior da floresta, para que ele aprendesse a magia e conhecesse os animais de caça e aqueles que não se pode caçar. O nome de Oxóssi era Ibô, o caçador.

Um dia, Oxalá precisou de penas de um papagaio da Costa, para realizar o encantamento de Oxum, mas praticamente não se achava aquela ave por lá. Oxalá então chamou Ogum para encontrar as penas de tal ave, porém o valoroso guerreiro e também caçador foi incapaz de achar o que Oxalá lhe pedira e explicou que por estar envolvido com conquistas, já não era o mesmo caçador de antes.

Ogum então sugeriu a Oxalá que chamasse seu irmão Ibô, que era considerado o melhor caçador que existia e ele iria conseguir as penas do Papagaio da Costa que tanto queria.

E Ibô foi chamado perante o deus da brancura, Oxalá. Ibô ouviu atentamente as ordens e partiu para sua caçada, ele tinha apenas sete dias para trazer as penas pedidas por Oxalá.

Durante dias procurou por sua caça, quando lhe restava apenas um dia para esgotar seu prazo, Ibô avistou os papagaios. Com uma flecha apenas, mirando com cuidado, atingiu não apenas um, mas dois papagaios de uma só vez. Orgulhoso e com o sentimento de tarefa cumprida, Ibô partiu para o reino de Oxalá.

Mas seu retorno não foi tão fácil como imaginava. No meio do caminho, Ibô deparou-se com um grupo de feras, que o atacaram de surpresa, deixando-o muito ferido. Só não morreu porque suas habilidades de grande caçador o salvaram.

Bastante ferido, Ibô já não andava, arrastava-se. Na boca da floresta, ele avistou os portões de Ifé, reino de Oxalá, e viu que eles lentamente se fechavam à medida que o Sol ia se pondo. Num esforço enorme, reuniu todas as suas forças e chegou até os portões. Ibô esticou o braço, segurando firmemente as penas do papagaio e somente estas conseguiram transpassar os limites de Ifé. Os portões se fecharam. Ibô, caído do lado de fora da cidade, continuava segurando as penas, presas no portão da grande morada de Oxalá. Ele cumprira o prazo.

Momentos mais tardes, ajudado pelo irmão Ogum, Ibô foi levado até a presença de Oxalá. Acreditando não ter conseguido, ele desculpou-se com o rei, pedindo perdão por não ter cumprido sua tarefa, quando foi surpreendido por Oxalá o elogiando por sua bravura e coragem, pois as penas do papagaio haviam chegado a Ifé no prazo determinado. Oxalá satisfeito com tamanha bravura do caçador determinou que Ibô, a partir daquele momento se chamasse Oxóssi, o Senhor da Caça.

Assim sendo, Oxalá ergueu sua mão e dela um facho de luz atingiu Ibô, curando-o de todos os ferimentos e dando a ele trajes azuis turquesa, cor do encantamento do novo Orixá, Oxóssi.

O elemento de Oxóssi é a terra, e a liberdade de expressão seu ponto mais marcante. Por isso, nosso sentimento de liberdade e alegria está profundamente ligado a Odé... O senhor da arte de viver!

Sincretismo de Oxóssi

São Sebastião nasceu na cidade de Narbona, na França, em 256 d.C. Seu nome de origem era *Sebastós*, que do grego significa divino, venerável. Ainda pequeno, sua família mudou-se para Milão, na Itália, onde ele cresceu e estudou.

Sebastião optou por seguir a carreira militar de seu pai e entrou para o exército romano. Chegou a ser Capitão da Primeira Guarda Pretoriana. Esse cargo só era ocupado por pessoas ilustres, dignas e corretas. Sebastião era muito dedicado à carreira, tendo o reconhecimento dos amigos e até mesmo do imperador romano, Maximiano. Na época, o império romano era governado por Diocleciano, no oriente, e por Maximiano, no ocidente. Maximiano não sabia que Sebastião era cristão. Não sabia também que Sebastião, sem deixar de cumprir seus deveres militares, não participava dos martírios nem das manifestações de idolatria dos romanos.

Por isso, São Sebastião é conhecido por ter servido a dois exércitos: o de Roma e o de Cristo. Sempre que conseguia uma oportunidade, visitava os cristãos presos, levava uma ajuda aos que estavam doentes e aos que precisavam.

De acordo com Atos Apócrifos atribuídos a Santo Ambrósio de Milão, Sebastião teria se alistado no exército romano já com a única intenção de afirmar e dar força ao coração dos cristãos, enfraquecidos diante das torturas.

Anteriormente, ao tomar conhecimento de cristãos infiltrados no exército romano, Maximiano realizou uma caça a esses "traidores", expulsando-os dos regimentos. Só os filhos de soldados ficaram obrigados a servirem o exército. E este era o caso do Capitão Sebastião. Para os outros jovens a escolha era livre.

Quando Sebastião foi denunciado por um soldado, o imperador se sentiu traído e mandou que ele renunciasse a sua fé em Jesus Cristo. Sebastião se negou a fazer esta renúncia e Maximiano mandou que ele fosse morto para servir de exemplo e desestimular a outros.

Maximiano, porém, ordenou que Sebastião tivesse uma morte cruel diante de todos. Assim, os arqueiros receberam ordens para matarem-no a flechadas. Eles tiraram suas roupas, o amarraram num poste no estádio de Palatino e lançaram suas flechas sobre ele. Ferido, deixaram que ele sangrasse até morrer.

Irene, uma cristã devota, e um grupo de amigos, foram ao local e, surpresos, viram que Sebastião continuava vivo. Levaram-no dali e o esconderam na casa da cristã, que cuidou de seus ferimentos.

Depois de curado, Sebastião continuou evangelizando e se apresentou ao imperador Maximiano, que não atendeu ao seu pedido. Sebastião insistia para que ele parasse de perseguir e matar os cristãos. Desta vez o imperador mandou que o açoitassem até morrer e depois fosse jogado numa fossa, para que nenhum cristão o encontrasse. Porém, após sua morte, São Sebastião apareceu a Lucina, outra cristã, e disse que ela encontraria seu corpo pendurado num poço. Ele pediu para ser enterrado nas catacumbas junto dos apóstolos.

Alguns autores acreditam que Sebastião foi enterrado no jardim da casa de Lucina, na Via Ápia, onde se encontra sua Basílica. Foi construído nas catacumbas da igreja, outro templo, a Basílica de São Sebastião. O templo existe até hoje e recebem devotos e peregrinos do mundo todo.

Arquétipo dos Filhos de Oxóssi

As características dos filhos de Oxóssi são: discrição, curiosidade e introspecção. Porém são aptos às iniciativas e sempre buscam novas descobertas. Estão em constante movimento, em sua maioria, inquietos, precisam estar sempre buscando algo novo para estarem em movimento contínuo.

Possuem grande senso de observação, sensibilidade aguçada e uma criatividade aflorada, entretanto são distraídos, instáveis e não são perseverantes. Pessoas de alma generosa, hospitaleiras, românticas, carinhosas e apaixonadas.

De gosto apurado, seus dotes artísticos os levam quase sempre para campos ligados à cultura. São amáveis, dóceis, educados, serenos e ótimos conselheiros.

Sua iniciativa e inquietação em busca de novos desafios lhes levam a não gostarem de se fixar em um determinado lugar. Estão sempre dispostos a descobrir novos horizontes. Entretanto têm grande senso de responsabilidade, principalmente com a família, mas demonstram uma natureza volúvel com relação a suas relações afetivas.

Os filhos de Oxóssi apresentam grande capacidade de concentração em seus objetivos e uma grande paciência, lhes permitindo mais facilidade em canalizar energias para realizarem seus objetivos.

Não costumam demonstrar seus sentimentos, pois são cautelosos a respeito de amizades e muito desconfiados, mas quando se entregam, são verdadeiros, e suas amizades duradouras, porém quando se desencantam e é desfeita a amizade também é definitivo. Ajudam a todos que os procuram e dividem tudo o que têm. Geralmente são altos e magros, com talento para as artes. Como bons caçadores, analisam a situação e atacam na hora certa, pois quase sempre possuem uma única chance.

Não são muito namoradores, mas como estão sempre atrás de alguém para subir ao altar, acabam se relacionando com mais pessoas do que realmente desejariam.

Ficam sempre muito indecisos sobre seus sentimentos e se devem ou não arriscar viver um grande amor que pode ser apenas ilusão. Quando encontram o grande amor, usam a intuição para saber como prendê-lo e conseguem fazer isso com grande habilidade. Quando apaixonados, mostram suas fraquezas, o que pode fazer com que a pessoa amada se aproveite de seu medo de perdê-la.

Por terem facilidade de se expressar, costumam se sair muito bem em todo tipo de profissão em que haja contato com o público. Profissões como, jornalismo, turismo e relações públicas têm tudo a ver com esses filhos. Outros profissionais que combinam com as características dos filhos de Oxóssi, são os veterinários, por gostarem muito de animais, e os professores, por serem carismáticos. Porém sua precipitação pode fazer com que demorem a acertar e se realizar numa profissão.

Os filhos de Oxóssi, no entanto não conseguem guardar segredo e isso faz com que as pessoas mal intencionadas passem a perna neles com frequência. Precisam confiar mais em si mesmos e menos nas boas intenções dos outros.

Informações sobre Oxóssi

- **Dia:** quinta-feira.
- **Data:** Corpus Christi (BA), 23 de abril (SP), 20 de janeiro (RJ).
- **Saudação:** Okê Arô (Salve o Caçador).
- **Campo de Força:** florestas, matas.
- **Metal:** madeira (África) e bronze (Brasil).
- **Cor:** verde.
- **Ervas:** samambaia, eucalipto, erva tostão, alecrim-do-campo; peregun verde; mangueira; chapéu-de-couro; abre-caminho; vence-demandas; jureminha; erva-doce; pitangueira; romã; sabugueiro; malva rosa; levante; capim-limão; violeta, entre outras.
- **Comida:** Ewá (feijão fradinho torrado), dentro de um oberó, axoxô (milho vermelho com fatias de coco) e frutas variadas.
- **Símbolos:** O ofá (arco e flecha), ogê (um tipo de chifre de boi que é usado para emitir um som chamado Olugbo ohun, cuja tradução é: "Senhor escuta minha voz") e o Iru Kere (cetro com rabo de cavalo, boi ou búfalo, que ele usa para manejar os espíritos da floresta).

Ponto Cantado de Oxóssi

Quem manda nas matas é Oxóssi
Oxóssi é caçador; Oxóssi é caçador

Eu vi meu pai assobiar; Eu já mandei chamar
É de Aruanda ê; É de Aruanda â

Seu Junco Verde é de Aruanda
É de Aruanda â

Ossain

Não vemos muito os terreiros de Umbanda cultuar Ossain diretamente, mas podemos ter a certeza de que ele é reverenciado toda vez que cultuamos nosso pai Oxóssi.

Incluí aqui algumas informações, histórias, mitos ou lendas deste Orixá maravilhoso, pois temos um ditado na Umbanda que diz que, "sem folha, não tem magia", principalmente por não praticarmos o sacrifício animal. E é por isso que usamos folhas e ervas em nossos rituais.

Orixá das plantas medicinais e litúrgicas, sua importância é fundamental, pois sem ervas nenhum rito pode ser feito, e sendo ele o detentor da força destes elementos é imprescindível sua presença nos cultos de Umbanda, pois será ele que nos dará permissão e nos mostrará onde encontrarmos as ervas corretas para cada ritual.

Ossain é à força das folhas, das ervas, das árvores. É a ele que devemos pedir permissão quando entramos na mata para colher alguma erva. Orixá do contato mais íntimo com a natureza e com o verde das matas é através dele que recebemos permissão para colher as folhas e ervas para o nosso Amaci, para prepararmos garrafadas, as beberagem que utilizamos em nossos rituais, sejam elas através de chás, ou bebidas fermentadas.

Dois Orixás que acredito que deveriam ser diretamente cultuados em nossa querida Umbanda são Ossain e Oxumarê, pois ambos estão muito ligados aos nossos rituais. O primeiro através de folhas e ervas, o segundo com seus aromas e cores, mas isso é outro assunto.

Ossain é o Orixá da medicina, ele esta ligado diretamente à cura e ao encantamento. É a ele que devemos pedir ajuda quando somos atingidos por estes males. Pois é o mestre do poder curativo das ervas, que nos proporciona o axé das plantas, a força vital.

Lenda de Ossain

Ossain, filho de Nanã e irmão de Oxumarê, Euá e Obaluaiê, era o senhor das folhas, da ciência e das ervas, o orixá que conhece o segredo da cura e o mistério da vida. Todos os orixás recorriam a Ossain para curar qualquer moléstia, ou mal do corpo. Todos dependiam de Ossain na luta contra doenças. Todos iam à casa de Ossain oferecer seus sacrifícios. Em troca, Ossain lhes dava preparados mágicos: banhos, chás, infusões, pomadas, abô, beberagens.

Curava as dores, feridas e sangramentos; as disenterias, os inchaços e fraturas; curava as pestes, febres, órgãos corrompidos; limpava a pele purulenta e o sangue pisado; livrava o corpo de todos os males.

Um dia Xangô, que era o deus da justiça, julgou que todos os Orixás deveriam compartilhar o poder de Ossain, conhecendo o segredo das ervas e o dom da cura. E assim sentenciou que Ossain dividisse suas folhas com os outros Orixás. Mas ele se negou. Xangô então ordenou que Iansã soltasse o vento e trouxesse ao seu palácio todas as folhas das matas de Ossain para que fossem distribuídas aos Orixás. Iansã fez o que Xangô determinara. Gerou um furacão que derrubou as folhas das plantas e as arrastou pelo ar em direção ao palácio de Xangô. Ossain percebeu o que estava acontecendo e gritou: *"Euê Uassá! – As folhas funcionam!"*

Ossain ordenou às folhas que voltassem às suas matas e elas obedeceram. Quase todas as folhas retornaram para Ossain. As que já estavam em poder de Xangô perderam o Axé, o poder da cura.

O Orixá Rei, que era justo, admitiu a vitória de Ossain. Entendeu que o poder das folhas devia ser exclusividade dele e que assim devia permanecer através dos séculos. Ossain, contudo, deu uma folha para cada Orixá, deu uma euê para cada um deles. Cada folha com seus axés e seus efós, que são as cantigas de encantamento, sem as quais as folhas não funcionam. Ossain distribuiu as folhas aos orixás para que eles não mais o invejassem. Eles também podiam realizar proezas com as ervas, mas os segredos mais profundos guardou para si. Ossain não conta seus segredos para ninguém, ele nem mesmo fala. Responde por ele seu criado Aroni. Os orixás ficaram gratos a Ossain e sempre o reverenciam quando usam as folhas.

Sincretismo de Ossain

Não sei como se procedeu a esse sincretismo, acredito que alguns santos católicos têm muito pouca similaridade com os Orixás, mas não vou entrar nessa discussão, talvez fique para um próximo livro. O que quero dizer é que vi muito pouco na história de São Bento que nos remeta a Ossain. A não ser talvez o isolamento dos demais Orixás. Outro santo católico que se associa com Ossain é São Benedito, aqui também não vi nenhuma similaridade, mas deixando isso de lado, vou apenas apresentar o que me propus.

Bento nasceu em Núrsia, não muito longe de Roma, no ano de 480 d.C. Seus pais, de nobre linhagem, o enviaram para a Cidade Eterna, a fim de que se formasse nas ciências liberais, visando uma boa colocação na magistratura. O Império Romano estava se acabando frente à pressão dos invasores bárbaros. O último imperador Rômulo Augústulo havia entregado o comando da Itália a Odoacro, rei dos hérulos, em 476. O ambiente Romano era leviano e frívolo demais para o jovem estudante Bento que, aspirando ideais superiores, acabou se desgostando.

Bento retirou-se para as montanhas da Úmbria e, imitando o exemplo de outros eremitas, escolheu uma gruta quase inacessível num penhasco chamado Subiaco, a fim de entregar-se à oração, à meditação e à ascese cristã. Outro eremita de vez em quando lhe fazia descer num cesto um pouco de pão para completar a parca alimentação que tinha. E assim foi por três anos.

Nesse período de solidão, Bento inspirou a muitos outros jovens, sedentos por cultivar seus valores cristãos. Esses jovens começaram a visitá-lo constantemente e em pouco tempo o seu sossego acabou. Parte dessa experiência fez com que Bento começasse a amadurecer cada vez mais a ideia de fundar um mosteiro, e assim o fez.

Aos quarenta anos, Bento sai da gruta e ruma para o sul de Roma com o propósito de fundar o que viria a ser o maior centro da vida beneditina de todos os tempos, o Mosteiro de Monte Cassino. E ali, era seguido o exemplo contrário ao rumo que Bento escolheu no passado. A vida deveria ser comunitária e não solitária, e sob a direção de um abade.

E foi assim que Bento mudou a forma dos jovens viverem a vida monástica. Ao todo, foram mais de doze mosteiros fundados por ele ao longo da história, onde cada vez mais famílias enviavam seus filhos jovens para iniciar os estudos e seguir a famosa "Regra de São Bento".

Arquétipo dos Filhos de Ossain

Os filhos de Ossain em sua maioria têm problemas de convivência em sociedade. Devido à ligação forte entre os Orixás, Oxóssi e Ossain, seus filhos se associam bem com os filhos de Oxóssi.

São pessoas com interesse em pesquisas e assuntos ligados ao misticismo, além de serem mais racionais que emocionais. Assim, como os filhos de Oxóssi, possuem uma forte ligação com o mundo artístico.

De comportamento racional mais forte que o emocional, consegue um caráter equilibrado e suas emoções controladas. Não se deixando levar por convenções sociais.

Persistentes, conseguem com grande frequência atingir seus objetivos. Como controlam suas emoções, têm dificuldades em se relacionar afetivamente. Porém são donos de uma sexualidade exacerbada, o que os leva a experiências diversas e a promiscuidades.

Muitas vezes se esquecem de suas obrigações financeiras e previdenciárias.

Os filhos de Ossain são reservados, porém não são introvertidos. Não gostam de ser o centro das atenções. Ocasionalmente acabam sendo considerados misteriosos.

Individualistas, não se preocupam com o que acontece fora de seu mundo. São pessoas de ligação forte com a religiosidade e a ritualística. A ordem, os costumes, as tradições e os gestos marcados pelo ato repetitivo os fascinam.

São meticulosos e nunca se deixam levar pela pressa ou ansiedade, pois são caprichosos. Por isso são aptas a profissões que não lhes exige pressa. Gostam do trabalho individual, a não ser quando, em conjunto com outras pessoas, conseguem gerar o resultado desejado.

Por preferirem o isolamento e o trabalho solitário, são capacitados ao artesanato, que exige resultados sem pressa e de forma meticulosa.

Os filhos de Ossain não são donos de grande força física, porém detêm muito vigor e energia para usarem quando necessário.

Informação sobre Ossain

- **Dia:** quinta-feira.
- **Data:** 05 de outubro.
- **Saudação:** Ewê Ewe Assá (As folhas dão certo!). Ewe Ó (Oh! As folhas).
- **Campo de Força:** florestas, matas.
- **Metal:** estanho e latão.
- **Cor:** verde clara.
- **Ervas:** todas.
- **Comida:** milho verde, farofa com dendê e folhas, feijão fradinho, cassungá, carimã, farinha de mel, etc.
- **Símbolos:** Igbá Òssanyn (é uma haste de ferro, tendo, na extremidade superior, um pássaro em ferro forjado).

Ponto Cantado de Ossain

Pai Ossain das matas
Eu venho para louvar (2X)

Saravá rei das ervas
Filho de Pai Oxalá (2X)

Refrão:

Ie Ie Ie Ossain; Seu canto eu quero
Ie Ie Ie Ossain; Suas ervas podem curar

Oxumarê

Muitos devem estar se perguntando por que estou escrevendo sobre este Orixá, que teoricamente não faz parte do panteon umbandista. Na realidade Oxumarê faz parte do panteon umbandista sim, apenas não faz parte da ritualística de muitas casas. Oxumarê é o polo negativo de Oxum. Mas não é só por isso que ele tem importância em nossa religião. Vamos conhecê-lo um pouquinho mais para podermos tirar nossas conclusões.

Em muitos terreiros de Umbanda, nos esquecemos de cultuar alguns Orixás que, apesar de indiretamente, fazem parte de nossa religião. Como Ossain, Oxumarê, Obá e Egunitá. Quando nos preparamos para colhermos as ervas para os amacis, nos banhos de descarrego, ou em qualquer outro ritual umbandista, pedimos licença a nosso pai Ossain para que este nos permita colher as ervas e achá-las com facilidade.

Sendo o polo negativo de Oxum, Oxumarê é o senhor das entidades da esquerda, como os Exús e as Pombagiras. No entanto, também tem caboclos, crianças, Pretos-velhos, baianos e outros que trabalham em sua vibração. Quem não ouviu falar em Exú Maré, Exú Cobra, Exú Cobra Preta ou em Caboclo Urutinga, Cobra Coral, Arco-íris e outros tantos?

Essas entidades são grandes mandingueiras, são feiticeiras, mas por Oxumarê não estar diretamente ligado ao panteon umbandista, elas acabam sendo ligadas a Xangô.

Oxumarê é o senhor da riqueza, das chuvas. Mesmo este Orixá estando ligado à linha de Oxum, não podemos confundi-los, pois apesar de terem energias similares, elas são distintas entre si.

Segundo as lendas africanas, Oxumarê é o filho mais novo de Nanã, participou da criação da Terra enrolando-se ao redor dela, reunindo os elementos e dando forma ao nosso Planeta. Como é o Orixá do movimento, é responsável por colocar os astros, mares, oceanos e os rios em movimento. É a grande serpente que, ao morder o rabo, representa a continuidade do movimento, o ciclo da vida.

Oxumarê é a ligação entre o Céu e a Terra, entre o material e o espiritual. É ele que leva a água para o céu, para que as chuvas possam se formar, é o arco-íris, o movimento, a vida.

Muitos confundem Oxumarê como sendo uma qualidade de Oxum, o que é um equívoco, visto que cultuamos as energias principais e não suas qualidades. Quando falamos em qualidades, nos referimos, por exemplo, a Iemanjá Sobá, que é uma Iemanjá mais velha e cultuada no Candomblé. Mas para ficar claro, Oxum e Oxumarê são orixás distintos, cada qual com seus atributos. Não se pode afirmar que Oxumarê é um Orixá masculino, pois ele é a dualidade, ora masculino, ora feminino. O que podemos afirmar é que Oxumarê é movimento, ação, transformação, evolução. É o contínuo oscilar entre um caminho e outro, que guia a vida humana. Por isso seu domínio é o movimento regular que nunca para, como a mudança de tempo que precisamos para sobreviver, como o dia e a noite.

Lenda de Oxumarê

Nanã Buruquê desejava ter um filho com Oxalá. Passado algum tempo conseguiu seu primeiro filho, Obaluaiê, porém Nanã o rejeitou e se livrou dele.

Então o deus do destino disse que ela teria outro filho e este seria belíssimo, tão lindo quanto o arco-íris, mas jamais ficaria junto dela, e sim, viveria percorrendo o mundo sem parar.

Durante seis meses Oxumarê se transformava em um monstro, uma cobra, e nos outros seis meses era uma belíssima moça, Bessém.

Bessém, porém ficou com raiva de Nanã, pois quando namorava, ficava tudo bem nos meses que era a mulher, o problema era os outros seis meses, quando se transformava em uma cobra. Os namorados sempre desistiam do namoro e saiam correndo.

Oxumarê era pobre, pois o rei Oni nunca se mostrou particularmente generoso. Mas ele queria ter mais riquezas. Porém não sabia como ampliar seus rendimentos. Então Ifá trouxe-lhe uma resposta: tudo faria por ele se Oxumarê lhe fizesse uma oferenda. E assim ele fez a obrigação solicitada por

Ifá. Mas o rei exigia, exatamente naquele momento, sua presença no palácio, não podendo largar a cerimônia no meio, Oxumarê mandou dizer ao rei que logo após a oferenda iria a seu encontro.

O rei não satisfeito mandou que cortasse os pagamentos dele, jogando Oxumarê na miséria. Mas Olokun, a rainha de um reino vizinho, mandou chamar Oxumarê, pois queria seus serviços, seu filho estava doente e isso lhe tirava o sono. Oxumarê novamente serviu de ponte entre os humanos e a divindade de Ifá. Procurou saber o que era necessário para que o garoto ficasse bom, logo que descobriu, cumpriu os ritos necessários e curou o filho da rainha. A gratidão de Olokun foi tamanha que o encheu de presentes, servos e roupas caras, tornando-o uma pessoa rica. O rei de Oni ficou surpreso e invejoso com o pagamento da rainha e mandou mais presentes a Oxumarê, só que ainda mais valiosos.

Ifá cumpriu o prometido, fez de Oxumarê uma pessoa muito rica e respeitada.

Sincretismo de Oxumarê

Bartolomeu, também chamado Natanael, foi um dos doze primeiros apóstolos de Jesus. É assim descrito nos evangelhos de João, Mateus, Marcos e Lucas, e também nos Atos dos Apóstolos. Em hebraico, a palavra "bar" quer dizer "filho" e "tholmai" significa "agricultor". Por isso os historiadores são unânimes em afirmar que Bartolomeu / Natanael, trata-se de uma só pessoa.

Nascido em Caná, na Galileia, uma pequena aldeia a quatorze quilômetros de Nazaré, era o filho do agricultor Tholmai. O seu melhor amigo era Filipe e ambos eram viajantes. Foi o apóstolo Filipe que o apresentou ao Messias.

Até esse seu primeiro encontro com Jesus, Bartolomeu era cético e às vezes irônico com relação às coisas de Deus. Porém, depois de convertido, tornou-se um dos apóstolos mais ativos e presentes na vida pública de Jesus. Mas a melhor descrição que temos de Bartolomeu foi feita pelo próprio Mestre: "Aqui está um verdadeiro israelita, no qual não há fingimento."

Ele teve o privilégio de estar ao lado de Jesus durante quase toda a missão do Mestre na Terra. Compartilhou seu cotidiano, presenciou seus milagres, ouviu seus ensinamentos, viu Cristo ressuscitado nas margens do lago de Tiberíades e, finalmente, assistiu sua ascensão ao Céu.

Depois do Pentecostes, Bartolomeu foi pregar a Boa-Nova. Encerradas essas narrativas dos evangelhos históricos, entram os relatos dos apócrifos, isto é, das antigas traduções. A mais conhecida é a da Armênia, que conta que Bartolomeu foi evangelizar as regiões da Índia, Armênia Menor e Mesopotâmia.

Superou dificuldades incríveis, de idioma e cultura, e converteu muitas pessoas e várias cidades à fé do Cristo, pregando segundo o evangelho de São Mateus. Foi na Armênia, depois de converter o rei Polímio, a esposa e mais doze cidades, que ele teria sofrido o martírio, motivado pela inveja dos sacerdotes pagãos, os quais insuflaram Astíages, irmão do rei, e conseguiram uma ordem para matar o apóstolo. Bartolomeu foi esfolado vivo e, como não morreu, foi decapitado. Era o dia 24 de agosto do ano de 51.

A Igreja comemora são Bartolomeu Apóstolo no dia de sua morte. Ele se tornou um modelo para quem se deixa conduzir pelo outro ao Senhor Jesus Cristo.

Arquétipo dos Filhos de Oxumarê

Os filhos de Oxumarê são de grande graciosidade, têm a fala mansa, porém são considerados ambiciosos, que fazem de tudo para vencerem na vida. São pacientes e perseverantes. Não deixam se abater pelas adversidades que possam surgir durante sua caminhada e, em muitas vezes, conseguem reverter o quadro atual a seu favor. Prudência e astucia são características de um filho de Oxumarê, principalmente nos negócios. Gostam de conforto e de luxo, suas melhores companhias são aquelas de pessoas influentes.

Quando alcançam a projeção social esperada, podem se tornar orgulhosos e em alguns casos até arrogantes.

Nem só do lado negativo vive o filho de Oxumarê, donos de um grande coração, eles se compadecem com a dor do próximo e nunca se negam a ajudar aqueles que necessitam.

Como a maioria dos seres humanos, não suporta ser deixado de lado ou serem traídos de qualquer forma. Em situações como estas, reagem com firmeza, usando de subterfúgios para que se façam presentes e imponentes. Aconselho a nunca provocar um filho de Oxumarê, pois sua reação pode ser rápida e agressiva como um bote de uma cobra perigosa.

Os filhos de Oxumarê são determinados, sempre enfrentam seus problemas, nunca se acovardam ou fogem deles. Muito comunicativos e extrovertidos, na maioria das vezes causam inveja àqueles que o cercam. Dinâmicos, buscam sempre coisas novas. Sempre desempenham com excelência aquilo que determinam fazer.

Emocionalmente estáveis e racionais, causam vários sentimentos às pessoas que o cercam, como amor, ódio, alegria, compaixão e muitos outros.

Como são regidos pelo Orixá da mudança e da renovação e trazem esse arquétipo bem marcado no dia a dia, são capazes de mudar sua vida de uma hora para outra num piscar de olhos.

Alguns dos filhos de Oxumarê têm tendência à bissexualidade, porém isso não é regra. São inteligentes, curiosos e muitas vezes irônicos. Pessoas observadoras, astutas e soltas, se entregam com facilidade a novas ideias, não se prendendo a nada que não sejam seus objetivos. Apesar de estarem sempre cercadas por muitos, seu círculo de amizade é pequeno.

De aprendizado fácil, são ótimos pesquisadores e grandes estudiosos, donos de uma facilidade enorme na compreensão das coisas, conseguem, com isso, desempenhar um bom papel em qualquer área profissional.

Com personalidade forte, sempre tentam impor suas ideias e isso muitas vezes acaba gerando conflitos entre família e amigos. Geniosos, não são dados a expor a sua vida pessoal, preferem a introspecção e o mistério que isso possa causar. Porém são prudentes e procuram ajudar o próximo quando podem.

São ótimos conquistadores, mas só se aproximam de pessoas com boa condição financeira, adoram o luxo. No entanto são inseguros, e a qualquer momento que sintam que estão sendo traídos, se entregam aos braços de um novo relacionamento.

Informações de Oxumarê

- **Dia:** terça-feira.
- **Data:** 24 de agosto.
- **Saudação:** a Run Boboi ou Arroboboi (por corruptela) (Salve o senhor do Arco-Íris).
- **Campo de Força:** matas, campos altos, cachoeiras.
- **Metal:** latão, ouro e prata mesclados.
- **Cor:** verde e amarelo.
- **Ervas:** alecrim, arruda, beladona, benjoim, canela, cardo santo, cipó caboclo, folha de bambu, guiné, incenso (erva), mirra, palha de alho, etc.

- **Comida:** "cobra" feita de batata-doce amassada e banana frita em azeite doce. Omolocum, ovos cozidos com azeite de dendê, farinha de milho e camarão seco.
- **Símbolos:** cobra e arco-íris.

Ponto Cantado de Oxumarê

Oxumarê, Oxumarê
Ele é filho de Nanã e irmão de Obaluaiê (2x)

Com sua serpente sagrada; Que fica em sua mão
A sua dança encantada; Mostra o céu e o chão

Salve o Rei do Arco-íris; Arroboboi Oxumarê
Na cabeceira de um rio; Sete cores vi nascer Oxumarê

Oxumarê, Oxumarê
Ele é filho de Nanã e irmão de Obaluaiê (2x)

Obá

Obá é a Orixá que está ligada ao conhecimento, assim como Oxóssi, porém está no polo negativo desta energia. Obá é responsável por reprimir aqueles que fazem o mau uso desta energia, fazendo com que se reequilibrem e possam continuar sua evolução no campo do conhecimento. Ela nos ajuda no equilíbrio, esgotando pensamentos desvirtuados, absorvendo as energias desordenadas e nos centralizando para que as forças emanadas por Oxóssi não sejam deturpadas e utilizadas para um caminho tortuoso.

Sua energia é telúrica, está na raiz dos vegetais como a terra fértil, onde crescem e se multiplicam. Seu elemento é a terra que associado ao elemento vegetal, germinam a vida, o conhecimento, desenvolvendo no ser humano a capacidade do raciocínio, do discernimento, da assimilação que auxilia em nossa evolução. Enquanto a energia de Oxóssi nos estimula à busca de conhecimento, a energia de Obá atrai e paralisa os que se desvirtuam na absorção do conhecimento de forma viciada, errada, principalmente no campo religioso que é o seu preferencial.

Sua atuação é discreta, quem está sob ela, nem percebe que está passando por um processo de descarga emocional e, após este processo, começa a alterar seu comportamento e forma de pensar, deixando aqueles conceitos errôneos, falsos, viciados e manipuladores; fazendo com que percam o interesse por estes assuntos e em alguns casos tornando-os apática. Quando a pessoa estiver completamente descarregada, é encaminhada a Oxóssi para que possa recomeçar seu aprendizado.

Obá, na mitologia africana é implacável, forte, decidida. Uma verdadeira guerreira. Assim como age quando necessário naqueles que se desvirtuam de seus caminhos, Obá atua com rigor naqueles que brincam com o sagrado, debocham de fundamentos sérios e difamam as divindades sagradas de Deus.

É a Orixá da verdade, não aceita a mentira, nos auxilia a nos mantermos firmes em nossos caminhos, para que possamos atingir nossos objetivos.

Orixá das águas revoltas dos rios, das pororocas. Os campos de Obá são as quedas d'água, as águas fortes. Ela trabalha em conjunto com Nanã, controla o lodo, a água parada, a lama.

Quando necessitarmos, podemos clamar a Mãe Obá, para que nos guie no autoconhecimento e assim possamos nos deparar com nossas verdades sem medo, e então purificarmos e esgotarmos tudo aquilo que nos leva para um caminho de inverdades e falsos conhecimentos. Não deixando que sigamos pelo caminho da ilusão, das falsas impressões, que apenas nos levam ao prejuízo e ao retrocesso.

Lenda de Obá

Uma vez banida do reino de Xangô, Obá se transformou numa guerreira poderosa e perigosa, que costumava vencer todos os seus opositores com relativa facilidade. Obá também tinha grande beleza física que, aliada à sua determinação, coragem e equilíbrio, fazia dela uma pessoa especial.

O desejo de possuir tão bela e corajosa guerreira, levava muitos a se confrontarem com ela, mas saíam sempre derrotados. E a notícia chegou até Ogum, rei de Irê e guerreiro invencível.

O mensageiro trouxe a notícia:

– Meu senhor, ela é invencível!

– Eu sou invencível! – rebateu Ogum, ao mensageiro.

– Mas ela é poderosa. Ainda não foi derrotada, Senhor!

– É porque ela não enfrentou Ogum! – disse o próprio.

E mandou que seu mensageiro fosse avisar Obá que ele, Ogum, iria enfrentá-la, derrotá-la e possuí-la.

Obá recebeu a mensagem e retrucou:

– Que assim seja...

Ogum partiu de Irê em busca de sua poderosa adversária, tinha em mente tomá-la para si. No campo, onde a luta seria travada, Ogum chegou primeiro e, como bom caçador, montou a armadilha para derrotar Obá. Mandou que seus homens triturassem uma grande quantidade de quiabo e passassem pelo chão. Assim, Obá não conseguiria ficar de pé e seria facilmente vencida.

A hora chegou. Ambos estavam presentes no campo de batalha. De um lado Ogum, o guerreiro violento e imbatível. Do outro, Obá, a guerreira bela e invencível. No meio, entre um e outro, a armadilha preparada por Ogum.

Olharam-se, estudaram-se e Obá tomou a iniciativa. Partiu para cima do adversário, sem perceber o quiabo espalhado pelo chão. O tombo foi imediato. Obá não conseguia firmar-se de pé. Ogum, que a tudo observava, lentamente dirigiu-se à sua adversária, empunhando a espada. Obá, sentindo que seria vencida, num rápido movimento, puxou Ogum para si, fazendo com que o guerreiro também escorregasse e caísse em sua própria armadilha. Foi uma grande luta! Não de cruzamento de espadas, mas para ficar de pé. Durante horas tentaram os dois, em vão, erguer-se e derrotar o oponente, mas não conseguiram ao menos colocar os dois pés no chão, sem escorregarem em seguida. Lutaram até a fadiga total e então declararam um empate. Não havia vencedor nem perdedor. Ogum, o invencível, não conseguiu vencer Obá. Por sua vez, Obá não conseguiu derrotar o poderoso Ogum.

Ali mesmo amaram-se em respeito à força e ao encanto um do outro. Afinal, são dois verdadeiros guerreiros. Ogum ainda tentou levá-la para si, mas o coração de Obá pertencia, pela eternidade, a Xangô. E ela partiu para encontrar seu próprio destino, mesmo com dor no coração.

Sincretismo de Obá

Dos Orixás aqui descritos até agora, acredito que este é um dos sincretismos que descreve como mais similaridade sua essência, pois Obá é associada a uma santa guerreira, que sempre seguiu seu ideal. Ela enfrentava todos aqueles que não a respeitasse como mulher e como guerreira, defendia os oprimidos e sempre buscou ser fiel a seus anseios.

Obá é sincretizada com a Santa Joana D'Arc.

Filha de Jaques d'Arc e Isabel, camponeses muito pobres, Joana nasceu em Domrémy, na região francesa de Lorena, em 06 de janeiro de 1412. Cresceu no meio rural. Piedosa, devota e analfabeta, assinava seu nome utilizando uma simples, mas significativa, cruz, pois com ela, ainda aos treze anos começou a viver experiências místicas.

Joana ouvia as "vozes" do arcanjo Miguel, das santas Catarina de Alexandria e Margarida de Antioquia, avisando que ela teria uma importante missão pela frente e deveria preparar-se para ela. Os pais, no início, não deram importância, depois acharam que Joana estava louca e por fim acreditaram, mas temeram pela filha.

A França vivia a Guerra dos Cem Anos contra a Inglaterra, governada por Henrique VI. Os franceses estavam enfraquecidos com o rei deposto e os ingleses tentando firmar seus exércitos para tomar de vez o trono. As mensagens que Joana recebia exigiam que ela expulsasse os invasores, reconquistasse a cidade de Orleans e reconduzisse ao trono o rei Carlos VII, para ser coroado na catedral de Reims, novamente como legítimo rei da França. A ordem para ela não parecia impossível, bastava cumpri-la, pois tinha certeza de que Deus estava ao seu lado. O problema maior era conseguir falar pessoalmente com o rei deposto.

Conseguiu aos dezoito anos de idade. Carlos VII só concordou em seguir seus conselhos quando percebeu que ela realmente tinha por trás de si o sinal de Deus. Isso porque Joana falou com o rei sobre assuntos que na verdade eram segredos militares e de Estado, que ninguém conhecia, a não ser ele. Carlos VII deu-lhe, então, a chefia de seus exércitos. Joana vestiu armadura de aço, empunhou como única arma uma bandeira com a cruz e os nomes de Jesus e Maria nela bordados, chamando os comandantes à luta pela pátria e por Deus.

E o que aconteceu na batalha que teve aquela figura feminina, jovem e mística, que nada entendia de táticas ou estratégias militares, à frente dos soldados, foi inenarrável. Os franceses sitiados reagiram e venceram os invasores ingleses, livrando o país da submissão. Carlos VII foi então coroado na catedral de Reims, como era tradição na realeza francesa.

A luta pela reconquista demorara cerca de um ano e Joana desejava voltar para sua vida simples no campo. Mas o rei exigiu que ela continuasse comandando os exércitos na reconquista de Paris. Ela obedeceu, mas foi ferida e também traída, sendo vendida para os ingleses, que decidiram julgá-la por heresia. Num processo religioso grotesco, completamente ilegal, foi condenada à fogueira como "feiticeira, blasfema e herética". Tinha dezenove anos e morreu murmurando os nomes de Jesus e Maria, em 30 de maio de 1431, diante da comoção popular na Praça do Mercado Vermelho, em Rouen.

Não fossem os fatos devidamente conhecidos e comprovados, seria difícil crer na existência dessa jovem mártir, que sacrificou sua vida pela libertação de sua pátria e de seu povo. Vinte anos depois, o processo foi revisto pelo papa Calisto III, que constatou a injustiça e a reabilitou. Joana d'Arc foi canonizada em 1920, pelo papa Bento XV, sendo proclamada padroeira da França.

O dia 30 de maio é até hoje comemorado na França como data nacional, em memória da santa Joana d'Arc, mártir da pátria e da fé.

Texto retirado das obras Paulinas.

Arquétipo dos Filhos de Obá

Os filhos de Obá não são muito comunicativos e não têm flexibilidade para tratar as pessoas. Por isso, muitas vezes se tornam rudes e duros, pois seu complexo de inferioridade age forte. Acreditam que as pessoas se aproximam deles por algum interesse.

Pessoas sinceras expressam suas opiniões, fazem críticas que acabam por magoar ou ferir aqueles que estão ao seu redor. Mas isso é apenas porque estão sempre na defensiva.

Bons companheiros, fiéis, mas ciumentos e possessivos em uma relação amorosa. Quando enamorados, nunca são "os cabeças" da relação, cedem em tudo e chegam a abdicar de todas as suas convicções. Se infelizes no amor, investem todo seu tempo em suas carreiras. Simples em seu estilo de vida, porém com grande conhecimento, se apaixonado, se entrega totalmente a vida amorosa, mas isso muitas vezes lhe traz problemas.

Tem uma frase que reflete bem o temperamento de Obá, assim como mostram as lendas referentes a essa querida Orixá: "Para ser companheiro de Obá, o sujeito deve ser mais macho que muito macho."

Por se tratar de uma Orixá guerreira, o lado masculino da mulher, a força feminina que não tem medo, seu filhos têm tendência a reações agressivas contra situações incômodas.

Apesar de ser uma Orixá feminina, tem filhos homens e nem por isso estes deixam de ser másculos. Geralmente, eles são ligados a causas feministas, sendo atraídos por mulheres poderosas e independentes.

Apesar de guerreiros, independentes, brutos e sinceros ao ponto de magoar ou ferir uma pessoa, os filhos de Obá são amorosos, fiéis e sensíveis.

Informações de Obá

- **Dia:** quarta-feira.
- **Data:** 30 de maio.
- **Saudação:** Obà Siré! (Rainha Poderosa).
- **Campo de Força:** águas turbulentas.
- **Metal:** cobre.
- **Cor:** vermelho e branco.
- **Ervas:** alface, alteia, angico-da-folha-miúda, bambu, cambuí amarelo, catinga-de-mulata, cravo-da-índia, dormideira (*ou sensitiva*), espirradeira, eucalipto limão, flamboyant, gengibre, hortelã, jenipapo, etc.
- **Comida:** abará, acarajé bicudo, amalá, quiabo picado, canjica cozida, e coco.
- **Símbolos:** ofangi (espada) e um escudo de cobre.

Ponto Cantado de Obá

Clareia Obá iê, clareia Obá iê,
Oh Mãe da sabedoria, venha nos valer. (bis)

Você trouxe elementos, gerou nova energia
Criou o conhecimento, é Mãe da sabedoria.

Clareia Obá iê, clareia obá iê.
Oh Mãe da sabedoria venha nos valer. (bis)

Ela é quem reveste a serra, ela é quem sustenta o mar,
É a rainha da terra que se expande pelo ar.

Clareia Obá iê, clareia obá iê.
Oh Mãe da sabedoria venha nos valer. (bis)

Você trouxe elementos, gerou nova energia
Criou o conhecimento, é Mãe da sabedoria.

Clareia Obá iê, clareia obá iê.
Oh Mãe da sabedoria venha nos valer. (bis)

Logunan

    Logunan também conhecida como Oiá-Tempo, faz par com Oxalá no trono da fé, dando sustentação a todas as manifestações de fé e amparo àqueles virtuosos que estimulam a evolução do ser através da religião.

    Mas antes de começarmos a falar sobre este Orixá feminino, tão importante em nossas vidas, gostaria de explicar que esta, com o perdão da intimidade, não é a mesma Oiá que muitos conhecem como Iansã. A primeira é responsável pelo tempo cronológico e a segunda pelo tempo, climático, como os ventos, as tempestades e outros. Feito isso agora podemos falar desta Orixá que apesar de poucos conhecerem, é de suma importância e faz parte de nossas vidas. Para evitar confusão iremos tratá-la apenas por Logunan e não por Oiá-Tempo.

    Logunan é o mistério do tempo, senhora da religiosidade, atuando dentro dos aspectos negativos da devoção, assim como no fanatismo e na fé cega.

    Como o tempo é misterioso, algo não mensurado, sem tamanho ou velocidade, é natural não nos darmos conta de sua passagem. Temos pouca consciência do que acontece ao nosso redor, de que a vida passa rápido demais diante de nossos olhos e de que a cada dia nascemos e morremos, sem ao menos percebermos isso. E é graças a este Orixá feminino, que o tempo existe. Sem ela não haveria vida, pois nada existe sem o tempo, nem mesmo a evolução humana.

    Logunan é o espaço e o tempo, onde atua e se manifesta como uma divindade atemporal, que rege seu sincronismo, acelerando em busca da fé ou refreando nos eventos religiosos quando necessário.

    Mãe Logunan é o Orixá regente do polo negativo do trono da fé, enquanto Oxalá irradia fé, Logunan absorve a fé cega, utilizada para reprimir e impedir a evolução dos seres humanos. Ela é o rigor divino com os filhos que lhe viram as costas e atua no campo doutrinário, como ordenadora de um caos religioso, absorvendo a fé em desiquilíbrio, conduzindo os seres humanos de volta a seu caminho e a seu equilíbrio.

Essa é nossa querida mãe Logunan, que poucos conhecem, mas que muito faz por seus filhos, nos guiando e auxiliando quando o excesso nos domina e nos tira de nosso caminho, de nossa evolução.

Infelizmente não encontrei nenhuma lenda que contasse um pouco mais sobre a origem e vivência desse orixá feminino, sendo assim apresentarei algumas entidades que trabalham na Umbanda e estão sob a regência de Mãe Logunan.

- **Caboclos:** Caboclo Gira Mundo, Caboclo do Tempo, Caboclo ou Cabocla Lua, Caboclo Sete Luas (de Oxalá e Oiá-Tempo).
- **Exú:** Exú Vira Mundo, Exú Gira Mundo, Exú do Tempo, Exú Porteira da Religiosidade, Exú Chave da Religiosidade, Exú Sete Chaves da Religiosidade (de Oxalá e Oiá), Exú Sete Chaves da Fé e da Religiosidade (de Oxalá e Oiá), Exú Sete Porteiras da Religiosidade (de Oxalá e Oiá).
- **Pombagira:** Esses nomes ou denominações de Exús também podem ser aplicados as Pombagiras de Oiá-Tempo: Pombagira do Tempo, Pombagira Chave da Religiosidade etc. A Senhora Pombagira Maria Padilha é regida pelo Mistério do Tempo e atua sobre os desequilíbrios no campo da Fé e da Religiosidade, cortando as ilusões.

Sincretismo de Logunan

Clara desde jovem já tinha fama de muito religiosa e recolhida. Aos dezoito anos, ela fugiu com uma amiga, Felipa de Guelfuccio, para encontrar Francisco de Assis, na Porciúncula, (capelinha de Santa Maria dos Anjos, onde nasceu a ordem dos Franciscanos e a ordem de Santa Clara). Lá ela era esperada para fazer os primeiros votos e entrar no convento dos franciscanos.

O próprio Francisco cortou os cabelos de Clara, sinal do voto de pobreza e exigência para que ela pudesse ser uma religiosa. Depois da cerimônia ela foi levada para o Mosteiro das Beneditinas. Clara vendeu tudo que tinha – inclusive seu dote para o casamento – e distribuiu aos pobres. Era uma exigência de Francisco para poder entrar para aquela vida.

A família de Clara tentou buscá-la, mas ela se recusou a voltar, mostrando para o seu tio Monaldo os cabelos cortados. Ele então desistiu de levá-la. Nisso, sua irmã, Catarina, também foge para o convento aos quinze anos de idade. A família envia novamente o Tio Monaldo para buscá-la à força. Monaldo amarra a moça e prepara-se para arrastá-la de volta para casa.

Clara não suporta ver o sofrimento da irmã e pede ao Pai Celeste que intervenha. De repente a menina, ainda amarrada, ficou tão pesada que ninguém conseguia movê-la. Monaldo, então, desistiu de levá-la. Catarina entrou para o convento e recebeu o nome de Inês. Depois de ter passado pelo convento de Santo Ângelo de Panço, Francisco leva Clara e suas seguidoras para o Santuário de São Damião, onde foram morar em definitivo.

Santa Clara morreu em Assis no dia 11 de agosto de 1253, aos sessenta anos de idade. Um dia antes de sua morte ela recebeu a visita do Papa Inocêncio IV, que lhe entregou a Regra escrita, por ela aprovada e aplicada a todas as monjas.

Na hora de sua morte ela disse: *"Vá segura, minha alma, porque você tem uma boa escolha para o caminho. Vá, porque Aquele que a criou também a santificou. E, guardando-a sempre como uma mãe guarda o filho, amou-a com eterno amor. E Bendito sejais Vós, Senhor que me criastes."*

O Papa mandou enterrá-la na Igreja de São Jorge, onde São Francisco estava enterrado. Em 1260, depois de construída a Basílica de Santa Clara ao lado da Igreja de São Jorge, seu corpo foi transladado com todas as honras para lá.

Arquétipo dos Filhos de Logunan

Os filhos de Logunan, em sua maioria são introspectivos e muito tímidos. São simpáticos, discretos, observadores e emotivos, no entanto, guardam suas emoções para si, nunca exteriorizando seus sentimentos.

Quando em um relacionamento são retraídos, ciumentos, possessivos, desconfiados e jamais perdoam uma ofensa, mesmo que esta seja sem a intenção de prejudicar. Também se apresentam frios em seus relacionamentos, sem exporem seus sentimentos.

Como não poderia ser diferente, já que estamos falando dos filhos de uma Orixá que está ligada ao trono da fé, os filhos de Mãe Logunan apreciam as coisas ligadas à religião, ao estudo, à música suave, assim como ao isolamento. Preferem conversas construtivas àquelas sem importância, assim como pessoas discretas e maduras, que apenas os fanfarrões.

Informação de Logunan

- **Dia:** terça-feira.
- **Data:** 11 de agosto.
- **Saudação:** Olha o Tempo.
- **Campo de Força:** campo aberto.
- **Metal:** quartzo fumê rutilado, sodalita.
- **Cor:** azul petróleo.
- **Ervas:** cânfora, cipó suma, eucalipto, orégano, bambu (folhas), pinhão branco, tiririca, chorão, benjoim, chapéu de couro, hortelã, noz de cola (obi), sabugueiro, rosa amarela, girassol, peregun rajado (dracena), limão folhas, cipó prata, erva-de-santa-luzia, losna, etc.
- **Comida:** coco seco, maracujá maduro, abacaxi, carambola, canjica enfeitada com coco ralado ou tirinhas de coco; acaçás de leite ou acaçás de milho branco.
- **Símbolos:** espiral do tempo.

Ponto Cantado de Logunan

Mãe Oiá já girou o tempo
Gira no tempo; Vem cristalizar

A mãe Oiá é a dona do tempo
Eu toco o barra vento; Só para ver Oiá girar

Gira minha Mãe; Quero ver girar
Salve a força do tempo; Salve nossa Mãe Oiá

Egunitá

Existem algumas controvérsias quanto a este Orixá feminino que atua na linha da justiça, pois muitos dizem que se trata de uma qualidade de Iansã, mas esse não é o propósito deste livro, questionar ou criar polêmicas. A intensão aqui é falarmos dos Orixás que compõe as linhas de Umbanda no seu polo positivo e negativo, sendo o positivo irradiador e o negativo absorvedor.

Orixá feminino que, ao lado de Xangô, compõe a linha da justiça, Egunitá é um Orixá cósmico, responsável em absorver e reequilibrar àqueles que se desvirtuam de sua caminhada ligada à justiça, purificando os excessos emocionais dos seres desvirtuados mentalmente e viciados emocionalmente.

Mãe Egunitá é o fogo puro, é a regência divina da justiça no seu lado negativo (quando falamos aqui em lado negativo, nos referimos ao lado energético e não no negativo que convencionamos como ruim) que conduz os seres à justiça divina em todos os sentidos da vida.

Cultuamos Egunitá na Umbanda, como aquela energia que consome vícios e desequilíbrio, purificando templos religiosos, o íntimo do ser e suas moradas. Atuando contra magias negativas e injustiças, mas sempre a partir de uma autopurificação, de autorreflexão, nos reconstruindo, ensinando-nos a nos autorrenovar, para depois nos restaurar por completo, através de conceitos, pensamentos e atitudes antigas que acabamos por nos apegar e que tanto nos prejudicam.

Sua atuação em nossas vidas, não depende de nós, mas tão somente do momento em que nos tornamos irracionais, amarrados aos nossos desequilíbrios tanto racionais, como emocionais.

Assim como Iansã, Egunitá, ora faz par com Xangô, ora com Ogum. Inflexível e implacável contra a injustiça e o negativismo humano.

Precisamos salientar que Egunitá e Iansã são distintas, pois Iansã movimenta e direciona energia, enquanto Egunitá é o fogo divino que consome os vícios e desequilíbrio dos seres, purificando e renovando todos àqueles que necessitam, diante da justiça e das leis Divinas, reequilibrando para que possam retomar suas caminhadas na evolução.

Egunitá é o Orixá feminino da purificação, regente cósmica do fogo divino, o fogo da justiça, que purifica os sentimentos daqueles que se desvirtuaram e se desequilibraram.

Infelizmente não encontrei nenhuma lenda ligada a essa Orixá, pois muitos a consideram uma qualidade de Iansã e as histórias, mitos e lendas que a cercam se misturam com as de Iansã.

Preferi não colocar nenhuma história que pudesse gerar confusão entre estas duas mães maravilhosas e que são tão importantes em nossa evolução.

Salve a Mãe Egunitá, e que sua força, energia e axé, possa nos auxiliar nessa e em outras caminhadas de nossa evolução.

Sincretismo de Egunitá

Mãe Egunitá, como muitos outros Orixás, se sincretiza em mais de um santo católico. Esta Orixá maravilhosa é associada com Santa Brígida e Santa Sara Kali. Contaremos aqui a história de Santa Brígida, pois falaremos de Santa Sara quando falarmos do povo cigano, na segunda parte deste livro.

Brígida nasceu em 1302, na majestosa província de Uppsala (Suécia), no Castelo de Finsta em Norrtälje. Seus pais pertenciam a Família Real, eram cristãos fervorosos e extremamente piedosos, em tudo conciliavam a fé com a vida. Era uma família admirada por toda a Corte e até em outros reinos.

A pequena Brígida até os três anos de idade não falava, mas de repente disparou a falar com facilidade e desenvoltura. Aos sete anos teve a sua primeira experiência mística, ela viu Nossa Senhora que lhe sorriu e colocou sobre sua cabeça uma majestosa coroa e depois desapareceu.

Com dez anos, depois de ouvir um sermão na igreja local sobre a Paixão de Cristo, ficou muito impressionada com as crueldades e terríveis sofrimentos a ele infligidos.

Alguns dias depois Brígida teve uma visão de Cristo pregado na cruz e coberto de chagas, e nessa visão o Senhor lhe disse essas palavras:

"Olha em que estado me encontro, minha filha."
Brígida perguntou:
"Jesus, quem te fez isto?"
E Jesus respondeu:
"Aqueles que me ofendem e não querem o meu amor"
Essa visão deixou uma profunda e indelével marca em seu coração.

Também aos dez anos, experimentou a dor da separação, sua mãe adoeceu gravemente e faleceu no ano de 1312. Seu pai, sentindo-se desorientado, enviou a pequena à casa de sua cunhada Catarina, em Aspanäs.

Ao completar quatorze anos de idade, e atendendo as ordens de seu pai e parentes, Brígida casa-se com Ulf Ulväsa, príncipe da Nércia. Foi com quem viveu um matrimônio feliz por vinte e oito anos e como frutos desse casamento tiveram oito filhos (quatro meninos e quatro meninas).

Carlos, o mais velho, tornou-se homem de vida desregrada e dois meninos morreram ainda crianças. As mulheres se casaram, porém a terceira ficando viúva tornou-se religiosa e santa e foi canonizada como – Santa Catarina da Suécia. A quarta filha entrou para a Ordem de Cister, também como religiosa.

Brígida com seu marido realizaram muitas peregrinações a lugares Santos, inclusive Santiago de Compostela.

Em comum acordo, fizeram votos a Deus e a Ele se consagram inteiramente. Foram morar em uma humilde casa perto do Mosteiro de Alvastra. Ulf é acometido de grave enfermidade e não suportando, vem a falecer no ano de 1344. Brígida permanece na mesma casa por mais quatro anos em oração e penitência.

Foi nessa época, e depois de distribuir todos os seus bens, que as visões se tornaram mais numerosas e frequentes. As revelações Divinas não eram mais através de sonhos, mas sim quando estava desperta e em oração. Muitas vezes ficava em êxtase.

Certa vez Jesus lhe disse: *"Brígida o que eu te falo, não é somente para ti... Mas por meio de ti falarei ao mundo."*

Brígida era a primeira na fila à sucessão real e foi indicada a tornar-se princesa. Invocando o Espírito Santo consegue se esquivar da realeza para se dedicar unicamente ao Reino de Deus.

As visões e revelações de Santa Brígida se referiam aos assuntos mais polêmicos de sua época; muitos reconheceram que, graças a essas visões, acordos de paz foram firmados e acertos políticos entre estados aconteceram devido a suas revelações. Todas essas visões foram escritas em latim pelo prior do Mosteiro de Santa Maria, Padre Pedro de Skninge, que era o confessor e confidente de Santa Brígida.

Segundo Brígida, e por revelação Divina, fundou-se em Vadstena um Monastério e, mais adiante, a ordem do Santíssimo Salvador. Seu ministério apostólico compreendeu sua austeridade, devoção e peregrinação aos Santuários, assim como a severidade consigo e bondade com o próximo, e sua entrega total aos cuidados dos pobres e doentes.

Em 1349, Brígida viajou para Roma a fim de conseguir autorização do Papa para fundar a nova ordem. Enquanto aguardava a volta do Papa de Avijnon, ela foi residir perto da Igreja de São Lourenço e nas imediações esmolou em favor dos pobres e necessitados.

Foi nesse tempo de espera que visitou Assis, Nápoles e outras cidades. Somente em 1368, conseguiu de Urbano V, depois de várias modificações, a aprovação das regras.

Em 1371, viajou para Terra Santa, regressou a Roma em 1373, já estava com setenta e um anos. Brígida sente suas forças desaparecer, e morre logo em seguida, sendo sepultada na Igreja de São Lourenço, em Roma. Mais tarde foram transladados seus restos mortais para a Suécia, em atenção a um pedido seu. Em 1377, foi publicada a primeira edição de suas "Aparições Celestiais". Santa Brígida foi Canonizada em 1391, e elevada à categoria de patrona da Suécia e Copatrona da Europa.

A Ordem por ela fundada perdura até hoje com o nome de: "Ordem do Santo Salvador", a chamada Ordem Brigidina.

> "Senhor Nosso Deus, que revelastes a Santa Brígida os mistérios celestes quando meditava a paixão do vosso filho, concedei-nos exultar de alegria na revelação de vossa glória."

Arquétipo dos Filhos de Egunitá

Por não se tratar de um Orixá que tenha um culto ou ritual específico, não encontramos muitos filhos com esse Orixá regendo seu Ori. Outro ponto também a ser analisado, já que por muitos, Mãe Egunitá é considerada uma qualidade de Mãe Iansã, poucos são aqueles que reconhecem esse Orixá como regente.

Os filhos de Egunitá são na maioria das vezes egoístas, intrigantes, impulsivos e teimosos, em seu lado negativo. Porém são reservados e emotivos, além de estudiosos nos campos da religião, política e outros. Apreciam a companhia de pessoas passivas e educadas. Gostam de passear e não suportam a solidão.

Eles não gostam de pessoas presunçosas e preguiçosas, de conversas tolas e festas monótonas. Gostam de se vestirem bem, principalmente com roupas coloridas ou de cores fortes.

Não apreciam jogos e vícios e preferem ficar com os seus em casa.

Informações de Egunitá

- **Dia:** quinta-feira.
- **Data:** 24 de maio.
- **Saudação:** Salve Minha Mãe Egunitá.
- **Campo de Força:** as pedreiras e os caminhos.
- **Metal:** cobre.
- **Cor:** laranja, dourado ou vermelho.
- **Ervas:** arruda, buchinha-do-norte, cânfora, eucalipto, jurema-preta, urucum, comigo-ninguém-pode, açafrão, alfavaca, calêndula, arnica do mato, canela, artemísia, cipó-de-são-joão, chapéu-de-couro, etc.
- **Comida:** laranja, pitanga, caqui, abacaxi, moranga, melão, etc.
- **Símbolos:** a espada; a estrela de seis pontas cruzada ao centro; o raio.

Ponto Cantado de Egunitá

Fogo divino, fogo de Egunitá
É sua chama consagrada e purifica este conga

Fogo divino, fogo de Egunitá
É sua chama consagrada por ordem de pai Oxalá

Vem de Aruanda, vem pra me purificar.
Sou soldado de Umbanda, sou teu filho Egunitá

Vem de Aruanda, vem pra me purificar.
Sua chama é quem me guia na paz de Pai Oxalá

Obaluaiê / Omolú

Resolvi colocar em um mesmo tópico estes dois Orixás, pois suas origens e energias se interligam. Um, o mais novo e guerreiro, e o outro, o velho e sábio. Porém ambos são cultuados em conjunto na nossa querida Umbanda, não havendo distinção significativa, mas energias distintas. Vou tentar explicar isso melhor.

Obaluaiê é uma flexão dos termos: Obá (rei) – Oluwô (senhor) – Aiê (terra), ou seja, "Rei, senhor da Terra". Omolú também é uma flexão dos termos: Omo (filho) – Oluwô (senhor), que quer dizer "Filho e Senhor". Obaluaiê, o mais moço, é o guerreiro, caçador, lutador. Omolú o mais velho, o sábio, feiticeiro e guardião. Porém, ambos têm a mesma regência e influência. No cotidiano significam a mesma coisa, têm a mesma ligação e são considerados forças da natureza.

Dividem com Iansã a regência dos cemitérios, pois é o Orixá que vem como emissário de Oxalá (princípio ativo da morte), para buscar o espírito desencarnado. É Obaluaiê (ou Omolú) que vai mostrar o caminho e servir de guia para aquela alma.

É preciso esclarecer, no entanto, que Omolú está ligado ao interior da terra e isso denota uma íntima relação com o fogo, já que esse elemento como comprova os vulcões em erupção, domina as camadas mais profundas do Planeta.

Orixá cercado de mistérios, Omolú é um deus de origem incerta, pois a história revela que Obaluaiê, acompanhado de seus guerreiros, teria se aventurado pelos quatro cantos da Terra. O poderoso Orixá massacrou todos os seus inimigos, um ferimento feito por sua flecha tornava as pessoas cegas, surdas ou mancas. Em território Mahi, no antigo Daomé, chegou aterrorizando, mas o povo do local consultou um babalaô que lhes ensinou como acalmar o terrível Orixá. Fizeram então oferendas de pipocas, que o acalmaram e o contentaram.

As pipocas, ou melhor, deburu, são as oferendas prediletas do Orixá Omolú, um deus poderoso, guerreiro, caçador, destruidor e implacável, mas que se torna tranquilo quando recebe sua oferenda preferida.

Como se pôde observar, utilizamos os nomes Omolú e Obaluaiê indistintamente para designar o grande Orixá das doenças epidêmicas, e não há nada de errado nisso.

Obaluaiê e Omolú são duas qualidades do mesmo Orixá, errado pensar que Omolú é pai de Obaluaiê.

Obaluaiê nasceu com o corpo coberto de chagas e como tradição da época, ele foi abandonado por sua mãe, Nanã Buruku, na beira da praia. Durante o período que permaneceu ali na areia, foi atacado por um caranguejo que lhe provocou vários ferimentos em sua pele.

Iemanjá encontrou aquela criança e a criou com todo amor e carinho, com folhas de bananeira curou suas feridas e pústulas e a transformou em um grande guerreiro e hábil caçador. Cobria com palha-da-costa (ikó) seu corpo, não porque escondia as marcas de sua doença, como muitos pensam, mas porque se tornou um ser de brilho tão intenso quanto o próprio Sol. Devido ao que passou, o caranguejo e a banana-prata tornaram-se as maiores aversões de Obaluaiê.

O capuz de palha-da-costa (azé) cobre o rosto de Obaluaiê para que os seres humanos não o olhem de frente (já que olhar diretamente para o próprio Sol pode prejudicar a visão). A história de Omolú explica a origem dessa roupa enigmática, que tem um significado profundo relacionado à vida e à morte.

O azé guarda mistérios terríveis para simples mortais, revelam a existência de algo que deve ficar em segredo, de mistérios que inspiram cuidados e medo.

Desvendar o azé, a temível máscara de Omolú, seria o mesmo que desvendar os mistérios da morte, pois Omolú venceu a morte. Embaixo da palha-da-costa, Obaluaiê guarda os segredos da morte e do renascimento.

A relação de Omolú com a morte se dá pelo fato de ele ser a terra que proporciona os mecanismos indispensáveis para a manutenção da vida. O homem nasce, cresce, desenvolve-se, torna-se forte diante do mundo, mas continua frágil diante de Omolú, que pode devorá-lo a qualquer momento, pois ele é a terra, que vai consumir o corpo do homem por ocasião de sua morte. Por isso é que se diz que Omolú mata e come gente.

Obaluaiê andou por todos os cantos da África, muito antes, inclusive, de surgirem algumas civilizações. Omolú peregrinou por todos os lugares do mundo, conheceu e superou todas as dores. Tornou-se o médico dos pobres, pois muito antes da ciência, salvava a vida dos desvalidos. Durante a escravidão, só não pôde superar a crueldade dos senhores, mas livrou muitos negros de doenças e até hoje muitos pobres só podem recorrer a Omolú, que nunca lhes falta.

Lenda de Obaluaiê (Omolú)

Filho que Nanã abandou por ser doente e foi criado por Iemanjá, é o irmão mais velho de Ossãe, Oxumarê e Ewá. Obaluaiê ou Omolú é um Orixá fundamentalmente Jêje, mas louvado em todas as nações, por sua importância.

Conta-se que, uma vez esquecido por Nanã na beira do mar, Omolú fora criado por Iemanjá, que curou as suas moléstias. O menino cresceu forte, desenvolveu a arte da caça, tornando-se guerreiro e viajante. Certo dia, numa de suas jornadas, chegou até uma aldeia todo coberto de palha, da forma que sempre viveu. Como todos conheciam sua fama, suas ligações com as moléstias contagiosas, fora proibido de ali entrar. Obaluaiê disse ao rei que apenas queria água e um pouco de comida para prosseguir viagem.

O rei não ouvindo seu pedido, determinou que fosse embora, pois não queriam contrair doenças e nem mazelas na aldeia, e disse a Xapanã, como era conhecido, para ir procurar comida e água em outro lugar.

Xapanã então foi sentar-se no alto de um morro próximo. A manhã mal começara, e ele ficou sentado ali, envolto em palha-da-costa, observando a subida do Sol.

O tempo foi passando, as horas avançando e, exatamente ao meio-dia, o Sol, já escaldante, tornou-se insuportável. A água ficara quente, o alimento se estragava e toda a tribo se contorcia de dor, aflição e agonia. Xapanã observava a tudo, imóvel, como um totem, como um símbolo de palha.

Na aldeia um alvoroço se fez. Uns tinham dores na barriga, outros tinham forte dores de cabeça. Outros, ainda, arrancavam sangue da própria pele, numa coceira incontrolável. Alguns agiam como loucos. Aos poucos, a morte foi chegando.

Xapanã apenas assistia...

Parecia que o tempo havia parado ao meio-dia, mas, na verdade, foram três dias de Sol quente, pois a noite não chegava. Era apenas Sol durante todo o tempo. E a aldeia viu-se às voltas com doenças, loucura, sede, fome e morte.

Xapanã, inerte, via tudo, imóvel...

Não aguentando mais, e vendo que Xapanã continuava do alto do pequeno morro observando, o rei da aldeia foi até ele suplicar perdão, atirando-se aos seus pés. Implorando em nome de Olorun (Criador), pois não aguentavam mais tanto sofrimento.

Neste momento Xapanã se levanta, desce até a aldeia e ao entrar e pisar na terra, esta se tornou fria, tocou na água e também a resfriou, tocou os alimentos e tornou-os novamente comestíveis, tocou na cabeça dos aldeões e curou-lhes as doenças, tocou os mortos e lhes deu a vida outra vez.

Restaurada a normalidade da aldeia, Xapanã pediu mais uma vez ao rei que lhe dessem comida e água para que pudesse prosseguir viagem. Num instante foi-lhe servido o que de melhor havia em toda a aldeia. Deram-lhe, vinhos de palmeira, frutas, carnes, legumes, cereais, enfim, o que tinham de melhor.

Voltando-se para os aldeãos, Xapanã deu-lhes uma lição de vida.

"Vivemos num só mundo. Sobre a mesma terra, debaixo do mesmo sol. Somos todos irmãos e devemos ajudar uns aos outros, para que a vida seja mantida. Dar água a quem tem sede, comida a quem tem fome é ajudar a manter a vida."

Virou-se e partiu. Atrás dele o povo da aldeia gritava seu nome chamando-o de Rei e Senhor da Terra, Obaluaiê.

Obaluaiê que sua benção e proteção nos seja dada sempre!

Sincretismo de Obaluaiê e Omolú

Como já mencionamos anteriormente, Obaluaiê e Omolú são ritualizados como o mesmo Orixá, sendo um a qualidade jovem e guerreira e o outro a qualidade velha e sabia. Por isso neste caso exclusivo, iremos falar dos dois sincretismos que cercam este Orixá, do qual tenho grande admiração e um carinho especial.

São Lázaro

Lázaro foi discípulo e amigo de Jesus e era irmão de duas mulheres que se tornaram conhecidas pelos Evangelhos: Marta e Maria. Ele vivia com sua família num vilarejo chamado Betânia, que ficava a menos de uma hora de caminhada de Jerusalém, em Israel. Jesus, em suas andanças missionárias, anunciando o Reino de Deus, sempre ia se hospedar na casa de Lázaro.

O nome Lázaro vem do grego. Em hebraico seria Eleazar, e quer dizer "Deus ajudou". Ele era estimado e respeitado pela comunidade hebraica, por sua origem nobre, honestidade e religiosidade da família e é considerado um personagem especial na Bíblia, pois é a única pessoa por quem Jesus chora no Novo Testamento.

Lázaro foi ressuscitado por Jesus após a sua morte, a pedido de Marta, sua irmã, que foi inabalável na fé. Já havia se passado quatro dias do sepultamento, quando Jesus chegou para chamar-lhe à vida novamente.

Disse-lhe Jesus: *"Eu sou a ressurreição e a vida; quem crê em mim, ainda que esteja morto, viverá; E todo aquele que vive, e crê em mim, nunca morrerá. Crês tu isto?"* (João 11:25).

A ressureição de Lázaro foi um dos maiores milagres de Jesus. Trata-se do último grande "sinal" realizado pelo nazareno, depois do qual os sumos sacerdotes reuniram o Sinédrio e decidiram matá-lo; e resolveram matar também o próprio Lázaro, que era a prova viva da divindade de Cristo, Senhor da vida e vencedor da morte.

Alguns escritos muito antigos afirmam que Lázaro e suas irmãs foram para a ilha de Chipre. Lá, ele se tornou bispo de Citio, hoje Lamaca.

Jesus era amigo próximo daquela família. Nesta passagem está o menor versículo da bíblia: *"Jesus chorou"* (João: 11:35).

Ele foi até o sepulcro (uma caverna com uma pedra posta sobre ela) e disse *"Tirai a pedra"*. Ouvindo de Marta que Lázaro já cheirava mal, pois estava morto há quatro dias, respondeu: *"Não te disse que, se creres, verás a glória de Deus?"*. Tiraram a pedra. Levantando os olhos para cima, Jesus intercedeu junto ao Pai, dando graças e clamou com grande voz: *"Lázaro, vem para fora."* Então saiu Lázaro, tendo as mãos e os pés ligados com faixas, e o seu rosto envolto num lenço.

Alguns historiadores afirmam que, na época de Jesus, havia o costume de sepultar o morto no mesmo dia em que morreu por causa do tempo quente. Assim que constatavam a morte de alguém, eles envolviam o corpo em tiras de pano com especiarias e unguentos. Há indícios de que Jesus tenha começado sua jornada à Betânia (que durou entre dois ou três dias) no máximo um dia depois da morte de Lázaro. Isso porque a tradição judaica ensinava que a alma do falecido pairava sobre o corpo durante três dias depois da morte, na esperança de poder voltar. Essa era uma crendice popular de grande aceitação, e até mesmo o tempo em que Lázaro já estava morto, anulava qualquer dúvida de que a restauração da vida do amigo de Jesus não era uma supertição, mas sim de um milagre.

São Roque

"... Olho para direita e vejo: não há ninguém que cuide de mim. Não existe para mim um refúgio ninguém que se interesse pela minha vida, eu vos chamo Senhor, vós sois meu refúgio, sois meu quinhão na terra dos vivos. Atendei o meu clamor..."

(Salmo 141, 5-7)

Montpellier, na França, foi no ano de 1295, cenário e berço do nascimento de um de seus mais ilustres filhos; Roque! O nobre Fidalgo João e sua esposa Libéria, aguardavam com ansiedade a chegada dessa criança, era afinal, uma benção desejada.

Roque foi levado à pia batismal já nos primeiros dias de vida; sua mãe Libéria, era mulher virtuosa, e de fé, piedosa, que via naquele frágil bebê, um sinal de amor de Deus.

O pequeno Roque teve uma educação primorosa, estudou nos melhores colégios e herdou de sua mãe os mais vivos sentimentos de fé e vida de oração.

Quando completou vinte anos, foi duramente posto à prova com a morte repentina de seus pais, vendo-se sozinho e com uma herança invejável, sentiu em seu coração um forte apelo ao despojamento. Dispôs de todos os seus bens móveis em favor dos mais necessitados e os imóveis foram entregues aos cuidados de seu tio; Roque em condições de pobre peregrino dirigiu-se a Roma.

Chegando a Aguapendente, na Toscana, uma terrível epidemia (Peste Negra) se alastrava, e nosso jovem peregrino ofereceu-se prontamente para tratar dos doentes que lotavam as enfermarias dos hospitais.

De Aguapendente seguiu para Caesena e Rimini, por toda parte aonde chegava o jovem Roque, via-se desaparecer a terrível epidemia, como que a fugir do Santo.

Foi em Roma que a caridade de Roque achou um novo campo de ação, pois dedicou-se durante três anos ao tratamento dos pobres e abandonados doentes. Depois voltou aos lugares onde já tinha estado, e seu zelo escolhia entre os mais doentes, mais desamparados, sempre nutrindo o desejo ardente de poder oferecer a Deus o sacrifício da vida.

Por várias vezes foi provado pela doença, e em todas, o Senhor conservou-lhe a vida, no que todos reconheceram uma especial proteção Divina.

Na Itália, Roque conheceu o carisma franciscano e fez votos na Ordem Terceira, como irmão penitente.

Restabelecidas as forças, Roque seguiu para Piacenza, onde a Peste dizimava a população. Com uma abnegação que lhe era peculiar, dedicou-se ao serviço de enfermeiro no hospital, sendo também atingido pelo terrível mal. Após um sono profundo, foi acometido por uma febre violenta e atormentado por uma dor fortíssima na perna esquerda, causando-lhe uma terrível chaga.

Roque aceitou a doença como uma Graça Divina. As dores chegaram, porém, a tal ponto que o fizeram chorar e gritar continuamente.

Em pouco tempo ele se viu abandonado e desprezado por todos, decidiu em seu coração não se tornar um peso para ninguém. Com muito custo arrastou-se até um bosque e lá se acomodou em uma cabana abandonada.

Confiando no Senhor e entregando-se a sua Divina Providência, Roque experimentou o amor de Deus, que todos os dias lhe enviava um cão para alimentá-lo, trazendo um pão tirado da mesa do Fidalgo Gottardo.

Certa manhã, o Fidalgo, observando as atitudes do cão, resolveu segui-lo, e qual não foi sua surpresa ao encontrá-lo na choupana em companhia de Roque. Assim todos descobriram o paradeiro do Santo.

Gottardo ficou algum tempo em companhia de Roque e este, sentindo-se restabelecido de suas forças decidiu voltar para sua terra natal.

A França estava em guerra, e Roque, lá chegando, acabou sendo tomado por espião. O sofrimento e a dor tinham deixado marcas tão significativas em seu rosto e corpo, que até o próprio tio, que era o juiz da cidade, não o reconheceu e condenou-o à prisão.

Toda aquela humilhação, Roque aceitou sem protesto algum, e todas as injustiças sofridas ofereceu por amor a Jesus e pela conversão dos pecadores.

Por cinco anos permaneceu encarcerado sem que ninguém o reconhecesse, foi acometido por uma grave e terminal enfermidade e lá no cárcere recebeu os Santos Sacramentos.

Roque confessou sua identidade ao Sacerdote e, do seu corpo, exalava um suave perfume de santidade que se espalhou por todo o presídio. Com seus trinta e dois anos, entregou sua santa alma ao Senhor, humilde e silenciosamente, era o ano de 1327.

O primeiro milagre póstumo atríbuido a ele foi a cura do seu carcereiro, que se chamava Justino e era manco de uma perna. Ao tocar no corpo de Roque, para verificar se estaria morto realmente, Justino sentiu algo estranho e percebeu que sua perna, milagrosamente fora curada.

Seu sepultamento foi marcado por muitas honras e grandes milagres, agora reconhecido como o nobre filho de Montpelier. Tempos mais tarde seus restos mortais foram transladados para Veneza, onde seus devotos lhe erigiram um belo templo.

Assegura-se que por intercessão de São Roque, muitas cidades foram poupadas da peste, entre elas Constança, na ocasião em que dentro dos muros se reunia o grande concílio, em 1414.

O povo católico sempre nutriu especial confiança e devoção a São Roque e venera-o como padroeiro poderoso contra epidemias.

Arquétipo dos Filhos de Obaluaiê e Omolú

Queria antes de iniciar este tópico, deixar claro que os arquétipos dos filhos deste Orixá, como dos demais citados ou não aqui, não são regras. Isso quer dizer, que se você possui algum destes ou de outros Orixás, e não tiver todas as características ou até mesmo nenhuma relatada no livro, não significa que não é filho deste ou daquele Orixá, pois somos seres e espíritos individuais, cada um com seus atributos e diferenças. O que colocamos aqui são apenas informações generalizadas para aumentar seu conhecimento e não regras que determinam o filho deste ou daquele Orixá.

Os filhos de Obaluaiê são em sua grande maioria, muito introvertidos, calados e fechados, porém detentores de grande alteração de comportamento emocional, mudando seu humor com muita facilidade.

Com grande interesse em assuntos ligados ao ocultismo e mistérios que ligam o mundo espiritual, gostam de artes e estudos sobre a vida e os astros.

Por se tratar de um Orixá com características de um velho sábio, preferem contato com pessoas mais velhas, mesmo aqueles que ainda estão em tenra idade. Não são adeptos a aglomerações e eventos muito barulhentos. Preferindo o isolamento, utilizando seu tempo com coisas que possam lhe acrescentar conhecimento e elevação espiritual.

Não têm o hábito de expor seus problemas ou suas intimidades, preferindo guardá-las para si, mesmo sendo uma mágoa ou uma dor. São muitos sentimentais e negativos, acreditando que nada dará certo em suas vidas.

Os homens de Omolú são seguros, solidários e amorosos. Se doam à pessoa amada, dando o seu melhor no relacionamento para fazer feliz a quem ama. Preferem mulheres objetivas, inteligentes e românticas. Dificilmente se encontrará um filho de Omolú em uma balada, pois são avessos ao agito.

As mulheres de Omolú são donas de temperamentos fortes, não aceitam um companheiro que tente dominar a relação. Discretas e reservadas, jamais se entregarão ao primeiro homem que lhe cortejar. Ciumenta, sempre está de olho na concorrência e naquelas que esticam o olhar para seu amado.

Quando correspondidas e respeitadas nos relacionamentos amorosos, são carinhosas e se entregam à paixão.

Informações sobre Obaluaiê (Omolú)

- **Dia:** segunda-feira.
- **Data:** 13 ou 16 de agosto.
- **Saudação:** Atotô (Silêncio, o Senhor da terra chegou).
- **Campo de Força:** Campo Santo (cemitério).
- **Metal:** chumbo.
- **Cor:** preto e branco; preto, branco e vermelho.
- **Ervas:** agoniada, alamanda, alfavaca-roxa, alfazema, babosa, arrebenta-cavalo, assa-peixe, musgo, beldroega, coentro, etc.
- **Comida:** deburu (pipoca), abadô (amendoim pilado e torrado), latipá (folha de mostarda) e ibêrem (bolo de milho envolvido na folha de bananeira).
- **Símbolos:** xaxará ou íleo (com que limpa as doenças e os males espirituais).

Ponto Cantado de Obaluaiê / Omolú

Ponto Cantado de Obaluaiê

Ele é um grande Orixá
Ele é o chefe da calunga
Ele é seu atotô... Obaluaiê (bis)

Ponto Cantado de Omolú

Omolú, aiê, atotô,
É um Orixá!

Pede que ele dá, atotô
Ele é Orixá!

Meu pai Oxalá,
Meu Deus venha me valer (bis)

Meu velho atotô
Omolú, Obaluaiê (bis)

Que, querê, quê quê, ô ganga
Pisa na macumba de ganga.

Que, querê, que, quê quê, ô ganga.
Saravá seu Omolú, que é ganga.

Conclusão da Primeira Parte

Terminada esta primeira parte do livro gostaria de fazer algumas considerações que acredito ser importante.

É bom que todos conheçam os Orixás que fazem parte, de alguma forma, do panteon umbandista, pois ajudará na melhor compreensão daquilo que nos cerca, do que nos irradia e nos faz seguir em frente. Porém mais importante que conhecer os Orixás é senti-los irradiando energia para nos auxiliar, nos esgotando quando necessário, para que possamos melhor compreender a caminhada e acabarmos com vícios que podem nos prejudicar de alguma forma nessa vida. Pois de nada servirá conhecermos a fundo essas energias a qual denominamos Orixás, se não as utilizarmos a nosso favor, tornando nossa caminhada mais simples e evolutiva.

Os Orixás, na sua pureza, não são bons, nem ruins, apenas agem para nos auxiliar em nossa evolução. Muitas vezes nos lamentamos de perdas ou obstáculos que surgem em nossos caminhos e não aproveitamos estes momentos para aprender e evoluir com nossos erros. Ou pedimos para que nos auxiliem em problemas sentimentais, mas poucas vezes lembramo-nos de agradecer as vitórias conquistadas e até mesmo pelo aprendizado que temos nas derrotas. Às vezes esquecemo-nos de cuidarmos de nós mesmo, buscando o equilíbrio e a harmonia em nossa vida, para que as coisas fluam com naturalidade e suavidade. Porém nunca nos esquecemos de praguejar ou culpar alguém por nosso infortúnio.

Há um dito popular que diz mais ou menos assim:

"Devemos compreender a diferença entre querer, merecer e precisar, pois antes de pedirmos, o Pai sabe o que precisamos."

Quando rogamos a Deus algo, não nos é dado o que pedimos, mas a oportunidade de conquistarmos os nossos sonhos e desejos. Isso nos ajudará a nos conhecermos melhor e a não temer o que vier pela frente.

Escolher o caminho que seguiremos depende muito mais de nossa consciência do que o meio em que vivemos, pois como sempre digo, o plantio é livre, mas a colheita é obrigatória.

Errar não é pecado, pecado é não tentar ser feliz. Nosso erro não pode prejudicar o próximo, mas servir de lição para nossa evolução.

Segunda Parte

GUIAS ESPIRITUAIS

Os Guias Espirituais

Falar de Umbanda e não mencionar nossos queridos Guias Espirituais, não seria justo. Mas quem são estes espíritos que nos acompanham, nos protegem e tentam de todas as formas não nos deixar sair de nossos caminhos?

Independentemente da religião ou da falta dela, todos os seres encarnados têm um Anjo de Guarda, um Mentor Espiritual e um Guardião, este último pode variar o nome de acordo com a religião que cada um segue.

Espero poder mostrar nesta parte do livro, histórias, mitos ou lendas, que tragam um pouco de alegria, conforto e informação para o leitor. É essa a finalidade dos contos. Precisamos compreender, ao lermos uma história, qual a mensagem que esta tenta nos passar, pois elas são nada mais nada menos que informações das quais, de alguma maneira, o mundo espiritual tenta nos transmitir, em forma de romance.

As histórias foram divididas em grupos para facilitar a leitura. Tentei manter a estrutura deste livro de forma que o leitor possa ler aquelas que mais lhe interessarem primeiro, pois não se trata de um romance com sequência, e sim várias histórias independentes.

Guias Espirituais são espíritos que, após seu período encarnado, alcançaram um nível mais elevado, do qual não precisam mais retornar, porém se o quiserem poderão. A maioria escolhe voltar à nossa faixa vibracional para aprenderem e ensinarem através da incorporação e outras tantas formas de mediunidade. Estes espíritos necessitam dos seres encarnados para transmitirem suas mensagens, pois apenas nós temos energia para que isso se realize. É o que chamamos de Ectoplasma, sem ele a comunicação não seria possível, mesmo aquelas feitas através da intuição, psicografia e outras mais em que não ocorre a incorporação.

Muitos me perguntam: *"Quais Guias Espirituais são bons para trabalho com cura ou desenvolvimento profissional? E para o amor e tantos outros campos que nos cercam?"* – Posso dizer que todos nós temos essa capacidade, porém digo que cada pessoa tem um conhecimento específico em determinada área. É como se fossemos ao médico, existe o clínico geral que atua em todas as áreas, de forma genérica, sem aprofundamento, como é o caso de um ortopedista, neurologista, endocrinologista e tantos outros especialistas. Isso ocorre com nossos Guias Espirituais também que, de forma geral, pode nos auxiliar em todas as áreas, mas têm aqueles que são especialistas, que poderão nos ajudar com mais profundidade. Vamos explicar isso melhor a cada grupo de Guias Espirituais que iremos abordar.

A ideia de apresentar num único volume pequenas histórias de Guias Espirituais em suas últimas encarnações, teve como objetivo trazer ao conhecimento de todos um pouco mais sobre esses seres em suas formas humanizadas, facilitando o entendimento em relação a essa magia maravilhosa que cerca nossa religião. Lembrando que, quando falamos em magia, se trata de uma magia branca, do bem, a qual busca nos ajudar, confortar e mostrar o melhor caminho para estarmos mais perto de Deus, seguindo sua lei maior, mostrando a vida sob outros ângulos, utilizando o amor e a caridade para com o próximo.

A Umbanda, ao contrário do que se propaga, é uma religião que não tem como princípio o enriquecimento de pessoas ou a resoluções de problemas amorosos. Enganam-se as pessoas que praticam esta "Umbanda", ou que buscam os templos desta religião para este fim.

Bem, se formos nos ater a este assunto, seguiremos um rumo distinto ao que nos propusemos ao realizar esta pesquisa, que é a de contarmos um pouco de histórias para o deleite e conhecimento de nossos leitores.

Porém antes de começar a falar sobre as entidades que trabalham em nossa querida Umbanda, queria deixar bem claro que nem sempre é o mesmo espírito que incorpora em mais de um médium, a energia é a mesma, mas o espírito é diferente. Como sempre citei, somos seres espirituais e individuais, não há outro Flávio igual a mim, mas existem vários Flávios espalhados por este mundão de meu Deus. Assim acontece com os Guias Espirituais, existem vários "Sete Encruzilhadas", vários "Pai José", vários "Tranca Ruas" e assim por diante. Isso que estou afirmando pode gerar dúvidas e com certeza perguntas do tipo: Como pode dois espíritos com mesmo nome não ser o mesmo espírito? E como fica esta energia?

Bem, vamos usar um exemplo que acredito facilitar a compreensão. Imaginem uma lâmpada acesa, com a mais pura energia, porém se pegarmos uma caixa de papelão cheia de furos e colocarmos esta lâmpada acesa dentro da caixa, os buracos existentes nela irão irradiar fachos de luz para todos os lados. É isso que acontece com a energia de um Guia Espiritual chefe de falange. Esse Guia tem a energia principal, porém irradia vários fachos de luz por todos os lados e que, por determinação do mundo espiritual, levarão o mesmo nome da energia principal. Por isso temos vários guias com o mesmo nome e histórias distintas. Vamos chamar hipoteticamente essa luz de Pai Jacobino, os fachos de luz irradiados através dos furos nas caixas, também serão Pai Jacobino, porém eles não serão iguais entre si, mas terão a mesma energia.

Espero ter conseguido esclarecer este assunto, para evitar dúvidas referentes às histórias, mitos e lendas que veremos daqui pra frente, as quais não são generalizadas e sim específicas para aquela entidade que se apresentou ou foi por ela intuída para seu médium, ou ainda, psicografada.

Boa Leitura!

Caboclos

Nada mais justo começarmos falando sobre um dos pilares da Umbanda, um grupo especial de Guias Espirituais, os Caboclos, que junto aos Pretos-velhos e aos Erês (crianças), fundaram esta religião que vem arrebanhando adeptos por todo o país.

Foi necessário muito empenho em pesquisas para achar histórias ligadas a estes Guias Espirituais, porém não poderia deixar uma lacuna neste livro e fui a fundo para trazer estas pequenas histórias sobre alguns destes caboclos que, além de terem feito parte da nossa história, hoje trabalham para nos ajudar e nos proteger, mostrando a nós o melhor caminho a seguir, sempre respeitando nosso livre-arbítrio.

Os Caboclos, na Umbanda, são entidades que se apresentam com roupagem fluídica de indígenas, representando todo seu folclore e seus rituais tribais. Estes Guias Espirituais possuem um grau de desenvolvimento elevado e trabalham nas vibrações ligadas às essências da hierarquia divina, os sagrados Orixás.

Na Umbanda os caboclos, os pretos-velhos e os erês são as únicas entidades fundamentalmente capacitadas, devido ao seu grau de evolução, a se apresentarem como mentores de um médium, mesmo que indiretamente, ou seja, são as únicas entidades que podem responder diretamente ao Orixá que rege a vida de um médium sem desequilibrar a vida disciplinar dele. Isso não quer dizer que são superiores aos demais, pois a Umbanda não é verticalizada e sim horizontalizada; todos estão no mesmo nível. Os caboclos têm uma incumbência diferente dos demais Guias Espirituais por estarem localizados nos pilares da Umbanda.

Como em todas as linhas desta religião, os caboclos são hierarquicamente organizados, numa composição onde há chefes de falange e subordinados. Hábeis manipuladores de ervas resolvem problemas de doenças, obsessões e outros males, pois conhecem a fundo cada erva e suas finalidades, utilizando-as como remédios, banhos e defumações.

Muitos pensam que os assobios ou os brados dados pelos caboclos são apenas uma repetição dos chamados que eles davam nas matas para se comunicarem com os outros índios de sua tribo que, quando ainda vivos, eram apenas puro animismo dos médiuns. Mas não é só isso. Os assobios traduzem sons básicos das forças da natureza. Estes sons precipitam, da mesma forma que o estalar dos dedos, um impulso energético no corpo Astral do médium para direcioná-lo corretamente, a fim de liberá-lo de certas cargas que se agregam a ele. Assim como os brados, os assobios assemelham-se a mantras, se assim podemos compará-los. Cada entidade emite um som específico, de acordo com o trabalho a ser realizado, para ajustar os campos energéticos, liberando bloqueios ou cargas nocivas que possam prejudicar ou atrapalhar durante o trabalho a ser realizado. A palavra "caboclo" vem do tupi, "kareuóka", que significa da cor de cobre, acobreado, por isso a associação ao índio pela sua pele avermelhada.

Considerados grandes mentores espirituais na Umbanda, foram eles, assim como os Catimbozeiros, que decodificaram e organizaram a Umbanda e suas linhas de trabalhos. Na maioria das vezes estes Guias são associados ao Orixá Oxóssi, por este ser o "Caçador", o "Rei das matas", por estar ligado diretamente à natureza e por ter como seu arquétipo o índio. Mas tal informação está incompleta, pois segundo estudiosos da religião, existem caboclos com elementos ligados a outros Orixás, como Ogum, Oxalá, Oxum, etc.

Outra característica dos caboclos é a forma adulta de se apresentarem, com a postura forte, voz vibrante, ligados às forças da natureza, manipulando essas energias e trabalhando a questão da saúde, vitalidade e cortando correntes negativas.

Não existe Umbanda sem a força e o conhecimento destes grandes Guias Espirituais. Seus gritos de guerra, suas vestimentas, sua língua ainda viva e seus charutos, fazem da Umbanda uma das mais lindas religiões espiritualistas que conheci.

Entre os caboclos mais conhecidos podemos citar o Caboclo das Sete Encruzilhadas, porta voz, se assim podemos chamá-lo, do surgimento da Umbanda e também os caboclos: Arruda; Tupi; Mata Virgem; Folha Seca; Tabajara; Ubirajara; Arranca Toco; Pena Branca entre outros com a mesma importância.

As caboclas mais conhecidas são: Jurema, Jupira e Jandira (irmãs, filhas do Caboclo Tupinambá), Jacira, Tanara, Cabocla Jandaia entre outras.

Na Umbanda cada entidade pertence a um grupo chamado falange, que é chefiado por uma entidade da mesma linha com evolução maior em sua espiritualidade. Nos caboclos não é diferente, porém, dentro desta falange, eles se respeitam e se tratam com igualdade, pois uma de suas características principais é a humildade além de defenderem o trabalho em equipe.

Entidades associadas aos índios brasileiros e sul-americanos trabalham na caridade como verdadeiros conselheiros, nos ensinando a amar o próximo e a natureza. Sua missão principal é o ensinamento da espiritualidade e da fé, pois é através dela que conseguimos atingir nossos objetivos. Pois fé não está amarrada a religião e sim em acreditar numa coisa invisível ou que ainda não aconteceu. Fé é acreditar em algo intangível.

Para falarmos do Caboclo das Sete Encruzilhadas, não podemos deixar de falar do surgimento da Umbanda.

Zélio Fernandino de Moraes nasceu no dia 10 de abril de 1891, no distrito de Neves, município de São Gonçalo, no estado do Rio de Janeiro. Aos dezessete anos, quando estava se preparando para entrar no serviço militar, mais precisamente na Marinha, começou a falar em tom manso e com um sotaque diferente da sua região, parecendo um senhor com bastante idade.

A família, preocupada diante de tal acontecimento, e acreditando ser aquilo um distúrbio mental, o encaminharam para seu tio, Dr. Epaminondas de Moraes, médico psiquiatra e diretor do Hospício de Vargem Grande. Após alguns dias de observação e não encontrando aqueles sintomas em nenhuma literatura médica, o médico sugeriu à família que o encaminhassem a um padre para que fosse feito um ritual de exorcismo, pois desconfiava que seu sobrinho estivesse possuído pelo demônio.

Procuraram então o padre da família, mas, após fazer o ritual de exorcismo, o padre não conseguiu nenhum resultado.

Tempos depois, Zélio foi acometido por uma estranha paralisia, para a qual os médicos não conseguiram encontrar a cura. Passado algum tempo acamado e desacreditado por sua família, eis que o rapaz se ergue do leito e declara que na manhã seguinte estaria curado.

No dia seguinte começou a andar como se nada tivesse acontecido. Nenhum médico soube explicar como se deu aquela recuperação. Sua mãe, Leonor de Moraes, levou Zélio a uma curandeira chamada dona Cândida, figura conhecida na região onde morava e que incorporava o espírito de um Preto-velho chamado Tio Antônio. A entidade recebeu o rapaz e fazendo as suas rezas disse a ele que trabalhasse com a caridade, visto que possuía o fenômeno da mediunidade.

O Pai de Zélio de Moraes, Sr. Joaquim Fernandino Costa, apesar de não frequentar nenhum centro espírita, já era um adepto do espiritismo, tendo como hábito a leitura desta literatura. No dia 15 de novembro de 1908, por sugestão de um amigo de seu pai, Zélio foi levado à Federação Espírita de Niterói. Chegando lá foram convidados por José de Souza, dirigente daquela Instituição, a sentarem-se à mesa. Logo em seguida, contrariando as normas do culto realizado, Zélio levantou-se e disse que ali estava faltando uma flor. Foi até o jardim, apanhou uma rosa branca e a colocou no centro da mesa, na qual se realizavam os trabalhos. Tal ato desencadeou uma estranha confusão no local. Na sequência, Zélio incorpora um espírito e simultaneamente diversos médiuns presentes incorporam caboclos e pretos-velhos. Advertidos pelo dirigente do trabalho, a entidade incorporada no rapaz perguntou:

"Por que repelem a presença dos citados espíritos, se nem sequer se dignaram a ouvir suas mensagens? Seria por causa de suas origens sociais e da cor?"

Após um vidente ver a luz que o espírito irradiava perguntou:

"Por que o irmão fala nestes termos, pretendendo que a direção aceite a manifestação de espíritos que, pelo grau de cultura que tiveram quando encarnado, são claramente atrasados? Por que fala deste modo, se estou vendo que me dirijo neste momento a um jesuíta e a sua veste branca reflete uma aura de luz? E qual o seu nome meu irmão?"

Ao que ele responde:

"Se julgam atrasados os espíritos de pretos e índios, digo que amanhã estarei na casa deste aparelho (nome dado à pessoa incorporada), para dar início a um culto em que estes pretos e índios poderão dar suas mensagens e assim cumprir a missão que o plano espiritual lhes confiou. Será uma religião que falará aos humildes, simbolizando a igualdade que deve existir entre todos os irmãos, encarnados e desencarnados. E se querem saber meu nome, que seja este: Caboclo das Sete Encruzilhadas, porque não haverá caminhos fechados para mim."

O vidente ainda pergunta:

"Julga o irmão que alguém irá assistir a seu culto?"

Novamente ele responde:

"Colocarei uma condessa em cada colina que atuará como porta-voz, anunciando o culto que amanhã iniciarei."

Depois de algum tempo todos ficaram sabendo que o jesuíta – o médium verificou pelos resquícios de sua veste no espírito –, em sua última encarnação, foi o Padre Gabriel de Malagrida.

No dia 16 de novembro de 1908, na Rua Floriano Peixoto, número 30, no bairro de Neves no município de São Gonçalo, estado do Rio de Janeiro, aproximadamente vinte horas, estavam presentes na casa do "aparelho", os membros da Federação Espírita, parentes, amigos e vizinhos. Do lado de fora uma multidão de desconhecidos. Pontualmente às vinte horas o Caboclo das Sete Encruzilhadas desceu e, usando as seguintes palavras, iniciou o culto:

"Aqui se inicia um novo culto em que os espíritos de Pretos-velhos africanos, índios nativos da nossa terra, antigos escravos, que desencarnaram e não encontraram campo de ação nas remanescentes seitas de origem negra, já deturpadas e dirigidas quase que exclusivamente para os trabalhos de feitiçaria, poderão trabalhar em benefícios dos seus irmãos encarnados, qualquer que seja a cor, raça, credo ou posição social. A prática da caridade no sentido do amor fraterno será a característica principal deste culto, que tem como base o Evangelho de Jesus e como mestre supremo o Cristo."

Após estabelecer as normas deste novo culto, assim como o horário de suas sessões, o caboclo determinou que os participantes estivessem sempre vestidos de branco e sentenciou que o atendimento a todos seria gratuito. Disse também que estava nascendo uma nova religião e que todos a chamaria de Umbanda.

O grupo que acabara de ser fundado recebeu o nome de Tenda Espírita Nossa Senhora da Piedade e o Caboclo das Sete Encruzilhadas encerrou dizendo as seguintes palavras:

"Assim como Maria acolhe em seus braços o filho, a Tenda acolherá aos que a ela recorrerem nas horas de aflição, todas as entidades serão ouvidas, e nós aprenderemos com aqueles espíritos que souberem mais e ensinaremos aqueles que souberem menos e a nenhum viraremos as costas e nem diremos não, pois esta é a vontade do Pai."

Ainda respondeu em latim e em alemão a perguntas de sacerdotes que ali se encontravam. O caboclo foi atender um paralítico, e o curou, e assim passou a atender e praticar cura às pessoas que ali estavam.

Nesse mesmo dia, Zélio incorporou um Preto-velho chamado Pai Antônio, aquele que, com fala mansa, foi confundido como louco pela sua família. Com palavras de muita sabedoria, humildade e timidez aparente, Zélio se recusava a sentar à mesa junto dos presentes, e se explicou dizendo as seguintes palavras:

"Nêgo num senta não, meu sinhô, nêgo fica aqui memo. Isso é coisa de sinhô branco, e nêgo deve arrespeitá."

Após forte insistência dos ali presentes ele continua:

"Num carece preocupá não. Nêgo fica no toco que é lugá di nêgo."

Assim continuou dizendo outras palavras mostrando a sua humildade. No decorrer da noite, uma pessoa pergunta se ele sente falta de alguma coisa que tinha deixado na terra, ao que ele responde: *"Minha cachimba. Nêgo qué o pito que dexô no toco. Manda muleque buscá."*

O pedido do preto-velho deixou os presentes perplexos, posto que estavam presenciando a solicitação do primeiro elemento de trabalho para esta religião. Foi Pai Antônio também a primeira entidade a solicitar uma guia, até hoje usada pelos membros da Tenda e carinhosamente chamada de "Guia de Pai Antônio". No outro dia formou-se verdadeira romaria em frente à casa da família Moraes. Cegos, paralíticos e médiuns que eram dados como loucos foram curados. A partir destes fatos fundou-se a Corrente Astral de Umbanda.

Enquanto Zélio estava encarnado, foram fundadas mais de 10.000 tendas. Ele nunca usou a mediunidade como profissão. Sempre trabalhou para sustentar sua família e muitas vezes manter os templos que o caboclo fundou. Hospedava em sua casa pessoas que queriam passar por tratamento espiritual, e nunca aceitava ajuda financeira de ninguém. Era ordem do seu guia chefe, apesar de inúmeras vezes terem oferecido pagamentos a ele.

O ritual sempre foi simples. Nunca foi permitido sacrifícios de animais. Não utilizavam atabaques ou quaisquer outros objetos e adereços. Os atabaques começaram a ser usados com o passar do tempo por algumas das tendas fundadas pelo Caboclo das Sete Encruzilhadas, mas a Tenda Nossa Senhora da Piedade não os utiliza em seus rituais até hoje. As guias usadas eram apenas as determinadas pelas entidades que se manifestavam. A preparação dos médiuns era feita através de banhos de ervas e do *ritual do amaci*, isto é, a lavagem de cabeça em que os filhos de Umbanda estreitam sua ligação com a vibração dos seus guias e da casa que frequentam.

Após cinquenta e cinco anos de atividade, Zélio entregou a direção dos trabalhos da Tenda Nossa Senhora da Piedade para suas filhas Zélia e Zilmeia, e a casa funciona até os dias de hoje.

Mais tarde, ao lado da sua esposa, Maria Isabel de Moraes, médium ativa da Tenda e aparelho do Caboclo Roxo, fundou a Cabana de Pai Antônio no distrito de Boca do Mato, município de Cachoeira de Macacu, estado do Rio de Janeiro. Eles dirigiram os trabalhos enquanto a saúde de Zélio permitiu.

Zélio faleceu aos oitenta e quatro anos no dia 03 de outubro de 1975.

Saudação: Okê Caboclo! (Salve o Caboclo)

Caboclo das Sete Encruzilhadas

Falar de um caboclo de tamanha importância para nossa Umbanda é um pouco complicado, pois para fazer justiça, teria que escrever um livro só sobre ele. Mas como não é o caso, escolhi duas histórias sobre este mensageiro, que surgiu a mais de cem anos.

O Caboclo das Sete Encruzilhadas pertence à energia de Ogum, pois como seu próprio nome diz, ele está ligado aos caminhos – as encruzilhadas nos levam a caminhos distintos –, e Ogum é o Orixá dos caminhos.

Como é de conhecimento de muitos, o Caboclo das Sete Encruzilhadas foi, em uma de suas encarnações, Frei Gabriel de Malagrida, grande taumaturgo e humanista do século XVIII.

Famoso por suas peregrinações no nordeste brasileiro e por suas curas pela imposição das mãos (no meio umbandista, a imposição das mãos é mais conhecida como passes), Frei Gabriel criou várias casas beneficentes que acolhiam viúvas e ex-prostitutas, auxiliando a todos através do controle das forças naturais por meio de suas preces.

A retornar a Portugal, foi acusado de bruxaria ao prever o terremoto que abalou Lisboa no ano de 1755, anunciando que tal abalo sísmico ocorreria para purificar e livrar Portugal dos pecados que assolavam aquela região. Com esta previsão, o Frei foi caçado, julgado e queimado pela inquisição. Frei Gabriel de Malagrida reencarnou em solo brasileiro como índio, por sua própria escolha.

Ao desencarnar pela última vez, se encontrou diante de uma encruzilhada de sete caminhos e sem saber para onde seguir. Diante do desespero daquele espírito de luz humilde e de grau elevado, Jesus se fez presente, e na sua infinita bondade lhe mostrou o caminho a seguir o orientando também quanto a sua missão dali pra frente; instituir uma nova religião, que mais tarde se chamaria Umbanda. Diante desse acontecimento, adotou o nome de Caboclo das Sete Encruzilhadas, pois para ele não haveriam mais caminhos fechados.

Há relatos que diz que o Caboclo das Sete Encruzilhadas só incorporou em um único médium, Zélio Fernandino de Moraes, que após seu desencarne, nunca mais se manifestou em nenhum outro.

Em outra história contada há muitos anos na Tenda Espírita Fraternidade e Luz, através de uma entidade, um caboclo de Oxóssi, enviado do Caboclo das Sete Encruzilhadas, relata sobre sua última encarnação como índio em solo brasileiro.

A época em questão é o Brasil Colônia. A história que contamos se passa em uma localidade às margens do rio Paraíba, no estado do Rio de Janeiro, hoje Barra do Piraí. Neste local o rio atingia uma grande largura e seu leito tomava um aspecto sinuoso. Ali existia uma fazenda de diversas culturas, entre as quais, o plantio do café e da cana-de-açúcar. Tal propriedade era administrada por uma família portuguesa que, ao contrário de outras existentes na região, não possuía escravos. Os negros que lá trabalhavam recebiam além de casa e alimentação, remuneração pelo seu trabalho, o que a transformou na propriedade mais próspera da região devido à administração adotada por seus proprietários.

Próximo dali vivia uma tribo de índios da Nação Tupi-Guarani, com os quais os fazendeiros mantinham um excelente relacionamento. O chefe da tribo era jovem e tinha uma boa cultura, pois fora alfabetizado na Capital. Com o relacionamento estreito entre a tribo e os proprietários da fazenda, acabaram por se apaixonar a filha do fazendeiro e o chefe da tribo. Contrariando os costumes das duas comunidades, acabaram se casando e, após sua união, a jovem engravidou.

Com a necessidade de realizar exames e tratamentos médicos, a jovem acabou por ter que viajar para Capital do Rio de Janeiro, lá passando algum tempo. Ao regressar a sua casa recebeu uma horrível notícia: um grupo de índios de outra localidade havia invadido a fazenda para saqueá-la. Os fazendeiros pegos de surpresa pediram socorro, e os guerreiros Tupi-Guarani prontamente vieram em seu auxílio, mas não puderam impedir que os pais da jovem e seus irmãos fossem mortos. Na batalha, seu marido ficou gravemente ferido, vindo também a falecer em consequência dos ferimentos.

Ao todo, sete pessoas foram assassinadas pela tribo invasora. Todos foram sepultados em uma ilha situada no Rio Paraíba do Sul, dentro da fazenda.

A jovem grávida, única remanescente da família de fazendeiros, ia todas as tardes rezar na ilha, junto às sete cruzes que demarcavam os locais onde seus pais, irmãos e esposo foram sepultados. Em uma dessas tardes em que rezava junto ao túmulo do esposo, sentiu-se em trabalho de parto e ali mesmo deu à luz um menino, seu filho com seu falecido marido, chefe da tribo, cujo corpo estava naquele local sepultado.

O menino cresceu cercado do imenso carinho de sua mãe, recebeu ensinamento das duas culturas: a cristã, adotada por sua mãe, e a indígena, orientado pelo Pajé da tribo de seu pai. Estudou na Capital do Estado e posteriormente na Corte, formando-se em direito. Como advogado teve intensa atividade profissional em defesa de escravos nos Tribunais do Rio de Janeiro, que eram acusados de crimes pelos senhores escravagistas. Na qualidade de chefe de sua comunidade indígena, disfarçadamente invadia as fazendas que ainda mantinham escravos a fim de libertá-los do cativeiro e levá-los para um lugar seguro. Ninguém conseguia identificar o chefe que comandava o grupo indígena libertador de escravos, pois ora se apresentava com o aspecto físico de um indivíduo alto, ora baixo, às vezes gordo e outras vezes magro. Cada ataque era comandado por uma pessoa diferente, e assim, ele conseguia permanecer no anonimato.

O seu verdadeiro nome era Caboclo das Sete Cruzes Ilhadas, por ter nascido no local onde existiam sete cruzes em uma ilha. Porém, o povo por corruptela o chamava de Caboclo das Sete Encruzilhadas, nome que ele adotou humildemente, até mesmo em sua vida espiritual.

Após ter desencarnado, voltou através da mediunidade de Zélio Fernandino de Moraes, em novembro de 1908, como espírito mensageiro, colocando as bases da Umbanda, no Rio de Janeiro.

Ponto Cantado do Caboclo das Sete Encruzilhadas

Já clareou lá no céu
Iluminou o congá
Aí vem o nosso chefe
Foi Ogum quem enviou

Caboclo das Sete Encruzilhadas
De Oxalá traz a bênção
Ele traz para seus filhos
A divina proteção!

Caboclo Sete Flechas

Guia Espiritual de muita força e luz, este caboclo foi agraciado por sete flechas, cada uma delas dada por um Orixá, representando suas vibrações a mando de Oxalá. Tem como incumbência enviar seus falangeiros (caboclos que fazem parte de seu grupo) a todas as linhas cultuadas na Umbanda. Em cada flecha está representado um Orixá.

- A primeira foi dada por *Oxóssi* que a colocou no braço direito do caboclo, representando a saúde, para que derrame sobre nós os bálsamos curadores.
- *Ogum* colocou sua flecha no seu braço esquerdo, para nos defender de todas as maldades materiais e espirituais.
- *Xangô* cruzou sua flecha em seu peito, para nos dar proteção contra injustiças da humanidade.
- *Iansã* cruzou sua flecha em suas costas, para nos defender de todas as traições de nossos inimigos.
- *Iemanjá* colocou sua flecha sobre sua perna direita, com a função de abrir nossos caminhos materiais e espirituais.
- *Oxum* colocou sua flecha sobre a perna esquerda, para lavar nossos caminhos, iluminar o nosso espírito e nos defender de todas as forças contrárias à vontade de Deus.
- *Omolú* entregou sua flecha em suas mãos, flecha que representa a força astral superior, para distribuir a toda humanidade a Divina força da fé e da verdade. Este caboclo tem grande conhecimento em ervas e folhas de nossa flora e de outros países. Trabalha na cura, além de exímio vencedor de demandas (Guerras espirituais). Considerado mandingueiro, tem grande habilidade em quebrar mandingas destinadas aos seus filhos e protegidos. Grande manipulador da energia astral, não se prende apenas a uma vibração, trabalha em todas com o apoio de seus falangeiros.

Confundido às vezes com o Caboclo Pena Branca, que também atua em todas as linhas e vibrações com seus falangeiros, porém, são caboclos diferentes, com vibrações e ordenanças distintas; um tem vibração original de Oxóssi e outro de Oxalá. Não localizei nenhuma história deste caboclo referente à sua vida encarnada, mas pela sua força e luz, não poderia deixar de citá-lo neste livro.

Ponto Cantado do Caboclo Sete Flechas

Foi numa tarde serena,
Lá na mata da Jurema

Eu vi um caboclo assobiar;
Quiô, Quiô, Quiô, Quiô Quiera.

Sua mata está em festa,
Saravá seu Sete Flechas
Que ele é Rei da Floresta.

Caboclo Canajé

"Há milênios desencarnei e nunca mais na Terra aportei, pois com a graça do Senhor, outro meio de evolução foi me oferecido."

Palavras do Caboclo Canajé

Em sua última encarnação nesta terra, o Caboclo Canajé foi um grande mago no Oriente. Foi chamado de sábio por muitos, mas ele não se considera assim, devido às atitudes e erros que cometeu em vida.

Praticou o bem, porém se deixou levar pela vaidade, e sempre que vencia o mal crescia dentro de si a semente do poder. Em certa época lutava contra os magos negros (magos que se dedicavam ao mal, nada tem a ver com a cor da pele) não pela satisfação de ver o bem florescer e sim para mostrar o seu poder, poder esse que não era seu, pois lhe foi dado por Deus para cumprir sua missão. Apesar de perceber este sentimento que lhe tomava, não conseguia se livrar dele. Queria retroceder e voltar a ser o homem humilde que um dia fora e que, graças a um mestre bendito teve a oportunidade de aprender e doutrinar seus poderes mediúnicos, assim como desenvolvê-los.

Quando foi chamado para atuar junto aos poderosos que governavam o lugar, se sentiu mais poderoso ainda. O templo ao qual foi operar já exercia grande influência na governança local e trabalhar exclusivamente para o governo mexeu muito com sua vaidade. O seu mestre, ainda vivo naquela época, havia lhe alertado para que tomasse cuidado com esse sentimento, pois ele era muito perigoso. Mas de nada adiantou.

Então, quando ele menos esperava, um mago negro se infiltrou no governo. Percebendo então sua presença e sentindo o poder que esse mago possuía, deveria ter alertado os demais que trabalhavam naquele templo. Ele se sentia superior àquele mago negro e de certa forma o era, entretanto, tinha fraquezas que poderiam derrotá-lo, como a vaidade e o orgulho. Se esquecendo de que as forças do mal sempre atingem as pessoas pelo seu lado mais fraco ou pela doença que carregam na alma, foi à batalha e perdeu, só não morreu devido à intervenção de um menino que se preparava para atingir o grau de mago. O garoto era puro como ele próprio havia sido um dia, e não pensava em vencer o mago negro, mas sim salvar seu amigo de seu algoz.

Caindo em si, voltou ao Templo e ficou longo tempo meditando. Neste período se dedicava apenas a ajudar pessoas que não tinham riquezas. Com grande vergonha de si mesmo, isolou-se nas montanhas, onde a cada três meses os amigos que havia deixado no Templo o procuravam para levar-lhe mantimentos. Apesar das dificuldades em chegar ao seu local de exílio, muitas pessoas o procuravam para obter ajuda e tratamento, muitos foram os atendidos por ele, isso durou até o fim de seus dias.

Quando desencarnou, viu seu querido mestre lhe esperando. Chorou e pediu perdão a Deus, pois sabia que na prova da vaidade havia caído e lembrou-se de quantos pobres deixou de atender enquanto se distraía com os poderosos que satisfaziam seu ego. Quantas missões havia ficado para trás, não conseguia se perdoar. Ele não tinha ânimo para se envolver com trabalhos que tivessem que lidar com muitas pessoas e preferia o anonimato total. Trabalhava, mas dentro de limites, com funções que ninguém precisava saber quem fazia, tendo conhecimento somente ele, seu superior e o Pai amado. Enquanto não se perdoou, ficou estacionado, até que após um dia, com trezentos anos, se ajoelhou e pediu perdão ao Pai e uma nova oportunidade de trabalho lhe foi oferecida para conseguir se redimir. E assim fora integrado às equipes de trabalho até que surgiu o espiritismo de Alan Kardec e em seguida a Umbanda, onde recebeu uma falange para trabalhar.

Até hoje o Caboclo Canajé está na Umbanda, porém sempre escolhe os aparelhos (pessoas que incorporam guias espirituais) que trabalham sozinhos, ou em pequenos centros, pois tem receio em arriscar e ter aquele sentimento antigo que foi a sua maior fraqueza. Portanto, trabalhando no anonimato, ele se sente melhor.

Ditado por Pai Canajé em 27/10/2009

Ponto Cantado do Caboclo Canajé

Eu vi meu Pai assobiar
Ele mandou chamar
É de Aruanda ê
É de Aruanda ê
Seu Canajé
É de Aruanda
É de Aruanda ê

Caboclo Pena Branca

Pena Branca nasceu aproximadamente por volta de 1425, na região central do Brasil, em uma tribo onde era o filho mais velho do Cacique. Desde cedo se destacou dos demais índios de sua tribo por sua extraordinária inteligência. Naquela época não havia o costume de se fazer trocas de alimentos entre tribos, isso ocorria apenas entre algumas, pois a cultura de subsistência era forte. Mas o jovem Cacique Pena Branca foi um dos primeiros a incentivar esta atividade, com o intuito de melhorar as condições dos índios daquela região. Com isso assumiu a tarefa de fazer este intercâmbio com outras tribos, entre elas os Tapuias e os Caraíbas.

Quando fazia uma de suas peregrinações entre tribos vizinhas, conheceu na região do nordeste brasileiro uma linda índia chamada "Flor da Manhã", que viria mais tarde ser a sua mulher e o seu apoio.

Como Cacique, sempre foi respeitado por sua tribo, assim como por todas as outras daquela região. Isso facilitava seu trabalho itinerante estendendo-se ao porto do Brasil na tentativa de fortalecer e unir a cultura indígena.

Pena Branca, de cima de um monte na região do atual estado da Bahia, foi o primeiro a avistar a chegada dos portugueses em suas naus, com suas velas grandes e brancas com cruzes vermelhas no meio.

Ele esteve presente na primeira missa realizada no Brasil, pelo frei Jesuíta Henrique de Coimbra. Desde então procurou ser o porta-voz entre índios e portugueses, sendo precavido pela desconfiança das intenções daqueles homens brancos que ofereciam objetos, como espelhos e pentes, para agradá-los. Aprendeu rapidamente o português e a cultura cristã com os jesuítas. Teve grande contato com os corsários franceses que conseguiram penetrar (sem o conhecimento dos portugueses) na costa brasileira, muito antes das grandes invasões de 1555. Aprendeu também a falar o francês.

Os escambos do comércio de pau-brasil entre índios e portugueses eram vistos com reservas por Pena Branca, pois ali começaram as épocas de escravidão indígena e a sua intenção sempre foi a de progredir culturalmente com a chegada desses novos povos, os quais ele chamava de amigos.

Morreu com 104 anos de idade, em 1529, deixando grande saudade em todos os índios do Brasil, sendo reconhecido na espiritualidade como servidor na assistência aos índios brasileiros, junto de outros espíritos, como o Cacique Cobra Coral.

Apesar de não ter conhecido o Padre José de Anchieta em vida, já que este chegou ao Brasil em meados de 1554, Pena Branca foi um dos espíritos que ajudou este abnegado jesuíta em sua passagem para o plano espiritual.

Ponto Cantado do Caboclo Pena Branca

Saravá seu Pena Branca
Saravá seu apache
Pega flecha e seu bodoque
Pra defender filhos de fé

Ele vem de Aruanda
Trabalhar neste cazuá
Saravá Seu Pena Branca
No terreiro de Oxalá

Sua flecha vai certeira
Vai pegar no feiticeiro
Que fez juras e mandingas
Para o filho do terreiro

Pega o arco, atira a flecha
Que esse bicho é caçador
Além de ser castigo
Ele é merecedor

Caboclo Roxo

Este caboclo tão importante na Umbanda teve uma breve passagem em nosso mundo material. Foi médico no Oriente, em uma terra muito distante da nossa.

Ao desencarnar e chegar ao plano espiritual permaneceu ao lado do espírito de Gabriel desenvolvendo trabalhos de cura e encaminhamento aos desencarnados durante longo período.

Foi constatado pela organização Divina que um grande número de espíritos perdidos se concentrava aqui em terras brasileiras. Assim foi decidido que este local seria o de maior precisão de limpeza e purificação Astral, além do resgate das almas encarnadas, que se encontravam abandonadas devido ao preconceito existente naquela época.

O plano astral daqui se encontrava muito denso, pois as necessidades dos homens eram as suas próprias. Com essa atitude os desencarnados, desconsolados e sofredores, poderiam gerar mais densidade e transformar esta região em uma esfera descontrolada, cheia de espíritos desorientados. Com isso surge a urgência em se criar uma nova religião, que abrigaria os espíritos que se limitavam ao desenvolvimento de suas almas de acordo com as regras sociais da época. Esta seria a Umbanda, religião dos necessitados, independente de sua condição social ou racial.

Reconhecendo a necessidade deste projeto espiritual e ciente de sua missão, o médico buscou o conhecimento dentro da nossa cultura. Estagiou entre os espíritos de índios, buscando conhecer mais sobre seus costumes, linguagem e benefícios de sua medicina, desconhecida até então por ele.

Com a permissão do Pai Maior, os grupos de organização foram se formando. A cada desencarnação de um espírito "negro ou índio", havia uma reintegração dos mesmos dentro desta nova religião no plano astral, que após uma instrução espiritual individual, permitia que estes espíritos trabalhassem em benefício dos irmãos condenados que ainda viviam na Terra, e dos que humildemente reconheciam sua sabedoria e vinham em busca de orientação e socorro.

Tudo isso dentro da supervisão dele, de Gabriel e outros espíritos que colaboraram com o surgimento desta nova religião, que tinha como finalidade maior integrar encarnados e desencarnados no caminho da evolução e da consciência espiritual.

Conta-se que no início desta religião, tudo foi muito confuso, pois o homem não entendia como as coisas aconteciam e então acabou misturando muitos fundamentos de culturas de outros países que também ensinavam a espiritualidade. Só depois de muito tempo é que algumas coisas começaram a ser mudadas e esclarecidas, isto porque alguns médiuns espalhados por todo país, buscando a seriedade e a verdade, firmaram cada vez mais a posição desta religião.

No mundo espiritual não existem regras específicas, pois para este mundo sem fronteiras tudo é possível. Em alguns lugares, se trabalham dentro de uma organização hierárquica, sem mistura, outros realizam trabalhos fundamentados no amor e na realização, independente das falanges que são utilizadas.

Por esse motivo é preciso que as pessoas entendam que independentemente da hierarquia, o objetivo será alcançado.

Sua missão como chefe de falange é muito diferente da de outros caboclos que também são chefes, por isso poucas pessoas conseguem definir sua linha de trabalho.

Mensagem do Caboclo Roxo:

Uma mensagem de coração, porque só o coração move as pessoas.

Nesta religião chega o descrente, nesta religião chega o crente. O crente que não sabe nem o que está fazendo, mas que crê. O descrente às vezes vem por alguma dor.

Mas dentro da minha casa, do meu fundamento e do que diz esta religião, aqui todas as pessoas serão tocadas pelo coração e nunca pela mente, pelo certo ou errado, ou pelas verdades ou inverdades que muitos dizem sobre este segmento que foi completamente deturpado pelo próprio homem.

Independentemente dos que trabalham distorcendo a verdade, ou daqueles que apedrejam sem ao menos pisar neste espaço, que busca promover a cura e trazer a prosperidade deste mundo material, aqui me encontro no meu mundo espiritual. Aos meus filhos que aqui trabalham, e a todas as pessoas diferentes uma das outras que aqui buscam orientação, eu digo: *"Que na minha casa todos serão pegos pelo coração, pela verdade que pratico e pela missão que me foi dada. Assim, atingindo os corações eu atinjo a Luz de Nosso Pai, Nosso Senhor, fazendo com que uma verdade perdure até o fim da vida de todos os que seguirem meu caminho, e pisarem em minha casa."*

Mensagem retirada da entrevista do Caboclo Roxo a um de seus filhos de Umbanda.

Ponto Cantado do Caboclo Roxo

Caboclo Roxo, da pele morena
Ele é Oxóssi caçador lá da Jurema (bis)

Ele jurou, e tornou a jurar
Pelos conselhos que a Jurema vai lhe dar

Caboclo Arranca Toco

Como já havia escrito anteriormente, foi difícil achar histórias de caboclos em suas vidas encarnadas. Muitos dizem que este tipo de guia é considerado encantado, espíritos que não encarnaram, mas tentarei contar um pouco sobre os que são mais populares.

Seu Arranca Toco, apesar de algumas pessoas desconhecerem sua origem, é um caboclo muito conhecido, este guia é o chefe da falange dos caboclos de Obaluaiê. Esses caboclos são raros, pois são espíritos dos antigos "bruxos" das tribos indígenas. São perigosos, por isso só filhos de Omolú de primeira coroa (com grande conhecimento nos fundamentos da religião) incorporam esses caboclos. Bem parecidos com a imagem de um Preto-velho, eles loco-movem-se apoiados em cajados. Movimentam-se pouco e fazem trabalhos de magia, para vários fins.

Conta-se que Caboclo Arranca Toco foi um feiticeiro que vivia numa tribo na América Central, que ajudava muito sua tribo ensinando o poder das ervas. Ele foi morto durante a colonização espanhola. O seu modo de trabalhar em terra é parecido com o dos Exús, não são de falar muito, preferem trabalhar na transformação de energias, transformando-as de negativas em positivas. Espiritualmente os caboclos desta falange são grandes pajés e feiticeiros e tem um profundo conhecimento de ervas. O principal subordinado do Caboclo Arranca Toco é a Cabocla Araúna que também trabalha na linha de Obaluaiê.

Outros caboclos desta linha são: Os Jacuri, Jariuna, Caramuru, Bugre, Lucatan, Pena Roxa, Pena Preta, Caboclo Roxo, Uiratan, Pantera Negra, Jaguariuna, Bauru. O sufixo "Una" quer dizer "Negra" em tupi, sendo assim, todo caboclo que usá-lo no nome tem ligação com Obaluaiê.

Depois de muitas pesquisas consegui achar uma pequena história sobre este caboclo, para deleite daqueles que o tem como seu companheiro de trabalho na senda do bem.

Esse índio da Tribo dos Bororos nasceu em 1625, no meio da Mata Virgem. Desde pequeno, sua história começou a ser escrita diferentemente das demais. Ele sempre foi o mais alto e o mais forte de sua tribo. O menino índio crescia muito rápido e adquiria fortes músculos. Gostava de sair para arrancar tubérculos com sua mãe e de retirar todos os tocos de árvores que encontrasse pelo caminho. Os índios sempre comentavam: *"Ele é mesmo o Filho do Trovão!"* E quando ele chegava, carregado de raízes, diziam: *"O Arranca toco arrancou todos os tocos do caminho!"*

Nas disputas corpo a corpo entre os índios guerreiros da tribo, ele era sempre o mais forte, e muitos temiam enfrentá-lo, pois sabiam que certamente sairiam perdedores.

Quando ele saía pela floresta para caçar, nunca deixava de voltar com a caça para alimentar sua aldeia, sempre trazia um javali sobre um dos ombros e um jacaré sobre o outro. Seus pais tinham muito orgulho de ter um filho tão forte.

O cacique logo o nomeou Guerreiro Sagrado da tribo, aquele responsável por todas as batalhas e comandante em qualquer ataque.

A índia que lhe foi prometida temia pelo seu tamanho, mas ao contrário do que poderia parecer, ele sempre ajudava com delicadeza as índias de sua aldeia e por isso era admirado por elas. Mas, Arranca Toco não se casou.

Ainda jovem foi encontrado nas matas, sentado debaixo da árvore mais alta da região, morto, sem causa ou explicação lógica. O pajé disse que Tupã o levou de volta aos céus onde era sua morada, pois ele não pertencia ao Povo da Terra.

Ponto Cantado do Caboclo Arranca Toco

Oraiêiêu, Oraiêiêu, Oraiêiêu
Arranca Toco na cachoeira nasceu (bis)

Ele é caboclo, é curador, Mamãe Oxum quem lhe ensinou,
Com sua flecha, vence demanda,
Arranca Toco vem chegando de Aruanda

Caboclo Rompe Mato / Ogum Rompe Mato

Há uma grande confusão ainda em relação ao caboclo e o chefe de falange que é regido pelo Orixá Ogum. Vamos separar estas duas figuras distintas, porém com grande força na Umbanda.

Ogum Rompe Mato, como citei acima é chefe de falange, como Ogum Naruê, Ogum Beira Mar, Ogum Megê e tantos outros. O que acredito que possa trazer esta confusão é a forma como ele é representado em imagens e desenhos espalhados por todos os lados. Ogum Rompe Mato, ao contrário dos demais chefes de falange do Orixá Ogum, não se apresenta com a roupagem de um soldado romano, como é de costume, mas sim como roupagem de índio e em cima de um cavalo. Talvez seja isso que traz um pouco desta interpretação errônea de serem os mesmo Guias Espirituais.

O Caboclo Rompe Mato, é um caboclo que trabalha na linha do Orixá Oxóssi, porém irradiado por Ogum e Xangô. Por isso ele possui, com excelência, a magia da cura através do aconselhamento, além do dom de solucionar problemas que necessitem de harmonia e equilíbrio. Eles são guerreiro e desbravadores, descendente da tribo Guaicurus, uma linhagem Guarani, sendo uma das poucas falanges que não se apresentam como grandes chefes, caciques ou pajés, mesmo que tendo passado por sua última encarnação no mundo material. Muito cultuado também no Catimbó (religião praticada com mais popularidade no nordeste do Brasil), esse caboclo, assim como Xangô, tem capacidade e discernimento de justiça. Traz também o poder de vencer batalhas espirituais, como Ogum, e o dom da cura e capacidade de aconselhamento de Oxóssi. O Caboclo Rompe Mato trabalha na linha da esquerda quando preciso, como a grande maioria dos caboclos de Xangô.

Atuando na linha da paz, a falange dos Rompe Matos, é composta de austeros e destemidos guerreiros.

Ponto Cantado do Caboclo Rompe Mato

É um Rei; É um Rei
É um Rei do Panaiá

E da Jurema; Lá na Jurema
Rompe Mato é meu Rei
É um Rei do Panaiá; e da Jurema.

Caboclo Ubirajara

Grande guerreiro da tribo dos Tupinambás, Ubirajara nasceu aproximadamente em 1556, no território onde hoje é o estado da Bahia. Segundo informações, foi feito guerreiro muito jovem, pois naquela época sua tribo estava em guerra constante com os homens brancos (os portugueses) e com a tribo inimiga, os Tupiniquins. A maioria dos índios de sua tribo estava doente e por isso os jovens eram recrutados e treinados muito cedo.

Aos dezesseis anos enfrentou os portugueses e quase foi morto, mas quando completou vinte anos destruiu mais de duzentos inimigos e o líder branco foi comido pela tribo.

Ubirajara ganhou fama devido às grandes vitórias enquanto líder de sua tribo, sua fama foi tanta que os portugueses já tinham medo de andar nas matas no território Tupinambá. Tinham medo principalmente do índio com os peitos largos, chamados pelos portugueses de "fantasma da morte", ou o próprio Diabo. A lei estabelecida entre os Tupinambás era a de devorar todos os inimigos que sobrevivessem, e a piedade não era muito praticada entre eles. Diziam que Ubirajara invocava os espíritos da floresta para as lutas. Devoto de Tupã (Deus em tupi-guarani) gostava de usar arco e flecha e escalava com facilidade as árvores para criar emboscadas para seus inimigos.

Com trinta anos Ubirajara se torna Cacique e lidera mais uma investida contra o homem branco, nessa ofensiva mata mais de mil portugueses e tem apenas sessenta e sete perdas. Ubirajara nunca perdeu uma guerra, a única derrota dele e da sua tribo foi à ignorância, pois com o ritual do canibalismo, ele e seus companheiros, e toda a tribo, pegaram doenças graves, enfermidades que os índios não estavam preparados para enfrentar, levando-os à extinção em 1604. Ubirajara morreu doente por volta de 1580.

Essa história do Caboclo Ubirajara foi contada por ele mesmo a um filho da Umbanda. Dizem que ele nunca foi índio, e isso só aumentou seu mito, mas ele deixa bem claro que foi um índio brasileiro, guerreiro e hoje cumpre sua missão com seus irmãos e filhos de santo em nome de Deus.

Ponto Cantado do Caboclo Ubirajara

Ubirajara é caboclo bom, Ubirajara é caboclo forte
Ubirajara tem peito de aço, Ele é cacique, é do sertão do norte
Ubirajara; Oh! Iracema
Traz a Cabocla Jussara, pro terreiro da Jurema
Traz a sua flecha, traz a sua guia
Vem trabalhar no terreiro, com Caboclo Ventania.

Caboclo Cobra Coral

O Caboclo Cobra Coral foi um índio de origem Asteca. Na Umbanda trabalha na vibração de Xangô, que está presente no cume das pedreiras, nas cachoeiras e nas matas.

Foi no Brasil que os espíritos indígenas de diferentes posições geográficas encontraram, dentro da espiritualidade, a verdadeira oportunidade de evolução, através da Umbanda.

A história oficializou o início da Umbanda no Brasil em 1908, com a incorporação do Caboclo das Sete Encruzilhadas, porém foram encontradas publicações datadas de 1890, no qual o Caboclo Cobra Coral era incorporado por um jovem de dezesseis anos que praticava a caridade conforme os fundamentos da Umbanda.

Como todo caboclo, Cobra Coral conserva a vibração primária de Oxóssi, porém com grande atuação na vibração original da linha de Xangô, que no sincretismo religioso corresponde a São Jerônimo, representante da justiça divina e da lei cármica.

Cobra Coral é um índio tranquilo e sábio, profundo conhecedor das magias da cura e dos segredos dos animais peçonhentos. Sua imagem é de um cacique alto, que traz um tacape na mão esquerda e uma cobra coral na mão direita, além de outra na cintura.

Ele não é apenas famoso no mundo físico, mas também no plano espiritual. Muito temido pelos espíritos de ordem inferior, é conhecido no submundo astral como "O Grande da Cobra Coral". Neste submundo muitos espíritos inferiores e chefes de agrupamentos têm verdadeiro pavor em encontrá-lo.

No mundo dos grandes mágicos e magos, ele é conhecido como "O mago do Cajado da Cobra". Chefe da falange de origem Asteca, teve sua última encarnação no norte do Brasil, na cidade de Cercania, fronteira do Pará, porém não conseguimos relatos de sua vida encarnada. O Caboclo da Cobra Coral é o emblema da pureza e da magia.

Este caboclo trabalha com os elementais. Ao começar seus trabalhos, se faz acompanhar de pelo menos dois elementais, que retiram da terra e de vegetais, fluidos para descarregar aqueles que o buscam para cura de seus males.

Cacique flecheiro, comanda uma falange de espíritos que se equiparam pelo conhecimento e companheirismo entre si. Sabe com maestria vencer demandas, sem deixar sequelas naqueles que a sofrem, e não são raras às vezes em que os desafetos se perdoam e vivem harmoniosamente.

Ponto Cantado do Caboclo Cobra Coral

Tem caçador na beira do caminho
Mas não me mate esse coral na estrada
Se ela abandonou sua choupana caçador
Foi no romper da madrugada

Cabocla Jurema

Não podíamos deixar de falar desta linda e forte cabocla. Quem nunca, ao frequentar um terreiro, ouviu falar de uma grande guerreira, uma das caboclas mais conhecida de nossa querida Umbanda, aquela que atua na senda do bem e em prol daqueles que buscam seu auxílio.

Uma das lendas da Cabocla Jurema, diz que ela se apaixonou por um cacique de uma tribo inimiga, onde seu povo o fez prisioneiro devido a sua bravura e força. Os demais índios da mesma tribo foram devorados pela tribo que pertencia à cabocla. Devido esta paixão arrebatadora, Jurema ajudou seu prisioneiro a fugir, sendo perseguida por sua própria tribo. Durante sua fuga e debaixo de uma chuva de flechas, protegeu seu amado e acabou por ser atingida e morreu. Como prova de amor, o cacique ao chegar a sua tribo, construiu um monumento em homenagem a sua amada.

Sua legião é formada por grandes entidades espirituais, espíritos puros que amparam os sofredores utilizando o processo de passes de cura através das ervas.

Normalmente, a cabocla Jurema quando está trabalhando, atrai a presença e a vibração de todas as caboclas Juremas, ou seja, Jurema da Cachoeira, Jurema da Praia, Jurema da Mata dentre outras, pois, na realidade, todas têm a mesma energia, sendo elas representadas em ambientes diferentes da natureza como lua, sol, mata, chuva, vento etc. Jurema trabalha dentro da necessidade de cada pessoa, transmitindo coragem e força, tendo sempre uma palavra de alento e conforto para aqueles que sofrem de enfermidades.

Ela nos ensina a lidar com as dificuldades e nos dá coragem para suportá-las. Quando o desespero bater e a coragem faltar, chame pela Cabocla Jurema e sentirá sua força lhe amparando.

Esta cabocla filha mais velha de Tupinambá, é a Rainha das Matas. Espírito de luz, seus trabalhos dentro da Umbanda são muito bem vindos e respeitados.

Jurema era uma linda indiazinha, que desde pequena mostrava que não seria como as demais índias de sua tribo. Sempre ativa e inquieta, queria aprender tudo sobre a mata, sobre as armas, e o ato de guerrear. No começo seu pai, o cacique Tupinambá, a via com olhos de desconfiança e desaprovação, porém a bela índia mostrava a cada dia mais suas habilidades.

Jurema cresceu e se tornou uma linda mulher, com personalidade forte, e ótima guerreira. Era livre como uma fera nas matas, ninguém colocava rédeas naquela majestosa índia, a mais bela de toda tribo.

Certo dia os guerreiro saíram para uma batalha e, a pedido do cacique, não chamaram Jurema para guerrear. No final do dia, os guerreiros voltaram com vários inimigos mortos, pois sua tribo era adepta ao canibalismo, mas um ainda estava vivo.

Tupinambá achou estranho e chamou pelo guerreiro que comandava suas tropas para saber por que aquele guerreiro inimigo havia sido poupado.

– Como era o guerreiro mais forte e mais hábil, resolvemos mantê-lo vivo, para saber o que o cacique deseja fazer com ele – respondeu o guerreiro.

Era tradição não se matar o homem mais forte e destemido de seus inimigos, pois através de um ritual este guerreiro era morto e os adversários comiam sua carne acreditando que absorveriam a alma daquele bravo e com isso se tornariam mais fortes e destemidos.

Após todas as explicações, levaram o refém a um tipo de gaiola feita de cipó e bambu da qual era impossível uma fuga. Muitos diziam que aqueles cipós eram mágicos.

Jurema, muito curiosa, esperou que todo aquele burburinho diante da gaiola diminuísse e se aproximou para ver quem era o guerreiro que a princípio havia sido poupado da morte. Porém o que ninguém sabia, era que aquela guerreira forte e inabalável sentimentalmente, ao cruzar olhares com o tal guerreiro iria se apaixonar. Uma paixão que foi retribuída de forma avassaladora. Jurema nunca havia sentido aquilo em sua vida, seu coração bateu mais forte, suas mãos suaram e sua razão saiu do prumo. A índia caminhou por mais alguns instante sem tirar os olhos daquele guerreiro que havia acertado em cheio seu coração.

Após retornar ao seu normal e sair da visão do prisioneiro, o sentimento de paixão deu lugar ao desespero, pois lhe veio na cabeça que aquele homem corajoso seria morto ao anoitecer e serviria de banquete aos guerreiros de sua aldeia. Ela não podia deixar aquilo acontecer, pois não iria perder aquele que se tornara o grande amor de sua vida.

Durante toda a manhã andou de um lado para o outro tentando encontrar uma solução para seu problema. Chegou a conversar com o pai para que poupasse a vida daquele guerreiro, mas logo foi advertida por ele, que alegou ser aquele homem, um hostil e que a tribo tinha sua tradição, dando o assunto por encerrado.

Jurema revoltada com a posição do pai saiu de sua oca batendo os pés, levantando poeira do chão seco. Caminhou lentamente até a gaiola e começou a apreciar o prisioneiro, logo os dois estavam conversando. Jurema sempre atenta a tudo ao seu redor causou a estranheza daquele guerreiro.

– Sinto que você está preocupada, o que está acontecendo? – indagou o guerreiro.

Jurema contou tudo ao jovem, inclusive falou de seus sentimentos por ele. O guerreiro também abriu seu coração a Jurema, era amor à primeira vista. A bela índia resolveu que iria libertar o guerreiro e os dois iriam fugir para um lugar distante e lá começariam uma nova tribo e viveriam em paz longe de guerras.

A moça esperou o período da tarde que era mais calmo na tribo e com a faca que carregava na cintura partiu o cipó que prendia a porta do cativeiro de seu amado e os dois se embrenharam na mata. Porém, um dos guerreiros tupinambás deu o alerta rapidamente, e uma legião de índios saiu em perseguição ao casal que buscava a mata mais densa para se esconder. Logo uma chuva de flecha começou a cair sobre os dois, e num ato de heroísmo para proteger seu amado, Jurema se atirou na frente de uma que acertaria em cheio o peito do guerreiro. A índia caiu morta, não teve nem chance de ser salva por seu amado.

Vendo o perigo se aproximar, o índio colocou Jurema no chão, deu-lhe um beijo e sumiu no meio da mata densa. Depois de dois dias de caminhada fugindo de seus inimigos, chegou a salvo em sua tribo, e lá construiu um monumento em homenagem àquela que havia roubado seu coração.

Jurema hoje nos dá a honra de sua presença em nossos trabalhos de Umbanda em diversos terreiros.

Ponto Cantado da Cabocla Jurema

Oh juremê, oh Jurema
Sua folha caiu serena
Oh Jurema
Dentro desse congá

Caboclo Arariboia

Arariboia ou Ararigboia (em Tupi "cobra feroz" ou "cobra da tempestade") foi um cacique da tribo dos Temiminós, do grupo indígena Tupi, em meados do século XVI. O seu domínio era a ilha de Paranapuã (hoje ilha do Governador), na baía de Guanabara, no Rio de Janeiro. Arariboia era cacique dos Temiminós quando os franceses, com o apoio dos Tamoios, tomaram o controle da Guanabara, na então Capitânia do Rio de Janeiro, em 1555. Tendo perdido as suas terras, o cacique e sua tribo seguiram para Capitânia do Espírito Santo, onde reorganizaram a sua aldeia e expulsaram alguns holandeses. Diante de tal incidente, a Coroa Portuguesa enviou ao Brasil o seu terceiro governador-geral, Mem de Sá, assim como um contingente de soldados bem armados para retomar a baía dos franceses.

A esquadra francesa se instalou na Guanabara em 1556, ocupando uma ilha e erguendo um forte para se defender das forças portuguesas. O comandante dos invasores, Nicolau Durand de Villegainon, havia firmado uma aliança com os índios Tamoios, que eram formados por cerca de setenta mil homens. Este acordo permitiu que as forças enviadas de Salvador por Mem de Sá, governador-geral do Brasil, fossem rechaçadas. Com a unidade da colônia correndo perigo, o governador mandou vir do reino seu sobrinho, Estácio de Sá, e o incumbiu de adotar a mesma estratégia utilizada pelos franceses; arregimentar apoio indígena.

Chegando ao Espírito Santo, os portugueses estabeleceram alianças com Arariboia, conseguindo desse modo, reforçar os seus efetivos em cerca de oito mil homens indígenas, conhecedores do território e inimigos dos Tamoios, que poderiam ser muito úteis na retomada do território.

O confronto mais violento ocorreu em Uruçumirim, onde os invasores estavam aquartelados. Escalando o penhasco, Arariboia foi o primeiro a entrar no baluarte inimigo. Empunhava uma tocha, com a qual explodiu o paiol de pólvora abrindo caminho para o ataque. Durante a luta, uma flecha envenenada raspou o rosto de Estácio de Sá, que morreu posteriormente, vítima de infecção. O ataque derradeiro seguiu-se em uma batalha noturna. O vitorioso Arariboia amanheceu banhado de sangue francês e tamoio.

Com seu apoio, a operação portuguesa contra os franceses foi coroada com sucesso, tendo os portugueses recuperado o controle sobre a Guanabara, fundando mais tarde a cidade de São Sebastião do Rio de Janeiro, posteriormente chamada apenas de Rio de Janeiro.

Após a vitória contra os invasores, Arariboia recebeu da Coroa Portuguesa a sesmaria de Niterói (em língua Tupi "água escondida"), como recompensa pelos seus feitos. Converteu-se ao cristianismo e adotou o nome de Martim Afonso, em homenagem a Martim Afonso de Sousa. Terminou os seus dias em conflito com o novo governador-geral da Repartição Sul do Estado do Brasil (com sede no Rio de Janeiro), o Dr. António de Salema. Na cerimônia oficial de posse, Arariboia estava presente e sentou-se à moda indígena (com o tronco sobre as pernas cruzadas). O fato veio a desagradar o governador, que o repreendeu. Arariboia rebateu tal repreensão retrucando: *"Minhas pernas estão cansadas de tanto lutar pelo seu Rei, por isto eu as cruzo ao sentar-me, se assim o incomodo, não mais virei aqui!"*

O idoso cacique voltou para a sesmaria de Niterói, não mais tendo retornado ao Rio de Janeiro. Por incrível que pareça segundo informa o *Dicionário de curiosidades do Rio de Janeiro*, morreu afogado nas proximidades da ilha de Mocanguê-mirim ainda em 1574.

Arariboia é considerado o fundador da cidade de Niterói, e uma estátua sua pode ser vista no centro da cidade, fronteira à estação das barcas, com os olhos voltados para a baía de Guanabara e para a cidade de sua proteção.

Ponto Cantado do Caboclo Arariboia

Caboclo Arariboia nasceu
No jardim das Oliveiras (bis)
Trazia amarrado em sua cinta
Uma Coral, oh Sucuri, Jiboia da Aldeia
Seu Sucuri, Jiboia
Quando vem beirando o mar (bis)
Olha como o branco olhou
A sua cobra coral (bis)
Oh segura essa cobra; Não deixa ela fugir
O nome dessa cobra é Cobra Sucuri (bis)

Cabocla Jupira

A Cabocla Jupira, guerreira de forte vibração, vem aos terreiros para nos ajudar, se apresenta com postura forte e com olhos cerrados. Diferente de muitas caboclas, quase não dança e é uma das únicas que usa penacho para representar a coroa de sua mãe, a Rainha das Matas, a Cabocla Jurema.

Jupira é a primeira filha da Cabocla Jurema com o Caboclo Sete Flechas. Atua na vibração de Iansã e de Oxóssi, é princesa das matas, guerreira, trabalha em descarrego e principalmente na limpeza de ambientes.

Essa linda índia guerreira viveu na tribo dos Caetés, no interior de Alagoas. Sua tribo praticava o canibalismo em rituais de sacrifício, para mostrar sua força aos seus inimigos, pois não era seu único hábito alimentar.

Jupira era veloz, inquieta e sabia manejar como ninguém a lança, apesar da desaprovação de seu pai que não queria ver sua filha envolvida em coisas masculinas. Porém nunca conseguiu contê-la.

Livre como vento, ligeira como a água de um riacho e matreira como um felino, sabia usar a mata a seu favor. Com grande habilidade com o arco fez muitos inimigos tombarem na ponta de sua flecha.

Quando as tropas portuguesas invadiram suas terras e investiram contra os índios com violência, a Cabocla Jupira não fugiu à luta, combatendo ao lado de seu noivo Juperê e dos guerreiros de sua tribo. Morreu lutando e defendendo os seus. Por isso, hoje em nossos terreiros trabalha com firmeza e destreza contra demandas, para proteger seus filhos.

Ponto Cantado da Cabocla Jupira

Numa noite estrelada
E com a lua para lhe guiar
Dona Jupira saiu da sua aldeia
E entrou nas matas para caçar
Linda morena cabocla guerreira
Atirou sua flecha para não errar (bis)

Caboclo Ventania

Como é difícil encontrar histórias, mitos ou lendas de entidades que trabalham na Umbanda, que não estejam no rol das Top 10. Mas como não desisto fácil, fiz uma varredura e achei esta história bem interessante sobre este maravilhoso caboclo, e que corresponde bem com seus trabalhos em nossa querida Umbanda.

Sua última encarnação foi como índio, filho de um pajé. Sempre que precisava renovar suas energias, ia ver o mar. Sua adoração por Iemanjá surgiu das várias vezes que se sentava em uma pedra e ficava observando o movimento das águas, e a ela recorria em seus rituais de cura para auxiliar os enfermos de sua aldeia.

Caboclo Ventania viveu como índio em uma tribo Cherokee as margens do rio Tennessee. As mulheres da aldeia cuidavam da lavoura, da plantação de milho e abóbora, eram ótimas bordadeiras e tinham o respeito dos homens da tribo, que as cultuavam como deusas. Já os índios eram responsáveis pela pesca, caça (principalmente de ursos), espiritualidade e cura. Muito inteligentes, os índios tinham a habilidade natural de compreender e aprender rapidamente outras línguas, tanto de outras tribos, como de outras nacionalidades, o que ocorreu quando os europeus invadiram as terras americanas.

Grande caçador e Xamã, Ventania acreditava que ao enfrentar os ursos e búfalos, os deuses lhe davam a força espiritual para praticar tal bravura. Como Xamã cuidava de doenças utilizando receitas passadas por seus antepassados. Conversava com os espíritos e os consultava para tudo que fazia, e isso demonstrava seu grau de espiritualidade mesmo em uma vida primitiva.

Seu desencarne ocorreu durante uma disputa pelo amor de sua vida. A tribo tinha uma tradição em que, quando dois homens pretendiam a mesma índia, deveriam disputá-la em uma luta. O perdedor se convencia de que havia perdido a moça ou pedia para ser morto pelo vencedor. E foi o que aconteceu. Ventania perdeu o duelo contra Chuva Vermelha, que se negou a matar seu oponente, pois o respeitava pelas inúmeras curas que promoveu em sua tribo, assim como pelas caças que realizara para alimentar sua aldeia. Então Ventania pediu que o matasse, pois não conseguiria viver sem sua amada, e assim foi atendido.

Por ter pedido por sua morte, passou por longo período no Umbral, até que compreendeu seu erro e pôde ser socorrido por Espíritos de Luz e levado a esferas de maior evolução e assim trabalhar para ajudar o próximo.

O nome Ventania foi escolhido por ser mais parecido com o aquele que usou durante sua última encarnação, Raio de Vento, devido à velocidade com que caçava búfalos e veados.

Em terra, como Espírito de Luz trabalhando na Umbanda, Ventania realiza desobsessão, cura e aconselhamento.

Ponto Cantado do Caboclo Ventania

Jurema sua flecha caiu,
E ninguém sabe, e ninguém viu,

Eu vou chamar o Caboclo Ventania,
Só ele sabe aonde a flecha caiu.

Ogã segura o toque,
Com Deus e Virgem Maria, (bis)

Pôr Oxalá, meu Pai,
Saravá seu Ventania. (bis).

Oi, rouxinol ventania,
Rouxinol, ventania.

Na raiz da arucáia,
Sua cobra é um segredo,

Ele mora no lajedo,
Sentado na beira-mar.

Cabocla Jandira

Jandira era uma curandeira na época da invasão europeia no continente americano. Atendia os doentes de sua tribo além de aconselhar os demais e preparar os curumins para a vida, e ainda fazia unguentos e poções com ervas medicinais para tratar seu povo.

Todos que tinham algum tipo de problema, seja ele de saúde ou de convivência, eram encaminhados para Jandira que cuidava de apaziguar os ânimos e aconselhar aqueles que precisavam de uma palavra amiga.

Como já estava com uma idade avançada, Jandira decidiu preparar uma substituta, porém a índia que havia escolhido ignorou a missão que lhe fora transmitida. Cortou seu cabelo e o enterrou na mata, aos pés de uma árvore, como forma de renegar sua ancestralidade.

Preocupada por não ter tempo suficiente para procurar uma nova substituta e prevendo a invasão do inimigo, conduziu sua tribo para terras mais ao norte, tentando escapar daquela que poderia ser a extinção de seu povo. Porém foram surpreendidos pelo inimigo que massacrou sua tribo, eliminando a todos. Sua escolhida sobreviveu, porém não cumpriu sua missão e foi trabalhar com os brancos. Se sentindo culpada pelo ocorrido, Jandira decidiu dedicar-se ao resgate de seus irmãos de tribo no mundo espiritual. Com o tempo conseguiu resgatar a todos pelo amor. Hoje alguns trabalham na Umbanda como caboclos da falange de Jurema e outros reencarnaram e seguem a missão como médiuns ou apenas pessoas com vidas normais, sem envolvimento com a espiritualidade.

Jandira trabalha na energia dos Orixás, da linha das águas, auxiliando na cura e limpeza energética daqueles que a procuram.

Ponto Cantado da Cabocla Jandira

Quem quer viver sobre a terra; Quem quer viver sobre o mar,
Salve a Cabocla Jandira; Salve a Sereia do Mar.
São tantas luzes acessas no trono de Iemanjá.
Tantas flores brancas nas ondas mar.
Salve a Cabocla Jandira,
Salva as sereias do mar. Jandira Oê, oê, oê... oê, oê, oa...
Oê, oê, oê... Jandira levanta teus filhos no mar. (bis)

Cabocla Iara

Iara é a cabocla mais linda que trabalha na energia de Mãe Oxum e muito conhecida na Umbanda. Falangeira na linha de Oxum, de gênio forte é grande trabalhadora na linha de cura.

Senhora das Águas em Tupy Guarany, segundo o folclore brasileiro, é também conhecida como a *Sereia das Águas Doces*. Seguindo as lendas das sereias do mar, é uma mulher linda que encanta os homens com seu canto, levando-os para o fundo dos rios. Os mais antigos temem os riachos e rios ao entardecer, evitando ser atingidos pelo cantar desta linda sereia.

A Cabocla Iara nasceu na Tribo dos Bororos, às margens do Rio Araguaia no final do século XVII. Exímia caçadora, tecelã e pintora, Iara valorizava os rígidos rituais praticados por sua aldeia e suas festas encantadoras, seu povo era festeiro e tudo era motivo de comemoração, ou pela caça ou pela colheita, ou tantos outros motivos de seu dia a dia.

Iara tinha longos cabelos negros e olhos da cor da terra, adorava se enfeitar e ajudar suas irmãs a se ornamentarem para os rituais da aldeia. Criava colares, pulseiras e até brincos, utilizando sementes, penas, dentes e ossos das caças.

Desde pequena sempre esteve muito próxima aos rios, passava boa parte do tempo nadando ou navegando por suas águas. Gostava de ouvir as histórias contadas pelo Pajé. Certo dia, Iara ouviu deste mesmo Pajé, que seus inimigos viriam do grande rio de água salgada. E realmente isso aconteceu. Iara foi a primeira a avistar a chegada do homem branco em seu território.

Os brancos não conquistaram nem as suas terras nem os seus irmãos, pois sua aldeia era organizada e os portugueses não tinham ainda o interesse naquele lugar.

Iara desencarnou jovem, desaparecendo nas águas do rio Araguaia durante uma cheia que inundou boa parte daquelas terras. Outros contam que ela foi engolida pelo rio e se tornou uma sereia.

Ela foi vista várias vezes ao anoitecer, sentada em uma pedra, penteando seus longos cabelos negros; não era mais humana e sim uma encantada.

Desde então as mulheres da tribo deixam presentes para Iara nas margens do rio e pedem para que ela lhes ajude em seus desejos e pedidos e, quando os presentes somem, os seus pedidos são realizados.

Na Umbanda, Iara se tornou a Guardiã dos mistérios das águas de Mamãe Oxum, auxiliando seus filhos na limpeza e purificação das energias durante os trabalhos mediúnicos.

Ponto Cantado da Cabocla Iara

Cabocla Iara venha na Umbanda trabalhar
Trazendo seu diadema das águas sagradas do mar
Ela foi coroada com a estrela de Iemanjá
Iara o Iara (bis)
Iara é cabocla de pena, Iara vem da Jurema
Iara é a Deusa das águas, a sua lei é suprema

Cabocla Janaina

Quando falamos das caboclas das linhas das águas, falamos daquelas que trabalham na irradiação de Iemanjá e de Oxum. Elas são simpáticas e de grande paciência com todos que buscam sua ajuda.

A Cabocla Janaina é uma das que trabalham na irradiação de Iemanjá e está ligada diretamente ao seu reino. Janaína significa "Rainha do Lar".

Nascida na tribo dos Goitacázes, no litoral do sul do estado do Espírito Santo, sua tribo era de índios pacíficos que evitavam a guerra e que tinham como grande guerreiro seu pai, sendo sua mãe uma habilidosa tecelã. A tribo vivia da pesca e da caça que seus guerreiros traziam todos os dias.

De pele morena, era bronzeada com um dourado espetacular, pois adorava apreciar o mar e o movimento inebriante das ondas, ficando exposta ao sol que banhava aquela praia. Com olhos amendoados e longos cabelos negros, Janaina era uma mulher deslumbrante que chamava atenção pela sua beleza.

Quando a expedição de Cabral passou por aquelas praias, Janaina foi a primeira a avistar as Naus portuguesas e os homens brancos em seu convés. E ficou deslumbrada com o que viu, achava que eram deuses que andavam sobre as águas.

Quando os portugueses desembarcaram naquela praia, a beleza daquela índia chamou a atenção do homem branco. Ao vê-los desembarcar próximo a sua aldeia, ela correu para avisar a todos.

De longe Janaina acompanhava tudo o que acontecia no contato dos índios com os novos visitantes da sua terra. Durante todo o contato, presentes foram dados aos índios na tentativa de iniciarem uma amizade com os nativos daquela nova terra descoberta, porém um presente em especial chamou a atenção da moça: um espelho. A jovem já havia se visto através do espelho das águas, mas aquele artefato parecia ser mágico.

Janaina ganhou um vestido e adornos para o cabelo, e ficou maravilhada com aquele novo mundo. Ela se vestiu e se enfeitou, ficou mais linda ainda e atraiu olhares dos homens daquela expedição.

A bela índia, depois de experimentar uma forma diferente de vida, totalmente diferente da que estava acostumada, não foi mais a mesma, descobriu que existia muito mais além da sua tribo.

A visita dos portugueses durou meses e a índia que antes avistava tudo de longe, já não tinha mais medo do homem branco, vindo a se apaixonar por um deles, porém já estava prometida a um rapaz da sua tribo.

Após um período longo de visitas contínuas, Janaina se entregou ao seu amado e logo engravidou. Sua tribo descobriu a traição quando os navios já estavam partindo. A Índia seria submetida à tradição de seu povo, ficaria presa em uma oca até o nascimento do bebê, que seria entregue aos animais. Depois ela seria colocada em um mastro até que confessasse quem era o pai da criança e em seguida seria morta ou expulsa da tribo.

Desesperada e se sentindo sozinha, Janaina aproveitou um momento de descuido de seus algozes e fugiu em direção à praia. Vendo os navios partindo, se lançou ao mar e nadou com todas as suas forças para alcançá-los. Queria pedir para que seu amado a levasse com ele. Porém suas forças se esvaíram antes de se aproximar dos navios e acabou por se afogar nas águas profundas do mar.

Compadecida com a história da bela índia, Mãe Iemanjá devolveu a moça à praia. Quando sua tribo a encontrou, não sabiam o que havia acontecido. Diziam que ela havia morrido por amor ao homem branco.

Quando desencarnou, Janaina foi resgatada e ficou sabendo o que acontecera com seu amado. O rapaz retornou a Portugal e nunca mais voltou a suas terras. Sua tribo foi catequizada pelos portugueses trinta anos depois.

Janaina foi convidada a trabalhar para auxiliar na espiritualidade dos índios que desencarnariam nos anos seguintes, devido à invasão do homem branco.

Hoje nossa querida Cabocla Janaina, trabalha na Umbanda, auxiliando no equilíbrio daqueles que buscam sua ajuda para seguir em frete na sua caminhada.

Ponto Cantado da Cabocla Janaina

Eu fui à beira da praia; Pra ver o balanço do mar
Eu fui à beira da praia; Pra ver o balanço do mar

Eu vi um rastro na areia
Uma linda sereia; Comecei a chamar:

Ô Janaina vem ver!
Ô Janaina vem cá! (bis)

Receber tuas flores; Que eu vim te ofertar
Receber tuas flores; Que eu vim te ofertar

Pretos-velhos

Esses Guias Espirituais que se apresentam com roupagem fluídica de velhos e velhas africanos que viveram nas senzalas – a maioria escravos que morreram no tronco ou de velhice –, e que adoram contar histórias do tempo do cativeiro, são sábios, ternos e pacientes, dão amor, fé e esperança aos "seus filhos" e demonstram confiança para suportar as amarguras da vida. Logo, são espíritos elevados e de grande sabedoria, que trazem esperança e quietude aos anseios dos que os procuram para amenizar suas dores.

Ligados às vibrações de Omolú/Obaluaiê, são mandingueiros poderosos. Sentados em seus banquinhos, pitando seus cachimbos, benzendo com um ramo de arruda, rezando com seus terços e borrifando água fluidificada, combatem o baixo-astral. Baforando a fumaça de seu cachimbo, promovem limpeza e harmonização das vibrações de seus médiuns e consulentes (pessoas que se consultam com entidades espirituais).

A característica mais importante desta linha de trabalho da Umbanda é o aconselhamento e a orientação às pessoas necessitadas. Muitos os procuram devido a sua elevação espiritual. São como psicólogos, receitam remédios e tratamentos caseiros, auxiliam na dor do corpo e da alma.

Os pontos cantados servem para saudar a presença das entidades, firmam suas forças durante os trabalhos espirituais e envolvem a todos os presentes, principalmente os médiuns de incorporação, criando harmonia para ajudá-los a se concentrarem e assim serem mais facilmente incorporados.

As grandes nações europeias subjugaram nações africanas, fazendo dos negros, mercadorias, objetos sem direitos ou alma. Os negros africanos foram levados a diversas colônias espalhadas principalmente nas Américas, em plantações no Sul de Portugal e em serviços domésticos na Inglaterra e França. Os traficantes de escravos chegavam de assalto e prendiam os mais jovens e fortes das tribos africanas, além de trocar prisioneiros de guerras tribais por mercadorias, tornando-os escravos.

No Brasil os escravos negros chegaram a Recife e Salvador nos séculos XVI e XVII, e no Rio de Janeiro no século XVIII. Arrancados de suas terras de origem e transformados em escravos, trabalhavam de sol a sol nas grandes fazendas de açúcar. Eram sujeitados a tanto esforço, que um escravo africano durava, em média, de sete a dez anos nestas condições.

Estes negros aos poucos conseguiram envelhecer e constituir – mesmo de maneira precária – uma união representativa da língua, cultos aos Orixás e aos antepassados e tornaram-se elementos de referência para os mais novos, refletindo os velhos costumes da Mãe África. Eles conseguiram preservar e até modificar, no sincretismo, sua cultura e sua religião.

Idosos mesmo, poucos vieram, já que os escravagistas preferiam a força dos jovens, que resistiam ao trabalho braçal, assim como às chibatadas dos feitores com intuito de servirem de exemplos aos mais rebeldes. Porém, foi com esta minoria que os mais jovens puderam ler e aprender a ciência e a sabedoria milenar de seus ancestrais, tais como o conhecimento e emprego de ervas, plantas, raízes, enfim, tudo aquilo que nos dá graciosamente a mãe natureza.

Mesmo contando com a religião, suas cerimônias e cânticos, a maioria deles, logicamente, não poderia resistir ao desgaste do tempo, que produz o invólucro carnal, como todos os mortais. Nossa mente não envelhece, apenas amadurece, mas o corpo, já não podendo mais trabalhar duro de sol a sol devido ao peso dos anos, acabava se entregando, e assim, deixavam o mundo material.

Como a missão daquelas pessoas ainda não estava cumprida, elas precisaram evoluir gradativamente no plano espiritual. Passaram então a se manifestarem e incorporarem em lugares adequados, trazendo os sinais característicos das tribos a que pertenciam. Estes seres iluminados representam a humildade, a força de vontade, a resignação e a sabedoria, além do amor e caridade pelo próximo. São pontos de referência para todos aqueles que necessitam de curas e ensinamentos. Educam pessoas e espíritos sem luz.

Com seus cachimbos, fala pausada e tranquilidade nos gestos, eles escutam e ajudam àqueles que necessitam, independentemente de sua cor, idade, sexo ou religião. São extremamentes pacientes com os seus filhos e, como poucos, sabem incutir-lhes os conceitos de carma e ensinar-lhes resignação.

Não podemos dizer que todos os Pretos-velhos foram escravos, pois no processo cíclico da reencarnação muitos passaram por vidas anteriores, mas para ajudar aqueles que necessitam, escolheram, ou foram escolhidos, voltar à Terra incorporados assim. Outros, nem negros foram, mas optaram, em sua missão, voltar com esta pseudoforma.

Estes espíritos assumem roupagem fluídica com o objetivo de manter uma perfeita comunicação com aqueles que os vão procurar em busca de ajuda. Como são espíritos muito evoluídos e de grande luz, podem se apresentar na forma que necessitarem para realizarem sua missão.

Por isso, se você for falar com um Preto-velho, tenha humildade e saiba escutar, não queira milagres ou que ele resolva seus problemas como em um passe de mágica. Entenda que qualquer solução tem o princípio dentro de você mesmo. Tenha fé, acredite em si próprio, tenha amor a Deus e a você mesmo.

- **Saudação aos pretos e pretas velhas:** Adorei as almas!

Mensagem dos Pretos-velhos

Certa vez, em um terreiro do interior de Minas, uma senhora consultando-se com um Preto-velho comentou que ficava muito triste ao ver naquela casa, pessoas unicamente interessadas em resolver seus problemas particulares de cunho material, usando os trabalhos de Umbanda sem pensar no próximo, só retornando ao terreiro quando estavam com outros problemas.

O Preto-velho deu uma baforada com seu cachimbo e respondeu tranquilamente: "Sabe fia, essas pessoas que se preocupa apenas com elas mesma, são escrava do egoísmo. Procuramo ajudá, resolvendo os problema delas, mas aquelas que pode ser aproveitada, depois de algum tempo, sem percebê vão tá vestida de roupa branca, descalça, fazendo parte do terreiro. Muitas pessoa vêm aqui buscá lá e saem tosquiadas; acaba ajudando a gente nos trabaio de caridade". Essa é a sabedoria dos Pretos-velhos.

Cada um colherá aquilo que plantou. "Se tu plantaste vento, colherás tempestade." Mas, se entenderes que com luta o sofrimento pode tornar-se alegria, verá que deveis tomar consciência do que foi teu passado, aprendendo com teus erros, visando o crescimento e a felicidade do futuro. Não seja egoísta, aquilo que te fores ensinado passai aos outros e aquilo que recebeste de graça, de graça tu darás. Porque só no amor, na caridade e na fé é que tu podes encontrar o teu caminho interior, a luz e Deus.

(Palavras de Pai Cipriano).

Pai Preto (Pai Jeremias do Cruzeiro)

Uma antiga história contada nos terreiros de Umbanda fala de um escravo, cativo em uma fazenda de cana-de-açúcar no Nordeste, que desde que chegara ao Brasil, parecia ser predestinado a uma missão espiritual. Missão esta que diziam lhe ter sido outorgada por Oxalá. E, apesar da dura vida no cativeiro, nunca se revoltou com o seu destino.

Grande conhecedor das ervas curativas e das mirongas de sua terra natal – pois fora um sacerdote iniciado no culto dos Orixás –, tratava dos outros escravos, minimizando seus sofrimentos. A fama de seu trabalho de caridade chegou até a casa grande, e assim, passou também a assistir aos senhores brancos, sem nenhum traço de ressentimento.

Chamado carinhosamente por todos, de Pai Preto, passou a vida divulgando a prática da bondade incondicional.

Quando já estava velho, com quase noventa anos de idade, sua história chegou aos ouvidos de padres missionários que, zelosos de sua catequese, decidiram que Pai Preto era um feiticeiro pagão que deveria morrer para servir de exemplo a quem ousasse interferir nos ensinamentos da Santa Igreja Católica. Foi então dada à ordem para sua execução. Porém, até os senhores de engenho, que também muito lhe deviam por suas curas, resolveram burlar a ordem e esconderam Pai Preto em um local seguro, onde ele pudesse continuar a lhes prestar serviços. Mas a obstinação e a consciência de sua missão fizeram Pai Preto prosseguir sem medo. Então as autoridades religiosas enviaram outra ordem: o "feiticeiro" devia ser desenterrado e sua cabeça separada do corpo e enterrada bem longe para que seus feitiços cessassem. Desta vez, temerosos com as possíveis consequências da desobediência, seus amos resolveram matá-lo e assim, fugir de complicações.

Deste modo, beirando os noventa anos, este ancião deixa o plano físico e começa uma nova missão no plano astral. Através dos médiuns que lhes servem de veículo, continua o trabalho de caridade e ajuda nos terreiros de Umbanda. Afirmam outros que o verdadeiro nome de Pai Preto era Jeremias e que hoje é saudado como Pai Jeremias do Cruzeiro.

Ponto Cantado de Preto-velho

*O Santo é que está de ronda
O meu Santo Antônio Aruandá*

*Na Aruandê, na Aruandê, na Aruandá
Santo Antônio na linha de Umbanda*

*É Ogum, É o meu protetor
Santo Antônio é quem é meu padrinho
Neste mundo de Nosso Senhor.*

As Sete Lágrimas de um Preto-velho

Esta história é muito conhecida no meio umbandista, mas acredito caber bem nesta parte do livro, pois ela nos ensina como devemos nos portar, não só nos terreiros de Umbanda, mas no dia a dia, na vida, para aprendermos e tentarmos mudar nossas atitudes diante de tudo, buscando sempre o bem comum e o nosso próprio bem.

Num cantinho de um terreiro sentado num banquinho, fumando o seu cachimbo, um triste Preto-velho chorava. De seus olhos molhados, esquisitas lágrimas desciam-lhe pela face formando um total de sete.

A Primeira Lágrima: era destinada às pessoas que vêm a um terreiro apenas por distração e para poderem ironizar aquilo que suas mentes atrofiadas não podem conceber.

A Segunda: para aqueles eternos duvidosos, que acreditam, desacreditando, na expectativa de um milagre que os façam alcançar aquilo que seus próprios merecimentos negam.

A Terceira: àqueles que somente procuram a Umbanda em busca de vingança, desejando sempre prejudicar seu semelhante.

A Quarta: aos frios e calculistas, que sabem que existe uma força espiritual e procuram beneficiar-se dela de qualquer forma, mas não conhecem a palavra gratidão.

A Quinta: àqueles que chegam suaves, com sorriso nos lábios, mas se olharem bem a fundo verá que acreditam na Umbanda, nos caboclos e em Deus, mas somente se resolverem seus problemas ou os curarem.

A Sexta: aos fúteis, que vão de centro em centro, não acreditando em nada, buscam aconchego, conchavos e seus olhos revelam um interesse diferente.

E a Sétima: como foi grande, e como deslizou pesada! Foi à última lágrima, aquela que vive nos olhos de todos os Orixás. Aos médiuns vaidosos que só aparecem no Centro em dia de festa e faltam às doutrinas. Esquecem que existem tantos irmãos precisando de caridade e tantas criancinhas precisando de amparo material e espiritual.

Pai Francisco de Luanda

Noite na senzala. Os escravos amontoam-se pelo chão arranjando-se como podem. Engrácia entra correndo, vai direto até Amundê e o sacode dizendo que a sinhazinha estava lhe chamando com urgência. O escravo era conhecido pelas mezinhas e rezas que aplicava a todos seus irmãos, e o motivo do chamado era justamente esse. O filho de sinhá Tereza estava muito doente.

Era apenas uma criança de cinco anos e ardia em febre há dois dias sem que os médicos chamados na Corte conseguissem fazê-la baixar. Sem ter mais a quem recorrer e no desespero próprio das mães, sinhá Tereza resolveu seguir o conselho de sua escrava de dentro e chamar o africano para curar seu filho.

Aproveitando a ida de seu marido à cidade, pois ele jamais concordaria com aquilo, pediu à escrava que fosse buscar o africano. Sabendo do que se tratava o homem foi preparado. Levou algumas ervas e um grande vidro com uma garrafada feita por ele, cujos ingredientes ele não revelava nem sob tortura. Em poucos minutos adentram o quarto do menino e Amundê percebe que precisa agir com presteza. Manda que Engrácia busque água quente para jogar sobre as ervas que trouxe, enquanto serve uma boa colherada do remédio ao garoto. Dentro de uma bacia coloca a água pedida e vai colocando as folhagens uma a uma, rezando sempre em seu dialeto. Em seguida ordena que desnudem a criança e carinhosamente a coloca dentro da bacia passando-lhe as ervas no pequeno corpo. Nesse instante a porta se abre e surge o sinhô Aurélio acompanhado do padre da cidade. Tereza grita e corre até o marido, pedindo desculpas. O padre dirige-se a ela com ferocidade, dizendo-lhe "como entregaste teu filho a um feiticeiro?", logo em seguida vira-se para o pai e diz a ele que devia dar adeus ao seu filho, pois após passar por uma sessão de bruxaria ele morreria sem dúvida alguma. Tereza corre até o filho e o cobre com um cobertor, enquanto o marido ordena que o escravo seja levado imediatamente ao tronco onde o capataz aplicará o castigo merecido. Sinhô Aurélio manda a escrava acordar todos os negros, para que vissem o castigo que aplicaria ao assassino de seu filho.

Todos os escravos reunidos no grande terreiro ouvem a ordem dada ao capataz, para dar chibatadas até a morte. O sinhô então vira para os escravos e diz que terão o mesmo fim todos àqueles que ousarem chegar perto de sua família. As chibatadas são dadas sem piedade, Amundê deixa escapar urros de dor entremeados com rezas, o que somente aguçam a maldade do capataz. Lágrimas copiosas correm pelas faces de muitos escravos.

Após duas horas de intensa agonia o negro entrega sua alma e seu corpo retesa-se no arroubo final, finalmente descansaria. O silêncio do momento é cortado por um grito vindo da principal janela da casa grande, onde a sinhá grita por seu marido, dizendo que a febre havia cedido e o menino estava curado.

Assim morreu Amundê, conhecido em nossos terreiros como o velho Pai Francisco de Luanda.

Sua benção, meu pai! Permita que jamais voltemos a ver algo tão perverso em nossa história.

Ponto Cantado Pai Francisco de Luanda

Quando ele vem; Vem com sua bengala, com seu patuá.
Ele é o pai Francisco vem chegando devagar

Ele vem de longe; Ele vem pra trabalhar
Ele vem salvar seus filhos na cabana de oxalá

Pai Joaquim

"São muitas as lembranças da minha encarnação como escravo em uma fazenda de café no interior paulista. O som da chibata, os gritos dos feitores que saíam à caça dos escravos fugidos, as amas de leite obrigadas a amamentar os filhos da sinhá. Lembranças pungentes de muito sofrimento. Quando a princesa Izabel assinou a Lei Áurea, eu estava velho e muito doente.

A senzala era o único lugar onde o negro conseguia ser livre. Minha história de vida foi triste, mas aprendi muito. O sinhô era um homem refinado e não me tratava mal, mas a sinhá era uma mulher infeliz. Seu coração cheio de fel não sabia amar. Era temida e detestada, por muito pouco mandava chicotear os escravos da senzala e o sinhô fazia todas as suas vontades. Negrinhos eram afastados das suas mães, velhos escravos iam para o tronco e as escravas caseiras tremiam com as ordens da caprichosa sinhá. Eu não me queixava e jamais cultivei o ódio e a vingança.

Alguns escravos odiavam os senhores com todas as forças até a morte. No plano espiritual, continuavam a perseguição, perturbando os senhores com a força da magia negra e da vingança.

Como é bom ser bom! Como é triste ser mau! Quantas lágrimas e sofrimentos os senhores plantaram através de suas atitudes. No entanto, todos caminharão para a Eterna Felicidade! O caminho mais sublime é o Amor, mas alguns só evoluem através da Dor!"

Ponto Cantado de Pai Joaquim

Que preto é esse, oh Calunga
Que chegou agora, oh Calunga

É o Pai Joaquim oh Calunga;
Que veio de Angola.

Que preto é esse, oh Calunga
Que chegou agora, oh Calunga

É o Pai Joaquim oh Calunga
Que veio de Angola.

Pai João das Almas

"Eu era forte e jovem, mas quando meu grande amor foi vendido por capricho da sinhá, minha saúde nunca mais foi a mesma. Minha vida mudou bastante e o meu consolo eram as rezas. Jamais cultivei a revolta ou a vingança. Os Orixás me davam a paz e o consolo para suportar as provas daquela encarnação.

Pior que a escravidão com os grilhões da maldade e do preconceito, era o peso dos pecados daqueles que oprimiam seus irmãos de cor.

No dia 13 de maio, a alforria! No entanto, as lembranças marcaram minha vida para sempre. Foi minha encarnação mais proveitosa. Nessa vida de martírios, cultivei a renúncia e a humildade.

Quando desencarnei, meu grande amor estava à minha espera. A linda escrava que eu amei já estava no plano espiritual, ansiosa pelo meu retorno. Somos todos irmãos! Somos todos iguais!

Muito tempo se passou e agora estou novamente na Terra. Não como espírito encarnado, mas como pai velho trabalhando nos terreiros de Umbanda. Minha vestimenta astral é a de Preto-velho. Escolhi essa missão para estar mais perto dos meus filhos de fé. Muitos precisam de libertação, da alforria, da paz e da fé. Essa é a missão dos Pretos-velhos! Conselho, resignação, amor e paz!

Limpar com a fumaça do cachimbo os miasmas do mal e da doença. Aceitei essa tarefa sublime por muito amar a humanidade. Conheci o sofrimento, a humilhação e a pobreza. Minha mensagem é de libertação! Filho de fé liberte-se dos grilhões do orgulho e do egoísmo. Se você está sofrendo, não desanime! Confie no Pai Oxalá que tudo vê e tudo sabe! Faça sua parte no aprimoramento espiritual e na reformulação das suas atitudes. Liberte-se das vibrações negativas do desânimo, da tristeza e do pessimismo. Ame a Terra! Colabore para que este Planeta melhore cada vez mais e seja um grande Lar de Amor! Liberte-se do peso da angústia através do Amor! Perdoe seus inimigos, porque Oxalá é o exemplo de Perdão e Misericórdia! Desejo que Oxalá o ilumine hoje e sempre! Nascemos para vencer e evoluir! Viemos ao mundo para conviver com Amor e tolerância! Somos todos irmãos! Nascemos para cumprir apenas uma passagem! A verdadeira vida é a vida espiritual!"

Pai João das Almas (Mensagem psicografada por Sandra)

Ponto Cantado de Pai João das Almas

*Pra me proteger
Da feitiçaria*

*Saravá o Pai João
Saravá a Mãe Maria*

*Saravá povo de Umbanda
Saravá a estrela guia*

Pai João do Congo

Existiu em uma época muito distante, onde o calendário não registrou nos anais da história da Terra, um povo entre as diversas raças humanas que passaram como estrelas espalhadas no firmamento. Sábios, filósofos e sonhadores ansiavam em retornar ao seu lar astral situado entre as estrelas da constelação do Cocheiro, e por isso, os mais dotados espiritualmente insistiam em olhar o céu e suspiravam de saudade.

A Lua com seu raio prateado iluminava a praia sobre as encostas daquela região, onde hoje se encontra Madagascar, há milhares de anos.

O homem sagrado passeava pela orla do mar e, durante seu caminhar, contemplava com seu olhar marejado a imensidão dos astros e as constelações, vagando e suspirando, como se quisesse ler no misterioso livro do céu o futuro de seu povo.

Alto e esguio, de compleição delicada, olhos brilhantes e profundos, Nalmyskar, o sacerdote do templo de Obaluaiê, indagava às conjunções do céu para compreender as profecias que chegaram através de seus sonhos, com relação aos acontecimentos prestes a desabarem sobre seu país.

Com seu cajado na mão direita, permanecia de pé ao som do mar e à luz dos espaços infinitos, e assim permaneceu por longas horas, em contemplação silenciosa. Revia o sonho e cada parte triste dele, todos seriam colocados à prova por desprezar a grande lei de Zambi, e agora os Orixás, por meio de seus sonhos, anunciavam a grande tragédia que se abateria sobre o povo como remissão dos pecados.

A sabedoria milenar há muito fora deturpada por sacerdotes corrompidos, que se deixaram levar pelos falsos ouros e vaidades humanas, patrocinando verdadeiras orgias e descambando para a magia negra. Triste sina de uma nação que já foi a aurora de uma civilização grandiosa.

Muitos serão banidos, degredados, irão para longe de seus lares, como escravos de uma raça que não tardaria em surgir no horizonte, em busca de conquista e ouro. Famílias inteiras separadas, genocídio, depravação e miséria seria o castigo deste povo orgulhoso e vingativo que ousou contrariar as leis sagradas dos Orixás, a sagrada lei de Zambi.

Os grandes e brilhantes olhos do sacerdote derramavam copiosas lágrimas, vertidas de seu coração sincero, pois guardava as leis sagradas e vivia de acordo com os mais altos ensinamentos de sua escola de iniciação.

Sabia que voltaria para seu lar astral, para a sua amada estrela situada na constelação do Cocheiro, mas não sabia se seu povo teria o mesmo destino, ou se ele voltaria a ver aqueles que ficavam e que atraíram para si os olhos enérgicos dos Orixás.

Enquanto assim permanecia, não percebeu sublime entidade postada ao seu lado, que lhe observava com profundo amor e carinho. Uma brisa fresca roçou seu rosto magro e escuro como ébano, e uma voz se fez ouvir, como que vinda da distância que ele mesmo contemplava da sua saudosa estrela.

"Nalmyskar! O grande Zambi te abençoa através dos sagrados Orixás. Trago-te a promessa de que, tão logo seu povo sinta o braço pesado e longo do carma, você retornará para cumprir missão junto aos teus mais caros afetos. Numa terra que ainda está por ser descoberta, muito além-mar, tu irás voltar para o seio do povo que tanto amas, e assim auxiliá-lo na difícil missão de retornarem aos braços de Zambi, através da dor e do sofrimento. Os Grandes Senhores da Aumbhandhã, os Mestres da Luz Primaz ouviram tuas preces, abençoado sacerdote, pois que tu guardaste a lei de Zambi em seu coração. Retornarás como Guia de uma futura religião que está para nascer nas terras do Cruzeiro do Sul, e inspirarás com teu exemplo de humildade os teus filhos deserdados.

Será conhecido como Pai João do Congo por muitas gerações que te sucederão ao longo da jornada que ora se inicia em tua experiência íntima, e terás a alegria de ver voltar ao apreço do amor de Zambi muitos de teus filhos desgarrados, que com teu amor, com tua dedicação e humildade irás inspirar dias melhores no futuro.

Por agora descansa, prepara teu espírito para as horas amargas que se abaterão logo que a Lua mude seu ciclo, para alertar mais uma vez teu povo das severas lições que lhes aguardam.

Paz e Luz, Nalmyskar, o mais abençoado dos Orixás."

Com os olhos marejados e profundamente emocionados, o velho sacerdote retornou a passos lentos em direção à aldeia, enquanto a Lua, em seu zênite, parecia compartilhar com a tristeza do velho ancião.

Texto de João B. G. Fernandes.

Ponto Cantado de Pai João

Se a pedra é dura; É dura de quebrar
Coração que não bambeia; Hoje tem que bambear,

Eu pisei na pedra; E a pedra balanceou
O mundo estava torto; E pai João endireitou (bis)

É Pai João, é quem abre os caminhos
Pai João é quem abre o congá

Segura sua candira meu Pai João
Não deixa esse congá virar (bis)

A Lição de Pai Tomé

Nos atendimentos apométricos, muitas surpresas nos reservam. Enganam-se aqueles trabalhadores que pensam ser suficiente decorar as Leis da Apometria e realizar o trabalho dos quais percebemos a grandiosidade com amor. Constantemente os benfeitores espirituais nos colocam situações, diante dessa técnica que, aliada ao Evangelho de Jesus, nos torna não somente instrumentos curadores, como também magos manipuladores e transformadores de energias. Situações outras que nos fazem perceber nossa pequenez diante da grandiosidade do Universo e desses comandantes que nos regem a nível espiritual. Todos os dias, sob todos os aspectos, temos tudo a aprender consolidando a realidade de que estar encarnado nesse abençoado planeta-escola é uma oportunidade a qual não podemos desdenhar.

Naquela noite, após o atendimento normal da agenda, apresentou-se um espírito pedindo oportunidade para nos contar sua história. Estava acompanhado por um Preto-velho já conhecido por nós, pois era trabalhador da Casa. Pelo cordão brilhante que saía de sua nuca, deduzimos tratar-se de um ser encarnado em desdobramento do sono o que imediatamente suscitou dúvidas em nossa mente acostumada a tudo interrogar.

Como poderia alguém encarnado estar ali presente se não havíamos solicitado pelos costumeiros "pulsos energéticos" o seu desdobramento? Captando a dúvida, o bondoso Preto-velho nos assegurou de que ele não vinha para atendimento, e sim, sob sua tutela para nos trazer aprendizado. Ligado ao médium, o nosso amigo iniciou sua narrativa:

"Encarcerado dentro de um corpo frágil e adoentado, além da idiotia que me acomete no físico, sou uma espécie diferente aos olhos dos que passam pela rua e me veem sentado na porta de minha casa.
– Coitado! Seria melhor morrer.
É comum ouvir esta frase, ou então, a mãe passando com o filho pela mão, naturalmente manifesta:
– Meu filho, se você não obedecer vou te entregar para aquele homem feio.
Outras vezes, mulheres grávidas evitam olhar-me para que seus bebês que foram projetados perfeitos e saudáveis, não venham a ser iguais a esta bestialidade humana.
Minha consciência mais profunda está recebendo e percebendo tudo isso, porém presa dentro da cela que eu mesmo criei no passado, não pode reagir.
Sofro com isso hoje? É inevitável.
Se me revolto? Não, a minha consciência sabe que é um mal necessário. Nas poucas vezes em que me é permitido 'voar' para longe deste corpo eu já tenho caminho traçado. Vou me refugiar nos braços de Pai Tomé. Lá está ele, na sua humilde tenda, cantarolando ou assobiando, enquanto mexe nas suas ervas. Negro velho mandingueiro sabe quando chego, sente minha presença e trata logo de sentar-se em seu toco, acender o seu pito e com uma risada gostosa inicia a doutrinação. Conversamos por horas a fio e saio de lá me sentindo gente, apesar de tudo. Não sei quando foi a primeira vez que o visitei. Acho que na noite em que minha mãe foi àquele Centro de Umbanda, desesperada, pois achou que desta vez a convulsão iria me matar. Ele estava lá, incorporado em outra pessoa e me deu seu 'endereço'.
Hoje, a cada visita que meu espírito faz ao bom negro velho, algo se modifica no meu corpo físico. Já consegui deixar de babar constantemente, melhorando assim meu aspecto. Até já sou capaz de chorar, sem fazer aquele grunhido horrível, vejam só! Tudo por conta das mandingas de Pai Tomé que por saber de minha verdadeira história, me ajuda com muito amor. Precisou que eu quebrasse meu orgulho para aceitar tal ajuda, pois estou em colheita de um plantio desastroso. Numa encarnação anterior, vivi como feitor de uma rica fazenda e com a maldade cobrindo meu coração; além de outras coisas, eu era um verdadeiro matador de aluguel. Cheguei ao cúmulo de fazer filho com escrava para poder vender mestiço nas feiras do porto, como 'escravo especial'. Hoje estou tendo esta benéfica oportunidade e mesmo encarcerado num corpo limitado, com uma mente debiloide, de cor negra, aspecto físico sem nenhum atrativo, servindo de modelo do ridículo para muita gente, estou aprendendo que tenho muito mais do que mereço.

Um dia desses, chorei muito quando Pai Tomé me fez relembrar quem foi ele naquela minha desastrosa encarnação, e por um tempo me senti muito mal, vindo a ter fortes convulsões no físico. Não fosse o bom velho me chamar à realidade, teria desencarnado para fugir...
 Pai Tomé foi naquele passado um 'mestiço especial' que eu vendera como escravo. Não há nada mais doloroso do que a fúria de um remorso. Dores ou limitações físicas são um pequeno nada para uma encarnação, diante de lembranças de nossos plantios infames. Pai Tomé, entre outras coisas, me ensina o autoperdão e me mostra a bondade divina em Ele nos dar um corpo físico aliado ao esquecimento. Mas me ensina também que esse 'esquecimento' não pode servir como desculpa para novos erros. Por isso, somos levados em espírito durante o sono para verificarmos certos pontos que precisam ser revistos em nossa história. Ele me diz que nem sempre nos lembramos do aprendizado sonambúlico, mas que ele está registrado à nossa disposição, para uso em momentos propícios. Restam-me alguns anos ainda nessa vida, porém nem a dor, a pobreza e o desleixo de meus familiares são piores do que me imaginar voltando sem ter expurgado esse lixo todo que agreguei no meu corpo espiritual. Quero a renovação e se isso me custa tanto, sei que o preço fui eu mesmo que estipulei. Nada me foi imposto.
 Colheitas de um plantio impensado. Apenas colheitas!"

 Após despedir-se agradecido, aquele menino voltou ao seu corpo físico que dormia no leito pobre onde nascera; deixando-nos emocionados e calados. Todos retornaram aos seus lares pensativos, refletindo sobre o que ouvimos naquela noite.
 Em ocasião posterior, o caso foi comentado e alguém nos propôs que deveríamos solicitar ao Pai Tomé um atendimento apométrico para o menino, uma vez que estando encarnado, isso possibilitaria uma melhora dos sintomas físicos. Com as técnicas decoradas, já deduzimos que tratando seu Corpo Astral, por ser ele o modelo organizador biológico, poderíamos quem sabe, melhorar sua aparência. No final do debate, antes do encerramento, sentimos forte cheiro de ervas e imediatamente Pai Tomé apresentou-se através de um médium e nos esclareceu:
 "Pai velho admira e abraça os filhos pela boa vontade demonstrada em auxiliar o meu menino. Mas posso afirmar que a tentativa seria muito proveitosa em espírito renitente na aceitação do resgate cármico a que se impôs, o que não acontece com ele. Como vocês viram, meu menino está espiritualmente lúcido e

aceitando a colheita. Seu Corpo Astral, por ser constituído de matéria moldável, foi plasmado em encarnação anterior por seus próprios atos insanos. Sempre será assim meus irmãos. Enquanto na carne, nossos atos e pensamentos modelam a nova encarnação, além de nos conduzir no após morte para estância de luz ou trevas. Deus não castiga ninguém, disso são sabedores, Ele apenas nos deu o livre-arbítrio e todas as oportunidades de escolhas nos são colocadas à frente durante uma vida. Não nos faltará assistência espiritual e mesmo que seja através da dor, o expurgo se faz necessário para drenar do agregado espiritual os ácidos ali impregnados.

Nossos pensamentos modelam o nosso futuro Corpo Mental, nossas emoções o Corpo Astral e assim quando reencarnamos trazemos gravados em nossos átomos aquilo que precisa ser melhorado. Por isso surgem as dificuldades a serem vencidas, e não haveria mérito se aqui estivéssemos somente para sofrer sem que isso trouxesse alguma lição e aprendizado. Essa drenagem se dá através do nosso Corpo Etéreo que intermediando o Corpo Físico e o Corpo Astral, atua como usina recicladora através do trabalho dos nossos chakras, repassando para o Corpo Físico que age como mata-borrão. Todas as doenças, sejam físicas ou psíquicas, nada mais são que limpeza do nosso corpo espiritual como um todo. Por isso aconselho os filhos dessa Seara para que sempre respeitem as leis em qualquer atendimento ou ajuda a que forem induzidos. Procurem sempre verificar se existe interesse e vontade em receber essa ajuda da Apometria, seja pela pessoa necessitada, se essa estiver consciente, ou por parte de familiares quando a pessoa estiver incapacitada de raciocínio próprio, para que não ultrapassem a barreira do livre-arbítrio, contrariando assim as Leis Divinas. São sabedores de que Apometria é manipulação energética, portanto 'magia'. E magia é coisa séria meus filhos, assim como ela nos dá o poder de provocar uma modificação na matéria, através do poder mental, sendo regida pela lei da causalidade, produzirão sempre um efeito, seja imediato ou tardio. Existem coisas no Universo de meu Deus que podem e devem ser mudadas, mas sempre respeitando a vontade e exigindo esforço próprio de cada criatura ligada ao fato. A oportunidade de ajuda que nos faculta a Apometria vem trazer alento e apressar a evolução dos homens acomodados que estão no ir e vir da carne, e que embora alertados constantemente pela dor torturante, tardam em realizar as mudanças. Porém, esse 'poder' está sujeito e deve sempre ser colocado à luz da razão, nunca querendo realizar 'milagres' que possam comprometer o trabalho laborioso do grupo, adquirindo com isso um carma coletivo. O equilíbrio e a compreensão de limite, aliados à sabedoria e ao amor serão os temperos que farão sempre com que os filhos possam auxiliar sem se macular."

Mais uma vez a lição do bom amigo espiritual colocado com tanta humildade e sabedoria, fez com que vários membros do grupo que ainda tinham preconceito com a presença dos Pretos-velhos nos trabalhos apométricos, repensassem sobre isso.

Ponto Cantado de Preto-velho

Preto-velho trabalha sentado
Se for preciso trabalha em pé

Mandinga de Preto-velho
É galho de arruda e folha de guiné

Pai Joaquim da Angola

Iquemi era um negro forte, guerreiro, filho de uma família real africana, mais precisamente de Angola, prometido para assumir o reino junto ao seu povo. Príncipe majestoso amava sua liberdade e seus amores, um verdadeiro filho de Xangô.

Grande guerreiro sempre estava envolvido em guerras pelo poder, porém Iquemi foi derrotado e aprisionado por uma tribo inimiga, que lhe trocou por mercadorias e armas com mercadores de escravos.

Desesperado, preso como animal foi jogado em um porão de navio negreiro e trazido ao Brasil como escravo.

O mercador de escravos, dono do navio, ficou sabendo que entre os escravos que trazia, um era príncipe e quis conhecer o tal rapaz. Viu seu porte, sua beleza, seus dentes e corpo musculoso, mas também viu em seus olhos que não se submeteria aos maus-tratos que sofreriam os escravos.

Manoel Joaquim, o mercador de escravos, resolveu então ficar com Iquemi em sua fazenda na Bahia e assim aconteceu ao chegarem ao Brasil, mas o guerreiro não aceitava ser escravo. Devido a sua valentia e força, não se subjugaria aos demandos de um dono. O mercador acabou por se afeiçoar pelo escravo, devido a sua determinação e temperamento forte, porém mal sabia ele que sob a luz do espírito, ambos eram almas afins, unidos pelo destino.

Aos poucos, Iquemi foi conquistando a amizade do senhor Manoel Joaquim, que só havia tido um filho que morreu cedo com a peste que assolou o Brasil naquela época, e começou a tratar o guerreiro como um pai. O mercador então resolveu dar um nome ao seu novo protegido, pois para ele Iquemi não tinha um nome de verdade, pelo qual seria conhecido, então se pôs a pensar em como o chamaria.

Porém, Manoel Joaquim adoeceu seriamente e antes de morrer batizou o nobre príncipe de Manoel Joaquim de Luanda (este último nome em homenagem a capital de Angola), mas a pedido de Iquemi, trocou o Luanda por Angola, ficando Manoel Joaquim de Angola.

Seu papel na escravidão foi importante entre seus irmãos de cor. Bondoso, um verdadeiro cristão, ele tratava os escravos da fazenda com dignidade.

Manoel Joaquim de Angola recebeu seu primeiro chapéu de palha, dado por um bispo da igreja local, quando sua cabeça já estava toda branquinha.

Sofreu muito desde sua saída da mãe África, mas nunca esqueceu suas origens. Hoje Pai Joaquim de Angola vem aos terreiros de Umbanda ajudar seus filhos de fé.

Ponto Cantado Pai Joaquim de Angola

Que preto é esse. Oh! Calunga.
Que chegou agora. Oh! Calunga.

É o Pai Joaquim. Oh! Calunga.
Que veio de Angola. Que preto é esse.

Oh! Calunga. Que chegou agora.
Oh! Calunga. É o Pai Joaquim.
Oh! Calunga. Que veio de Angola.

Pai Cipriano

Filho mais velho de uma família abastada e nobre, Cipriano era o herdeiro direto do trono de sua tribo. Ainda muito jovem foi iniciado nos preceitos e conceitos religiosos de seu povo, recebendo logo o "Deca" (autorização para a prática religiosa da sua tribo de origem). Foi um espanto geral do seu povo, ninguém acreditava como um menino daquele poderia conseguir um cargo tão valioso e logo começou a surgir certa desconfiança de como ele poderia ter conseguido tal honraria, por ser o filho do chefe da tribo, talvez.

A partir deste dia, as coisas começaram a ficar difíceis para ele, pois os demais membros de sua comunidade não mais lhe dirigiam a palavra. A situação foi ficando insuportável para o pequeno sacerdote, pois além de ser afastado de seus irmãos, ele sofria descriminação e recebia vibrações de ódio causado pelo imenso despeito de muitos da sua tribo.

O jovem então preferiu se isolar e se entregou de vez às práticas de seus ensinamentos religiosos.

Certo dia, quando estava sozinho pedindo em suas orações por sua tribo aos Orixás e a mãe Oxum, para que suavizassem o coração de seus irmãos, ele sofreu uma terrível emboscada. Era um dia chuvoso, e sua tribo não participava tão intensamente dos trabalhos em grupo, devido ao mal tempo. Arrancado à força de sua maloca e levado para um lugar distante de sua Luanda, ficava se perguntando todo o tempo o que havia se passado, e reivindicava a sua posição de membro da família real, mas mesmo assim foi levado por homens estranhos que o carregavam sem piedade, como se fosse um animal.

Ali começava o seu martírio, mas a dor maior ele sentiu ao avistar junto aos seus inimigos, três dos seus irmãos de sangue. Naquele momento se conscientizou de que havia sido traído e uma profunda ferida se abriu em sua alma.

Amarrado como um bicho, ele passou três dias amontoado em cima de uma carroça, onde cada vez mais eram colocados negros em grande número, uns por cima dos outros, como se faz com pele de animais. E assim ficou, por baixo daquele amontoado de infelizes, faminto e sedento. Desespero maior sentiu ao ser retirado da carroça e jogado em um porão de um navio. Diante de tamanha brutalidade e sem ter como resistir a tal crueldade, se uniu aos demais em preces, dor e saudades na longa viagem ao Brasil, terra distante e desconhecida.

Maltratado durante a interminável viagem e assistindo com horror cenas que jamais poderia imaginar, viu seus irmãos de raça e de religião sendo esmagado sem sua hombridade, sofrendo humilhações. E com os olhos cheios de revolta de seus irmãos de destino, viu o açoite cortar impiedosamente a carne daqueles que ousavam manifestar a menor reação, corpos sendo jogados ao mar e a peste se alastrando, ceifando muitas vidas.

Apesar do horror do navio negreiro, Cipriano conseguiu chegar com vida na distante terra chamada pelos seus nativos de Brasil. Clamou a Olodumaré por forças, pois acreditava que não aguentaria tanta fome e tanto sofrimento dentro daquela embarcação maldita onde lhe obrigavam a tomar água salgada, e assim, de barriga inchada, deixou sua querida África, e igualmente sua juventude e alegria.

Chegando ao Brasil, foi levado para uma feira e logo vendido, devido aos seus dentes fortes e sua boa aparência, para uma rica família fazendeira de café. Trabalhou duro dia e noite nos cangais, sofrendo mais humilhações, mais dores.

Humilde e obediente fazia tudo para agradar aos senhores brancos, logo foi recompensado pela docilidade, passando a trabalhar para sinhá como escravo de dentro da casa grande. Por aceitar tal trabalho, sofreu novamente a inveja dos irmãos de cor, que passaram a maltratá-lo na senzala, acusando-o de não mais pertencer àquela raiz.

Como estavam enganados! Se pudesse, tirava todos das correntes do cativeiro.

Rejeitado por seus irmãos cativos, procurou aprender escondido com sinhá moça, mulher linda e formosa, as primeiras letras do alfabeto. Esperto, logo aprendeu a ler e a escrever. Com isso passou a fazer as anotações da fazenda, conquistou a amizade do Sinhô e também acabou despertando a inveja do capataz da fazenda, que era um homem ruim.

O caminho de espinhos ainda não estava longe de seus pés, e o destino prega aos seus filhos brincadeiras ingratas. Bonito, jovem e agora letrado, foi se encantar por quem nunca deveria se quer levantar os olhos, a sinhá moça, mas foi impossível não se render aos encantos daquela jovem formosa, de pele rosada, carinhosa e doce como uma flor sem espinhos. Até os dias de hoje, quando se lembra de sua musa, suspira de paixão. E como Zambi (Deus) não separa os filhos por cor quando traça o seu destino, a jovem sinhá também se encantou com sua doçura. Sucumbindo aos encantos da jovem, mais uma vez teve o seu destino mexido e remexido. Cipriano foi arrancado de sua esteira no meio da noite, levado a um cemitério distante e lá abandonado pelo feitor da fazenda.

O feitor ainda havia lhe alertado de que nunca mais poderia sair daquele lugar, e deveria tomar conta de todas as campas (túmulos) do cemitério e que comesse o que conseguisse plantar naquelas terras. Nunca mais deveria aparecer na casa grande e nem na senzala, pois traíra a confiança do Sinhô, e que ele só não mandara matá-lo, porque não queria sujar as mãos com o sangue do pai do neto dele.

Ali naquele cemitério, isolado e triste, viveu até o fim de seus dias. Distante de quem amava e do seu povo, passou a fazer fortes feitiços, e muitos começaram a lhe procurar quando os feitores estavam brabos com eles, quando adoeciam ou tinham algum problema. Procuravam a magia forte que ele praticava com o sacerdócio recebido na África, e que acabou exercendo aqui nesta terra, dentro de uma Calunga (cemitério), onde foi por muitos anos o "Guardião Encarnado".

Cipriano tinha a consciência de que não sofreu porque era bonzinho, ele teve culpas passadas e por isso a resgatou. Quando retornou à "Pátria Espiritual", verificou que não precisava reencarnar no Planeta Terra se não quisesse. Mas, como a mágoa é péssima companheira e deveria se livrar dela de alguma forma, por misericórdia do Pai lhe foi oferecida a oportunidade de trabalhar na "Lei de Umbanda" para, através da caridade e do amor, depurar esse restinho de mágoa que ainda existia em sua alma.

Ponto Cantado de Pai Cipriano

Ele é Pai Cipriano, ele é Pai Cipriano

É um velho mandingueiro
Não tem medo de macumba,
não tem medo de quiumba

É um velho feiticeiro
Com a sua pemba na mão ele desafia
Com seu cachimbo na boca ele assobia

Pai Jacó

Nascido em Guiné, na África em 1764, aos sete anos de vida foi levado ao Brasil como escravo, sendo comprado por um fazendeiro da região de Minas Gerais. Um homem rústico e de coração duro, nunca em sua vida foi capaz de chorar nem por sua dor ou a de seus semelhantes.

Quando criança chamava-se Jacó, porém não sabia se havia sido batizado com esse nome ou não. Depois de velho passou a ser chamado de Pai Jacó. Sempre fora resignado, humilde e trabalhador. Gozava da confiança do seu patrão, a quem procurava servir satisfeito e da melhor maneira possível.

Na véspera do Natal era costume o seu senhor convidar para o banquete, todos os seus vizinhos fazendeiros, que passavam a noite em sua fazenda. Junto a uma grande fogueira dezenas de pessoas dançavam e conversavam até o alvorecer.

Já no dia 22 de dezembro, o seu senhor comprava perus, patos, galinhas e leitões para a festa do dia 24.

O senhor designou a Jacó que tomasse conta dos animais para que não fugissem, porém na manhã seguinte, foi visto que haviam desaparecido muitas aves e animais por um buraco feito no cercado de taquara. Indignado pelo acontecido, o patrão mandou que seus feitores prendessem o Pai Jacó em uma enxovia (espécie de cela feita em um buraco na terra com uma porta na parte superior do local escuro e úmido), depois de recriminá-lo, mandou que nenhum alimento e nem água fossem dados ao escravo.

Na manhã do dia 24, apareceram no terreiro, não se sabe como, todas as aves e leitões desaparecidos. Na madrugada desse dia, Pai Jacó em sua prisão, ajoelhou-se e, em uma prece sentida entre lágrimas, pediu a Jesus que o seu amo não o culpasse da falta dos animais, pois era inocente, orou também por seu senhor, para que este recebesse do Céu a luz que precisava, e pediu que lhe fosse dado à resignação e humildade necessária para suportar a ira e a fome, e discernimento para aceitar pelo que estava passando, pois não sabia quantos dias continuaria assim, sem uma gota de água, na sua prisão.

Ao terminar as suas preces viu tudo clarear, repentinamente a prisão se abriu e no teto apareceu um anjo que lhe parecia o "menino Jesus", trazendo, sorridente em uma das mãos, um pão muito alvo, e na outra, um cálice com vinho, dizendo-lhe com voz angelical: *"Pai Jacó, trago-te, meu amigo, este pão e vinho."* Jacó, estupefato, ajoelhou-se novamente, chorando de alegria e fitando aquele menino, que pairava no espaço à pequena altura, envolto em muita luz.

O escravo comeu o pão e notou que dele saiam raios de luz cada vez que o levava aos lábios; depois bebeu o vinho e o menino Jesus, sempre de fisionomia sorridente, abençoou-o com as suas mãozinhas rosadas e desapareceu, fechando de novo o teto e voltando àquela escuridão em que se achava. Mas, pouco tempo durou essa penumbra, pois notou que, pelas frestas da grosseira e pesada porta, partiam raios luminosos que ele admirava; sem saber explicar o que era, ajoelhou-se novamente e em outra prece cheia de gratidão, agradeceu a Deus por sua misericórdia. Quando terminou de orar, ouviu rumores e vozes do lado de fora de sua prisão e viu que se aproximavam; a porta se abriu e apareceu o seu senhor. Seguido do feitor e de outros escravos, disse a Pai Jacó que saísse e ordenou a um escravo que lhe desse um pouco de comida e água, porém Pai Jacó respondeu ao seu senhor que não precisava comer nada. Observando a cara de espanto de seu amo, explicou que na madrugada do dia 24, havia feito uma prece a Deus e subitamente o teto de sua prisão se abriu e o menino Jesus apareceu, todo iluminado, com um pão da qual saiam raios de luz e um copo de vinho saboroso. Em seguida o menino Jesus subiu lentamente e desapareceu, fechando-se de novo o teto da sua prisão. Jacó disse ao seu senhor que por muitos dias não iria precisar se alimentar.

O senhor que ouvia petrificado aquela singela e verdadeira narrativa, ficou olhando admirado para o escravo, e pela primeira vez uma lágrima escorria por sua face, pois nunca havia chorado em sua vida. Chorava sim, aquele coração endurecido, que não havia dor que o abatesse, se entregou à emoção.

Deste dia em diante o senhor mudou completamente seu comportamento, começou a tratar bem os escravos, dando-lhes a liberdade quando já estavam doentes e sem forças para trabalhar. Pouco tempo, entretanto, durou a sua liberdade terrena, porque partiu em busca de uma liberdade muito mais ampla, onde hoje se encontra, graças à caridade do Nosso Pai.

Pai Jacó morreu com oitenta e três anos, próximo a Minas Gerais, no ano de 1847.

"Oh! Como sou feliz! Como bendigo os sofrimentos porque passei na Terra! Quanto maiores são os sofrimentos, que não buscamos pelas nossas maldades, maiores são também as dádivas do Céu! Felizes os que sofrem com resignação e humildade, porque sem essa dádiva, teremos de recomeçar, nesta vida presente ou em nova existência, as nossas tarefas de resgate".

Palavras de Pai Jacó.

Ponto Cantado de Pai Jacó

Pai Jacó é feiticeiro,
Em Umbanda é justiceiro.

Tira olhados e mirongas
Com ervas sabe curar

Em terreiro ele demanda
Quando desce em Umbanda

Pai Jacó chegou, Pai Jacó chegou,
E seus filhos saravou.

Pai Benedito

Filho de uma escrava com um feitor, Benedito não era nem negro e nem branco, e isso lhe proporcionou crescer sofrendo por preconceito vindo dos dois lados. Por ser muito forte, foi um escravo reprodutor, mas após alguns acontecimentos ligados à morte de um feitor, ele foi levado ao tronco e colocado para trabalhar na lavoura como um simples escravo.

Quando Benedito foi levado à senzala, adquiriu respeito de seus irmãos, pois começou a curá-los e ajudá-los em suas fugas. Desde pequeno foi amante da magia, que aprendeu com um velho chamado Pai Barnabé, que lhe ensinou tudo sobre sortilégios e a luta dos negros (a capoeira).

Desencarnou mais ou menos aos oitenta anos de idade, depois de enfrentar o senhor e seus feitores serem aprisionados. Benedito demorou quarenta e cinco dias para morrer, pois foi deixado sem comida e sem água em seu cárcere, fato que deixou o senhor da fazenda receoso com a resistência do escravo.

Benedito desencarnou com grande ódio pelos brancos, que o levou na espiritualidade a chefiar grandes falanges de escravos que buscavam vingança. Ao se dar conta de sua atual situação e do mal que estava praticando, foi arrebanhado por Pai Barnabé para trabalhar na Umbanda e logo percebeu que sem caridade não há salvação. Pai Benedito adquiriu grande respeito, ele ainda vai a umbrais e lugares muito pesados para ajudar espíritos perdidos, lhes guiando a lugares melhores.

Ponto Cantado de Pai Benedito

Tá chegando um veinho; Tá chegando um trabaiador
Ele traz sua cruz, de quando era pescador

É banda, é banda é banda
Quem chegou é Pai Benedito de Aruanda (bis)

Vem filho de banda; Que o veio já chegou
Chega na ordenança de Zambi, para fazer seu rezador (bis)

É banda, é banda é banda; Quem chegou é o véio rezador
Pai Benedito de Aruanda

Vovó Cambinda

Os tambores tocavam no ritmo cadenciado dos Orixás, e os escravos dançavam em volta de uma fogueira improvisada, entre luzes de tochas ou até de velas de cera que eles próprios faziam. A comida era pouca, mas para passar a fome, dançavam a dança dos Orixás. E assim, ao som dos tambores se divertiam para não morrerem de tristeza e sofrimento.

Chamada de feiticeira, mas não era bruxa, e sim curandeira, entendia de ervas, com as quais fazia remédios para seu povo e realizava partos. Assim era a Vovó Cambinda.

Certo dia, a sinhazinha lhe tirou de seu povo, pois não queria mais que ela usasse seus conhecimentos para curar os negros, e sim somente a eles, os brancos, afinal, para ela, negros tinham que trabalhar de sol a sol até morrer, depois era só substituir por outro.

Porém, Dona Moça, não pensava assim, gostava da escrava e este sentimento era recíproco. Mas Cambinda foi jogada num canto, separada dos outros escravos, e todas as noites chorava ao saber que seu povo sofria e não podia fazer nada para ajudar.

Durante o dia, passava descascando coco e moendo café no pilão. À noite, cantava sozinha e ouvia o cantar triste de seu povo ao longe, ouvia os lamentos dos negros de Angola, pedindo a Oxalá a liberdade, mas só depois foi entender que liberdade era essa. Os tambores tocavam o seu lamento triste, seu toque cadenciado, enquanto respondia de seu cativeiro com as rezas de seus Orixás. Só mais tarde veio a entender que a liberdade tanto cantada, era sua liberdade interior.

Aqueles eram dias difíceis, e aprendeu com os cânticos de Oxóssi e as armas de Ogum o que era se humilhar, sofrer e servir, até que o espírito estivesse acostumado tanto ao sofrimento como a servir sem discutir, sem nada obter em troca, e que, a um simples sinal de dor ou qualquer necessidade, nós estávamos ali, prontos para servir, preparados para trabalhar.

Aprenderam com Pai Oxalá, através dos toques de tambores e chicotadas do feitor, que é mais proveitoso servir e sofrer do que ser servido e provocar a infelicidade dos outros. Certa noite, vítima do desespero de sua sinhá, Cambinda foi levada para o tronco, enquanto os escravos na senzala cantavam. A cada toque mais forte dos tambores, ela recebia uma chibatada, até que, desfalecendo, foi conduzida nos braços de Oxalá para o reino de Aruanda.

Seu corpo, na verdade, estava morto, mas ela estava livre, no meio das estrelas de Aruanda. Em seu espírito não restou nenhum rancor, apenas um profundo agradecimento aos seus antigos senhores, por lhe ensinar, com suor e sofrimento, que mais compensava ser bom do que ser mau, sofrer cumprindo seu dever do que sorrir na ilusão, trabalhar pelo bem de todos do que servir de tropeço.

Era agora liberta e, nenhum chicote, nenhuma senzala poderia lhe prender, agora poderia ouvir por todo lado o barulho dos tambores de Angola, e também do Ketu, de Luanda, de Jêje e de todo lugar. Em meio às estrelas de Aruanda ela rezava agradecida ao Pai Oxalá.

E então Cambinda pediu ao Pai para que tivesse a oportunidade de retornar à Terra, mas precisamente no Brasil, para que pudesse ajudar sua sinhá, pois ela havia lhe ensinado muitas coisas com o jeito que tratava os escravos.

Agora as coisas pareciam mudadas. Não era mais aquela nêga feia e escrava, era filha de gente grande e bonita, sabia ler e ensinava as crianças dos outros. Um dia bateu em sua porta um homem com uma menina enjeitada pela mãe, ela era muito esquisita, doente e trazia nela o mal da lepra. Não tinha para onde ir, e o pai, desesperado, não sabia o que fazer. Cambinda resolveu então adotar a menina e, aos poucos, foi tratando daquela criança. Quando se casou, levou a menina com ela. A pequena cresceu, teve problemas, mas, Cambinda a amava muito. Até que um dia ela veio a morrer em seus braços, de um jeito que dava dó. Quando Vovó Cambinda retornou a Aruanda, o que para nós é o plano espiritual, a menina veio lhe receber com os braços abertos e chorando muito, muito mesmo. Vovó Cambinda perguntou a menina por que ela chorava tanto se as duas agora estavam livres do sofrimento da carne, e então, ela transformou-se em sua frente e assumiu a feição da sinhazinha. Naquela última encarnação no Brasil, a menina adoentada era a sua sinhá do tempo de cativeiro. As duas se abraçaram e choraram juntas. Hoje, trabalham na Umbanda, com a esperança de passar as suas experiências para muitos que ainda se encontram perdidos em suas dificuldades.

Ponto Cantado de Vovó Cambinda

Arriou na linha das almas, Cambinda de fé oi babá,
Velha feiticeira lá da Guiné, Vem de muito longe pra curar filhos de fé.

Vovó Cambinda tem sua guia, Trabalha de noite e reza de dia.
Vovó Cambinda quer encruzá, Ponto de pemba no meu gongá.

Agô pro povo D'Angola, Agô pro povo de Mina,
Saravá as Santas Almas, Agô pra Vovó Cambinda.

Vovó Maria Conga

Naquele tempo de escravidão, as negras eram usadas, entre outras coisas, para procriar, gerar filhos, que delas eram afastados muito cedo, até mesmo antes de serem desmamados. Outras negras alimentavam seus filhos, assim como tantos outros de escravos, evitando assim estreitar os laços afetivos entre a mãe e a criança. Muitas delas foram alimentadas pela Mãe Conga. Quase todas as mulheres escravas se transformavam em mães, cuidando das crianças que chegavam à fazenda e rezando para que seus próprios filhos também encontrassem alento aonde quer que estivessem.

Os Orixás africanos desempenhavam papel fundamental nesta época. Diferentes nações africanas que antes guerreavam, foram obrigadas a se unirem em defesa de sua raça, e os Orixás passaram a trabalhar para todo o povo negro. As mães tomavam conhecimento do destino de seus filhos através das mensagens enviadas pelos Orixás, eram a eles que se faziam oferendas em momentos difíceis e a eles que todos recorriam para afastar a dor.

Maria Conga teve que se utilizar de algumas "mirongas" para deixar de ser uma reprodutora, com isso, pelo fato de ainda ser uma mulher forte, passou a trabalhar nas plantações de cana. A colheita era sempre motivo para muito trabalho e uma espécie de algazarra contagiava o lugar. Enquanto as mulheres cortavam a cana, as crianças, em total rebuliço, arrumavam os fardos para que os homens os carregassem até o local indicado pelo feitor. Foi numa dessas ocasiões que Maria Conga soube que um dos seus filhos afastados dela quando já sabia andar e falar, já era homem forte, e trabalhava numa fazenda próxima.

Seu coração transbordou de alegria e nada poderia dissuadi-la da ideia de revê-lo. Passou então a escapar da fazenda, correndo de sol a sol, para admirar a beleza de seu filho. Nas primeiras vezes não conseguiu falar com ele, mas os Orixás ouviram suas súplicas e não tardou para que os dois pudessem se abraçar e derramar as lágrimas por tanto tempo contidas. Parecia a ela que eles nunca tinham se afastado, pois o amor os mantivera unidos por todo o tempo.

Certa tarde, quase chegando à senzala, a negra foi surpreendida pelo feitor. Apanhou bastante, mas não deixou de escapar novamente para reencontrar seu filho. Em mais uma fuga, foi apanhada mais uma vez pelo feitor da fazenda, e para evitar que tentasse fugir novamente, queimaram sua perna direita, um pouco acima da canela, para que não conseguisse mais correr.

Impossibilitada de ver seu filho, e sem poder trabalhar na plantação, Maria Conga passou a cuidar das crianças negras e de seus doentes. Seu coração se encheu de tristeza ao saber que haviam matado seu filho quando ele tentava fugir para vê-la.

Sua vida mudou. De alegre e falante, passou a ser mais quieta e reservada, cuidando até do que falava com os outros negros. Para as crianças contava histórias de reis negros em terras negras, onde não havia outro senhor.

Sábia, experiente e calada, Vovó Maria Conga desencarnou.

Só conseguiu entender o amor após a sua morte, quando viu seu filho lhe esperando sorrindo, pois havia sido seu guardião todo o tempo em que a esperava no plano espiritual.

Ponto Cantado de Vovó Maria Conga

Todo dia era dia de choro e de muita dor
Mesmo assim uma escrava chegava de bom humor

Quem chorava passava a sorrir; Quem caia ficava de pé
Ela era a esperança o amor e a fé

Na passagem de um mundo pro outro seu povo sentiu
E aquela doçura e alegria não mais existiu

Ela disse que ia voltar, precisando pode lhe chamar
Pra Aruanda o tambor pode tocar

Conga, Vó Maria Conga
Que saudades de você
Preta-velha feiticeira rainha do Cateretê

Vovó Maria Redonda

Ao contrário de seu nome, Vovó Maria Redonda era alta e magra. Seu nome vem de um de seus trabalhos como escrava. Maria era a parteira do povo com quem vivia na senzala, além de encarregada de cuidar dos filhos dos escravos enquanto eles estavam na lida.

Ela passou sua vida cuidando de crianças, e por esta responsabilidade foi poupada dos trabalhos escravos impostos aos negros na época. Costumavam colocá-la em um círculo para conversar e brincar com aquelas crianças e, certa vez, na intenção de dar esperança a elas, diante daquele tormento em que viviam, assim como seus pais, Maria disse às crianças para pegarem em seus calcanhares e verificarem como eles eram redondos, para tocarem suas cabeças e sentirem como ela também era redonda, assim como suas barrigas são redondas, os nossos bumbuns também são redondos, com essas comparações as crianças se divertiam. Depois pediu que olhassem para o céu e vissem que o Sol também era redondo, que a Lua também era redonda e que, quase tudo o que comiam, era redondo. Pediu que vissem as argolas que os escravizavam e disse que também eram redondas, mas estas com certeza vão se desmanchar, pois elas eram as únicas que não tinham sido criadas pelo pai Oxalá!

Com estas palavras, afagava os corações das crianças e acabou ficando conhecida como Vovó Maria Redonda.

Vovó ainda estava encarnada quando ocorreu a abolição dos escravos, porém estes não sabiam o que fazer com a liberdade, pois haviam passado muito tempo escravizados e agora precisariam aprender a viver novamente como seres livres.

Ponto Cantado de Vovó Maria Redonda

Filho se você precisar; É só pensar na vovó
Que ela vem te ajudar (bis)

É numa estrada longa, meu filho; Que você vai andar
Numa casinha branca, meu filho; A vovó está lá

Sentada num banquinho oco, meu filho; Com rosário na mão
Pensa na vovó Maria Redonda fazendo oração

Uma História de Vovó Maria

Mandingueira, acostumada a enfrentar de tudo nos trabalhos de magia, Vovó Maria sabia perfeitamente como o mal agia tentando disseminar o esforço do bem. Sob diversas formas, as trevas vagavam por ali também.

Alguns espíritos em busca de socorro, outros mal-intencionados debochavam dos trabalhadores da luz. Muitos chegavam grudados no corpo das pessoas, igual a parasitas sugando sua vitalidade, outros por sobre seus ombros, arqueando e causando dores nos hospedeiros, ou amarrados nos tornozelos, arrastavam-se com gemidos de dor. Fora aqueles que eram barrados pela guarda local ainda na porta do terreiro, e que lá de fora, esbravejavam palavrões.

Da mesma forma, o movimento dos Exús e outros falangeiros se faziam intenso no lado astral do ambiente para que, dentro do merecimento de cada espírito, pudessem ser encaminhados. Uma senhora com postura de madame aproximou-se da Preta-velha para receber atendimento, ela arrastava uma perna que mantinha enfaixada.

– Sarava filha! – falou Vovó Maria, enquanto fazia a limpeza no campo magnético da mulher com um galho verde, além de soprar a fumaça do palheiro em direção ao seu abdômen, o que fez com que a mulher demonstrasse nojo em sua fisionomia.

Fingindo ignorar, a Preta-velha, continuou a sua limpeza. Riscando um ponto com sua pemba no chão do terreiro, pediu que a mulher colocasse sobre ele a perna ferida.

"Será que não vai perguntar o que tenho?" – pensou a mulher, já arrependida por estar ali naquele lugar desagradável.

"Vou sair daqui impregnada por estes cheiros desagradáveis!" – continuo pensando a madame.

Vovó Maria sorriu, pois captara o pensamento da mulher, mas preferiu ignorar tudo isso. O que a mulher não sabia era a gravidade real do seu caso, pois aquilo que não aparecia no físico, se ela pudesse ver o que lhe estava causando a dor e o inchaço na perna, aí sim, certamente ficaria muito enojada.

Na perna daquela mulher abundavam larvas que se abasteciam da vitalidade do que já era uma enorme ferida, e que em breve, irromperia também no plano físico.

Além disso, uma entidade espiritual, em quase total deformação, mantinha-se algemada à sua perna, nutrindo, assim, essas larvas astrais. Para qualquer neófito, aquilo mais parecia um cadáver retirado da tumba de um mortal, inclusive pelo mau cheiro que exalava. Com a destreza de um mago, a Preta-velha sabia como desvincular e transmutar toda essa parafernália de energias densas, libertando e socorrendo a entidade escravizada a ela.

Feitos os devidos "curativos" no corpo energético da mulher, Vovó Maria que, à visão dos encarnados não fez mais que um benzimento com ervas e algumas baforadas de palheiro, dirigiu-se agora com voz firme à consulente:

– Preta-véia até aqui ouviu calada o que a fia pensou a respeito do seu trabaio. Agora preciso abri minhas tramelas e puxá sua orelha.

Ouvindo isso, a mulher afastou-se um pouco da entidade, assustada com a possibilidade de que ela viesse mesmo a lhe puxar a orelha.

"Escutou o que pensei? Ah, essa é boa. Ela está blefando comigo." – pensou novamente a mulher.

– Se a madame não credita em nosso trabaio, puquê veio aqui buscá ajuda? Fia, não tamo aqui enganando ninguém. Procuramo fazê o que é possível, dentro do merecimento de cada um.

– É que me recomendaram vir me benzer, mas eu não gosto muito dessas coisas...

– E só veio puquê tá desesperada de dor e a medicina não lhe deu alento, não foi fia? – complementou a Preta-velha.

– Os médicos querem drenar a minha perna, mas eu fiquei com medo, pois nos exames não aparece nada, e a dor estava insuportável.

– Tava? Puquê, a dô já calmô?

– É, agora acalmou, parece que minha perna está amortecida.

– E tá memo, fia, eu fiz um curativo.

A mulher, olhando a perna e não vendo curativo nenhum, já estava pronta para emitir um pensamento de desconfiança quando a Preta-velha interferiu:

– Vá pra sua casa, fia e amanhã bem cedo colha uma rosa du seu jardim, ainda com orvalho, e lave a sua perna com ela, na água corrente. Ao meio-dia o inchaço vai sumi e a perna vai tá curada.

Não ousando mais desconfiar da entidade, ela agradeceu e já estava saindo quando a Preta-velha a chamou e disse:

– Não se esquece de pagá a promessa que fez pra sinhá Maria, antes dela morrê...

Arregalando os olhos, a mulher quase infartou e tratou de sair daquele lugar imediatamente.

O cambono, que a tudo assistia calado, não aguentando a curiosidade perguntou que promessa foi essa.

– Meu menino, o que escondemo dus home fica gravado no mundo dus espíritos. Essa fia é herdera de um carma bem pesado por te sido dona de escravos em vida passada e, principalmente, por ter ferido eles a ferro e fogo, imprimindo sua marca na panturrilha dos nêgo. Porém, recebeu nesta encarnação, como sua fiel cozinheira, uma nêga chamada Maria. Esse espírito mantinha laços de carinho profundo pela madame desde tempo da escravidão, quando foi sua "Bá" e, por isso, foi a única poupada de suas maldades. Nessa encarnação, elas se juntaram de novo pra mode que a bondosa nêga pudesse despertá na muié um pouco de humildade, pra que tivesse a oportunidade de repará os débito, diante da necessidade que ia surgi de auxiliá alguém envolvido na trama cármica.

"Sinhá Maria, acometida de deficiência respiratória, antes de desencarná solicitô pra sua patroa que, na sua falta, assistisse seu esposo, que era paraplégico, faltando as duas pernas do hómi. Deixou pra isso todas as suas economias de anos a fio de trabaio e só pediu que mantivesse com isso a comida e os remédio.

Mas na primeira veiz que ela foi até a favela onde morava o hómi, desistiu de ajudá, pois aquele não era o seu lugá. Tratou logo de ajustá com uma vizinha do barraco, dando pra ela todo o dinheiro que sinhá havia deixado com a promessa de cuidá do pobre hómi. Não é preciso dizê que rumo tomô as economia da pobre nêga, e em pouco tempo, pra evitá que ele morresse à míngua, a assistência social internô ele num asilo público. Lá ele aguarda sua amada pra buscá ele, pra tirá ele do sofrimento do corpo físico. Nenhuma visita, nenhum cuidado especial. A madame se havia 'esquecido' da promessa.

Eu só fiz lembrá ela pra que não tenha que voltá aqui com as duas pernas inválidas. A Lei só cobra o que é de direito, mas ela é infalível. Quanto mais atrasamo o pagamento das nossa dívidas, maiores elas ficam.

Por isso, camboninho, nêga véia sempre diz pros fios que a caridade é moeda valiosa que todos nóis têm, mas que poucos usa. Se a gente não acordá suzinhos, na hora exata a vida liga o 'despertadô', e às veis acordamo assustado com a barulhera que ele faz... Eh, eh, eh... Entendeu meu menino?"

– Sim, minha mãe. Lembrei que tenho de visitar meu avô que está no asilo...

Sorrindo e balançando a cabeça a bondosa Preta-velha falou com seus botões:

– Nêga véia matô dois coelhos com uma cajadada só... Eh, eh...

E, batendo o pé no chão, fumando seu pito e cantarolando, prosseguiu socorrendo e curando, até que junto aos demais, voltou para as bandas de Aruanda.

"A ingratidão é um dos frutos mais imediatos do egoísmo; revolta sempre os corações honestos."

Ponto Cantado Vovó Maria

Um galhinho de arruda; A vovó me deu
Um galhinho de arruda; Pra me proteger
Eu agradeço a essa linda Preta-velha
Um galhinho de arruda
Ela me ofereceu
Eu agradeço a essa linda Preta-velha
Pois em suas orações; Ela nunca me esqueceu

Tia Maria

Tia Maria era uma Preta-velha nascida em uma senzala, passou a maior parte de sua velhice em um cruzeiro limpando mandioca para seus senhores. Mas, sempre de olho nas crianças, pois elas sempre ficavam a espreita de uma "bobeada" da velha para roubar a mandioca.

Era uma benzedeira de mão cheia e cuidava dos escravos doentes que voltavam da lavoura quase sempre com seus pés esfolados de tanto trabalharem. Cuidadosa, sempre limpava as feridas com carinho e usava azeite de oliva e algumas ervas para curar os ferimentos.

Tia Maria também aprontava das suas, aproveitava a desatenção do capitão do mato e escondia mandioca embaixo de sua saia para levar à senzala e dar o que comer para o restante de seu povo, pois quando o capitão achava que os negros não estavam trabalhando a contento, diminuía ou retirava toda a comida deles.

Normalmente os escravos só bebiam água imprópria para o uso, pois o rio era muito longe, e era de propriedade exclusiva de seus senhores. Não queriam que os negros sujassem suas águas.

Naquela época os escravos trocavam comida com escravos de outras fazendas, pois quando os senhores da vizinhança iam visitar outro fazendeiro, levavam suas comidas e seus próprios escravos, pois tinham medo de envenenamento. Com isso os escravos trocavam a sobra da comida por mandiocas que Tia Maria levava para a senzala.

Maria nunca se casou e nem teve filhos. Quando era ainda nova, cuidava da casa de seus senhores, mas quando envelheceu, foi mandada para a senzala, pois não servia mais para as tarefas domésticas. Porém, certa vez quando ainda jovem, se apaixonou por um escravo de outra fazenda, mas era muito difícil de eles se encontrarem devido à distância. Um dia este escravo desapareceu, e ela fechou seu coração por tristeza e nunca mais se apaixonou. Muito tempo depois, quando já estava velha, ela se reencontrou com seu grande amor, mas ele já estava bem idoso e cego. Tia Maria então o cuidou como a um irmão, mas logo ele desencarnou.

Na senzala às vezes eram escondidos escravos fujões de outros senhores, embora muitos acabavam morrendo na tentativa desesperada de fuga, fazendo com que as florestas e as matas ficassem repletas de corpos, e com os espíritos destes escravos perdidos, pois não tinham encaminhamento espiritual. Ao lado do cruzeiro onde Tia Maria ficava limpando mandioca, existia um cemitério, e como ela tinha o poder da visão, encaminhava os espíritos que saiam das florestas e matas, pois trabalhava na linha de Obaluaiê. Alguns espíritos não se conformavam com a morte e assombravam os capitães, e estes pensando que eram os escravos a pregar uma peça, os punia, e até os matava, sem saber que eram os espíritos de suas vítimas que o assombravam.

Com muita dor no coração, Tia Maria via muitas filhas recém-nascidas de escravas serem mortas no rio, pois suas mães queriam evitar a venda e o abuso de suas meninas. Muitas negras, jovens também, eram mortas por engravidarem do abuso de seus capitães. E Tia Maria sempre rezava por estas almas sofredoras.

Ponto Cantado De Tia Maria

Foi numa noite de lua
Que eu vi Tia Maria chegar

Ela estava tão serena
Sentada em seu congá

Lere lere; Ela vem nos saravá
Lere lere; Pra seus filhos abençoar

Pai Antônio

Sua última encarnação aconteceu nos meados do século XVIII e XIX, primeiramente em uma fazenda de café e cana-de-açúcar na região Sudeste do Brasil, onde era escravo e obrigado a trabalhar na roça, sob o sol forte, chuva intensa e os maus-tratos de feitores sobre o comando de um coronel que acreditava que os negros não passavam de animais sem alma, e mereciam sofrer com as chibatas covardes e castigos no tronco, quando não obedeciam as ordens dos feitores.

Mesmo assim Antônio não perdia a fé, acreditava que Zambi (Deus) estava ali para lhe proteger de suas possíveis desesperanças, seu instante de pouca fé, suas angústias e suas tristezas. E assim clamava, rezava e orava ao Pai de todos os filhos, passando essa mesma fé e esperança a seus filhos e irmãos de raça, para que assim esses também pudessem crer de verdade, com amor e convicção, sem se deixarem ser tomados pela tristeza que teimava em nascer dia após dia.

Ele pregava a todos para não desanimarem, pois o desânimo os entregaria para os braços da morte, e com isso estariam sendo infiéis a Zambi. Desta forma, Antônio conduzia a todos os seus irmãos que muitas vezes se sentiam sem esperanças para enfrentar um novo dia e uma nova luta. Pela manhã ou de noite, dentro da senzala, o querido Pai Antônio tinha seu encontro com Zambi, e ali ele se entregava com toda sua alma, seu carinho e sua fé. Pedia forças não só para ele, mas para todos seus irmãos de raça e seus filhos escravizados, que naquela época já eram algumas dezenas, pois tinha boa saúde, era forte e logo foi escolhido para ser procriador da fazenda. Antônio amava cada um dos seus filhos e filhas, tinha no coração a alegria de vê-los crescer saudáveis e robustos. Mas da mesma forma, as lágrimas nasciam em seus olhos assim como no seu coração quando por algum motivo tinha que se separar deles. E isso era uma constante, seus filhos iam de senzala a senzala, e logo eram também comercializados para outras fazendas da região. E isso fazia Antônio chorar, por saber que um dos seus filhos estaria distante, sendo açoitado, torturado, sofrendo nas roças debaixo de sol escaldante.

Pai Antônio foi o primeiro negro da fazenda a ter filhos gêmeos, e esse fato aconteceu com o entrelace dele com a uma escrava de nome Joaquina, que era apenas uma menina saudável, bela e bem jovem, o coronel havia lhe escolhido para ser a reprodutora da fazenda assim como Antônio.

Com ela Antônio teve, além dos gêmeos, mais seis filhos, sendo a última chamada de Antônia em homenagem ao pai.

Um de seus filhos foi morto pelo feitor quando estava sendo levado para ser vendido no mercado, por um descuido da comitiva, ele conseguiu escapar das amarras, mas não conseguiu ir muito longe, sendo atingido por uma bala dispara pela arma do feitor. Antônio vendo seu filho tombar sem vida diante de seus olhos, sente uma grande revolta pelo feitor e faz desse sentimento força para continuar a lutar contra a escravidão. Porém, como sabia que não teria chance de conversar com o senhor do engenho sobre liberdade, começou a pregar essa ideia por entre as senzalas da fazenda. Pai Antônio ia de uma a uma para divulgar seu plano de fuga.

No entanto, Antônio não contava que um dos negros de uma senzala que ficava dentro da área da fazenda iria revelar seus planos a um feitor com fama de torturador de negros.

Após a delação do traidor, o feitor e seus jagunços começaram a acompanhar os passos do escravo e, certo dia, quando ele fazia sua peregrinação pelas senzalas, passando seu plano de fuga, foi surpreendido. Amarrado e açoitado na frente de todos para servir de exemplo, ficou no tronco sendo castigado por vários dias, até ser transferido para outra fazenda, pois o coronel havia sido ameaçado por Joaquina, mãe dos gêmeos, e por medo de feitiçaria resolveu se livrar do problema.

Nesta nova fazenda, Antônio continuou a ser torturado com chicotadas, chegando a desfalecer diante de tanto sofrimento. Escravos tentaram reanimá-lo e foram afastados pelo feitor a custos de chibatadas.

Pai Antônio reuniu suas últimas forças e orou a Zambi, após terminar sua oração o escravo como que por encanto se levanta como se nada tivesse lhe acontecido e com a voz ainda fraca continua a orar, agora acompanhado pelos demais escravos.

Diante daquela cena e com os olhos faiscando de raiva, o feitor parte para cima de Antônio, porém um facho de luz cega o feitor e ele se ajoelha gritando de dor e desespero. Assistindo aquilo tudo, os jagunços se afastaram e foram chamar o coronel.

Quando o coronel chega ao local do acontecido e vê a cena dos escravos orando, se enche de ódio, saca sua arma e atira, porém Antônio não é atingido. Com mais ódio ainda, pega o chicote no chão para acabar com a vida do escravo na chibatada, mas o chicote se transforma numa serpente, ferindo o coronel.

Antônio assistindo aquela cena pede que lhe soltem para que possa salvar a vida do coronel. Quando liberto corre até a mata e colhe algumas ervas que juntadas a terra e água começa o processo de cura. Pai Antônio continua como se estivesse em transe, e com as mãos sobre o emplasto de ervas, terra e água, prossegue nas suas rezas, quando de repente suas mãos tremem numa intensidade maior, seus braços já não tendo como suportar tanta energia, seu corpo, tomado por aquela força invisível, tomba como se perdesse os sentidos, e no mesmo instante o coronel abre os olhos, a dor se acalma, o estado febril já não existe mais. O senhor sente seu corpo fraco, olha em volta e vê o negro caído, ele observa as pessoas com seus olhares assustados e sua esposa com um sorriso de felicidade e tranquilidade.

O coronel ficou eternamente agradecido, e deste dia em diante mandou retirar o tronco de sua fazenda e a senzala da morte foi queimada. Antônio virou um dos braços direito do coronel nos trabalhos na lida, muito respeitado por todos.

Pai Antônio após seu desencarne, virou trabalhador na Umbanda e ajuda a curar os males da alma de seus filhos de fé.

Texto adaptado do original de Carlos de Ogum

Ponto Cantado de Pai Antônio

*No Reino de meu Pai Oxalá,
em Aruanda e no Jacutá,
vi Pai Antônio chegar
pra iluminar o nosso Congá.*

*Preto-velho de paz e luz,
no reino da Umbanda saravou,
trazendo o nome de Menino Jesus,
em nosso terreiro Pai Antônio chegou.*

*Sua luz intensa veio brilhar,
para salvar filhos de fé,
com seu tercinho começou a rezar,
deixando os filhos de Umbanda sempre de pé.*

Vovó Benta

Negra de beleza rara, corpo esbelto, sorriso largo e cativante e requebrado insinuante, Benta andava pelo casarão deixando no ar um cheiro de manjericão. Cantarolando e sempre faceira ela atiçava o desejo dos negros e também dos brancos. Com todos esses predicados não passou despercebida pelo olhar do patrão, o sinhozinho, cujos dotes de beleza também assanhavam aquela escrava. O desejo de seu senhor foi aumentando, até que, não resistindo aos encantos da bela escrava, se entregaram ao desejo carnal. Os encontros continuaram por muito tempo, porém não foi apenas o desejo da carne que tocou o senhor do engenho, um sentimento mais profundo começou a despertar dentro daquele homem, mesmo que este negasse a sua existência.

Foram anos de encontros furtivos, que sua esposa fingia não ver. E muitos abortos, num dos quais teve complicações e a escrava desencarnou.

Benta não demorou a reencarnar e na mesma condição de escrava, porém desta vez, nasceu uma criança doente que sobreviveu após um parto em que sua mãe desencarnou.

Muito cedo, ela aprendeu a arte de benzer com as escravas mais velhas, com o tempo se tornou uma parteira muito requisitada. Não tinha hora para seus atendimentos, sempre estava pronta a ajudar.

Um belo dia, ao ver uma escrava sendo maltratada pelo feitor, tentou salvar a pobre coitada e acabou sendo atingida com um pedaço de madeira nas costas, vindo a ficar aleijada. Benta passou a andar arcada, com dores que lhe consumiam suas forças, porém isso não lhe tirava a vontade de ajudar o próximo.

Benta desencarnou com bastante idade, arcada e cega, porém feliz e com sentimento de dever cumprido. Entretanto, as dívidas arrecadadas em vidas passadas foram lhe cobradas e Benta resolveu trabalhar ajudando os seus irmãos encarnados e desencarnados, e hoje vem aos nossos terreiros de Umbanda como Vovó Benta. Benzendo, curando e ajudando a reequilibrar aqueles que buscam seu auxílio.

Ponto Cantado da Vovó Benta

Vem chegando vovó Benta;
Benzedeira de Aruanda
Com seu galhinho de Arruda
Vem benzer filho de Umbanda...

Palavras de Vovó Luiza

Não foi de propósito que deixei este texto para fechar o assunto dos Pretos-velhos, não sei se por destino ou vontade destes maravilhosos guias espirituais, para que eu pudesse passar esta mensagem que mexeu muito comigo e que acredito fará muitas pessoas repensarem seus atos. Mantive o texto em sua integra, para não perder a essência da mensagem.

"Fios, véia veio aqui hoje pra falá de Amor, Caridade e Humildade!

Sabe fio, véia tem escutado muito os fios pedindo pra se mais humilde, pedindo desculpa por te falado um não pros irmão, pedindo desculpa por não te dado valor a família quanto ocêis tava tudo encarnado.

Véia qué fazê faladô prá tudo suncês entendê que quando os pedido e os desculpadô não vêm do coração puro e verdadeiro que todos suncês pode te, num dianta, fios.

É fácil fazê rezadô quando a noite cai e achá que tudo tá resolvido, o difícil fio, é acordá dispois e consegui amá a todos como o Pai Maior ensinô, é ajudá um desconhecido quando ele fazê precisadô.

Suncês acha que fazê caridade é só com amigo e família? Isso é fácil né fio? É fácil fazê rezadô pro inimigo pedindo paz e luz, mas se o inimigo fazê ou falá alguma coisa que num é do agrado, cêis tudo esquece o que pediu pra esses irmão, se num é de coração num dianta.

Muitas vezes fio, suncês são seus próprios inimigos.

Ocêis já fizeram pensadô que muitas vezes dão poder e força pros irmão que nem faiz mais pensadô em suncês?

Sabe como suncês faiz isso?

Lembrando todos os dias desses irmão, falando todos os dias desses irmão, julgando todos os dias esses irmão.

E sabe o que é o pió fio? Muita veiz cêis teve culpa das tristeza de seus coração. É fácil né fio culpá sempre alguém pelos seus erros, quedas e tristezas?

Purque os acerto, fios, ocêis leva o troféu suzinhos, às veiz fio, suncês até fala que um irmão ajudô na vitória, mas se num fosse suncês não teria sido tão perfeito. Isso fio, é falsa humildade! Fio, cadê a caridade? Cadê o amor com os irmão?

'Amai-vos uns aos outro como eu vos amei'. Ocêis lembra quem falou isso? Foi o Pai Maior!

E sabe o que a véia tem pra falá? Nada nesse mundão acontece ou deixa de acontecê que não seja da vontade de Nosso Pai.

Orai e Vigiai fios.

E nada nesse cazuá acontece ou deixa de acontecê que não seja da vontade do meu irmão Pery.

Que por mais erros, desvios e quedas que suncês passa, ele está sempre respeitando a vontade de cada um docêis e sempre está de coração aberto pra tentá acertá e levantá tudo ocêis.

E nóis tudo tamo do seu lado pra podê encaminhá cada problema pra direção certa.

Fios, quando suncês acordar todo dia agradeça a nóis não, e sim ao Pai Maior, por tá encarnado e te a oportunidade de resgatá seus carma.

Como a véia sempre diz, só podemo ajudá se fo do nosso merecimento e do merecimento de cada um docêis, e somente se o Pai Maior quisé e achá que nóis podemo ajudá.

Olhe pra um irmão como se fosse suncê. Não julgue pra num se julgado. Mas escute sempre, pra sempre podê se escutado. Reconhecê seus erro e injustiça é se humano, é se Umbandista. Baixá a cabeça e chorá não é vergonha não fio, é se humilde.

Nêga véia si dispedi com esperança de que, pra quem leu esse papel, tenha entrado um puquinho de irmandade dentro do coração de cada fio dessa Terra.

Que meu Pai Oxalá abençoe tudo ocêis, que minha Mãe Oxum os cubra com seu manto pra que os inimigo não enxergue suncês."

Ponto Cantado de Vovó Luzia

Tacurucaia, auê, auê
Vovó Luiza, auê, (bis)

Vovó Luiza quando vem lá de Aruanda
Trazendo pemba pra salvar filhos de Umbanda

Com sua saia carijó e de babado
Trazendo rosário sagrado (bis)

Erês

Falar dessa classe, se assim se pode chamar estas entidades, é falar da alegria que esta religião proporciona aos médiuns, curiosos e simpatizantes.

Considerados um dos três pilares da Umbanda, representando a pureza e o amor sem interesse, são entidades que apesar de aparentarem uma grande fragilidade, possuem grande poder de cura e magia.

Os erês são a alegria que contagia a nossa Umbanda. Vêm aos nossos terreiros trazendo a pureza, a inocência e toda sua singeleza. Através de suas brincadeiras realizam grandes trabalhos de cura e auxílio na solução de problemas, tanto aos médiuns, como aos seus consulentes, mas jamais devemos pedir ajuda para causar mal a alguém, pois os erês não atendem pedidos desta natureza, além de não gostarem de realizar trabalhos para desmanchar demandas, nem obsessões.

Preferem atuar através de consultas, e durante o decorrer destes atendimentos, vão trabalhando com seus elementos de ação sobre o consulente, modificando e equilibrando sua vibração, regenerando os pontos de entrada de energia do corpo humano. Esses seres, mesmo sendo puros, não são tolos, pois identificam muito rapidamente nossos erros e falhas humanas. E não se calam quando em consulta, pois nos alertam sobre nossas faltas. Muitas entidades que atuam sob as vestes de um espírito infantil são muito amigas e têm mais poder do que imaginamos. Mas como não são levados muito a sério, o seu poder de ação fica oculto. São conselheiros e curadores, por isso foram associados à Cosme e Damião, curadores que trabalhavam com a magia dos elementos.

Os erês são espíritos que já estiveram encarnados na terra e optaram em continuar sua evolução espiritual através da prática da caridade, incorporando em médiuns nos terreiros de Umbanda.

Em sua maioria desencarnaram com pouca idade, por isso se apresentam com características de sua última encarnação. Com trejeitos e fala infantil, gostam de brinquedos, doces, refrigerantes e frutas. Mas não por estarem presos a estes elementos materiais, mas sim por serem aqueles que manipulam energia e a utilizam para seus trabalhos. Como servidores dos Orixás, possuem funções bem definidas, são seus mensageiros, respeitados pelos caboclos e preto-velhos. Estas entidades se apresentam tanto aqui, como no astral da mesma forma, com comportamento infantil. E como criança não se governa, precisam sempre ser tuteladas. Tutela esta que cabe aos nossos queridos pretos e pretas-velhas.

Em seus pontos riscados, os erês, são livres para utilizarem o que melhor lhes convir. Quando incorporados, gostam de brincar, de correr, de fazer algazarras, como qualquer criança, por isso é necessário uma grande concentração do médium para não deixar que estas brincadeiras atrapalhem na mensagem a ser transmitida.

Os meninos são em sua maioria mais bagunceiros, enquanto as meninas, mais quietas e calmas. Alguns incorporam pulando e gritando, outros chorando, outros estão sempre com fome. Estas características que nos passam despercebidas, são formas que utilizam para descarregar o médium, o terreiro e algumas pessoas da assistência.

Os pedidos feitos a uma criança incorporada normalmente são atendidos de maneira rápida e eficaz. Porém a cobrança que elas fazem dos presentes prometidos também é bem eficiente, nunca prometa um presente a um erê e não o entregue assim que o pedido for atendido, pois a cobrança que ele fará para lhe lembrar do prometido não será tão engraçada.

São poucos os que dão a devida importância às giras de vibração infantil, entretanto uma gira de criança não deve ser interpretada apenas como uma diversão, apesar de ocorrer geralmente em dias de festas e às vezes ser difícil de contermos os risos diante de seus comportamentos, são grandes trabalhadores e nos trazem muito auxílio e conforto.

As festas de Cosme e Damião, santos católicos sincretizados com Ibeji, é realizada no dia 27 de setembro, uma das mais realizadas em todos os terreiros do país.

- **Uma curiosidade:** Cosme e Damião foram os primeiros santos a terem uma igreja erguida para o seu culto no Brasil. Ela foi construída em Igarassu, no estado de Pernambuco.
- **Saudação a ibejada (Erê):** Oni Ibejada! (Salve todas as crianças!).

Magia da Criança

Os erês utilizam todos os elementos e forças da natureza de acordo com sua necessidade. Grandes manipuladores de energias elementais são portadores naturais de poderes só encontrados nos Orixás que nos regem. Estas entidades são a verdadeira expressão da alegria e da honestidade, deste modo, apesar da aparência frágil, são verdadeiros magos e conseguem atingir o seu objetivo com uma força imensa. Atuam em qualquer tipo de trabalho, mas são mais procurados para os casos de família e gravidez.

A falange das crianças é uma das poucas que consegue dominar a magia. Embora as crianças brinquem, dancem e cantem, elas exigem respeito para o seu trabalho, pois atrás dessa vibração infantil, se escondem espíritos de extraordinário conhecimento. Imaginem uma criança com menos de sete anos possuir a experiência e a vivência de um homem velho e ainda gozar a imunidade própria dos inocentes. A entidade conhecida na Umbanda por erê é assim. Faz tipo de criança, pedindo como material de trabalho chupetas, bonecas, bolinhas de gude, doces, balas e as famosas águas de bolinhas (o refrigerante) e tratam a todos como tio e vô. Os erês, via de regra, são responsáveis pela limpeza espiritual do terreiro.

Salve nossas adoráveis crianças!!!!

Ponto Cantado de Erê

Voa, voa Andorinha; Voa, voa bem ligeiro,
Traga Joãozinho e Cosminho; Para brincar no terreiro. (bis)

Passando na cachoeira; Me traga a Mariazinha,
Passando lá pela praia; Me traga a linda Rosinha.

Voa, voa Andorinha; Voa, voa, e vai buscar,
As crianças para a Umbanda; A festa vai começar.

Voa, voa Andorinha; Voa, voa bem ligeiro,
Traga Joãozinho e Cosminho; Para brincar no terreiro. (bis)

Tem bolo, bola e cocada; Tem sodinha e guaraná,
Hoje é um grande dia; Vamos todos festejar.

Cosme e Damião

Cosme e Damião viveram alguns anos como médicos e missionários na Ásia Menor. As atividades cristãs dos médicos gêmeos chamaram a atenção das autoridades locais da época, justamente quando o Imperador romano, Diocleciano, autoriza a perseguição aos cristãos, por volta do ano 300.

Por pregarem o cristianismo em detrimento dos deuses pagãos, foram presos e levados ao tribunal, acusados de se entregarem à prática de feitiçarias e de usar meios diabólicos para disfarçar as curas que realizavam. Ao serem questionados quanto as suas atividades, Cosme e Damião responderam que curavam as doenças em nome de Jesus Cristo e pelo seu poder. Recusavam-se a adorar os deuses pagãos, apesar das ameaças de serem torturados, e disseram ao governador que os deuses pagãos que tanto adoravam, não tinham poder algum sobre eles, e que só adorariam o Deus Único, Criador do Céu e da Terra.

Por não renunciarem aos princípios religiosos cristãos sofreram terríveis torturas, porém, elas foram inúteis contra os santos gêmeos e, em 303 d.C, o Imperador decretou que fossem decapitados. Cosme e Damião foram martirizados no mesmo ano na Egeia, e seus restos mortais foram transportados para a cidade de Cira, na Síria, e depositados numa igreja a eles consagrada.

No século VI uma parte das relíquias foi levada para Roma e depositada na igreja que adotou o nome dos santos, a outra parte dela foi guardada no altar-mor da igreja de São Miguel, em Munique, na Baviera. Os santos gêmeos são cultuados em toda a Europa, especialmente Itália, França, Espanha e Portugal. Em 1530, na cidade de Igarassu, em Pernambuco, foi construída no Brasil a primeira igreja em homenagem aos irmãos.

São Cosme e São Damião são venerados como padroeiros dos médicos e farmacêuticos, e por transparecerem simplicidade e inocência, também são invocados como protetores das crianças.

Como acontece com tantos outros santos, a vida dos santos gêmeos está mergulhada em lendas misturadas à história real. Segundo algumas fontes eles eram árabes e viveram na Silícia, às margens do Mediterrâneo, por voltado do ano 283. Praticavam a medicina e curavam pessoas e animais, sem nunca cobrar nada.

O culto aos dois irmãos é muito antigo, havendo registros sobre eles desde o século V, que relatam a existência, em certas igrejas, de um óleo santo, que lhes levava o nome e tinha o poder de curar doenças e dar filhos às mulheres estéreis.

No Brasil, a devoção trazida pelos portugueses misturou-se com o culto aos Orixás-meninos (Ibejis) da tradição africana Iorubá. São festejados na Bahia e no Rio de Janeiro, onde sua festa ganha a rua e adentra aos barracões de Candomblé e terreiros de Umbanda no dia 27 de setembro.

- **Curiosidade:** Quem é Doum? Doum era filho de uma empregada da família dos gêmeos, Cosme e Damião. Morreu no dia seguinte ao martírio dos irmãos, e foi levado por eles que o amavam muito. É comum nas estampas de Cosme e Damião se incluir a figura de outra criança, que representa Doum.

Pedrinho

Pedrinho é uma entidade espiritual muito especial para mim, pois sem explicações, me afeiçoei a este guia de grande força, apesar de se apresentar em forma juvenil. Esta história é um misto de conversa com a entidade incorporada em sua médium e intuição no momento de colocar a história no papel.

Muito novo, Pedrinho perdeu seus pais. Sua mãe desencarnou logo após seu nascimento devido a complicações no parto e a precariedade que foi atendida. E não tendo parente próximo que poderia assumir a responsabilidade de cuidar de uma criança recém-nascida, Pedrinho foi acolhido por uma senhora que cuidava de outras crianças com muito amor e zelo, apesar da humilde casa de madeira e de condições financeiras precárias. Porém, o amor e a caridade não escolhem posição financeira, e sim apenas aqueles que nascem para se doar em prol do próximo.

Pedrinho ajudava nos trabalhos da roça e na entrega de leite, mas também se divertia durante o trabalho, com seus amigos e irmãos.

Morava próximo a um acampamento cigano, onde toda vez que podia ia brincar com os ciganinhos, mesmo sem o consentimento de sua mãe adotiva, que tinha medo que os forasteiros o roubassem. Aprendeu muitas coisas sobre os costumes e mistérios ciganos. Brincava por horas de se esconder entre as carroças, de pique, e todas outras brincadeiras que inventava com seu amigo Pablinho, filho do chefe da tribo cigana. Passavam horas brincando e comendo frutas e doces, eram tardes maravilhosas. Algumas vezes, ao voltar pra casa, depois de uma tarde inteira se divertindo com seus amiguinhos, sua mãe o repreendia, pois tinha muito medo de perder sua joia rara.

Certo dia, Pedrinho, sua mãe adotiva e seu cachorrinho saíram para fazer entregas de leite no povoado onde moravam. O Sol já brilhava com toda sua intensidade no céu, uma leve brisa acariciava o rosto do menino, um sorriso estampado em sua face mostrava toda sua alegria pelo passeio que já era corriqueiro em sua vida, porém sempre muito apreciado por ele.

Em uma das entregas, Pedrinho, como uma boa criança que não estava isenta de travessuras, aproveitou que sua mãe descera da carroça para entregar um vasilhame de leite a um de seus clientes, e resolveu sentir o prazer de conduzir uma charrete. Avistando sua mãe se afastar do veículo, pegou as rédeas que o conduzia e a chacoalhou para que o cavalo andasse, seria um pequeno passeio de alguns metros, se o cavalo não se assustasse e saísse em disparada. Sua mãe ao ver a carroça partir correu para tentar contê-la, mas foi em vão, pois em pouco tempo o carro adquiriu muita velocidade, deixando a mulher para trás. Em certo momento do percurso o cachorro começou a latir assustado com a velocidade que a charrete imprimia, o mesmo aconteceu com Pedrinho, que começou a gritar e chorar. Com os latidos do cachorro e os gritos do menino, o cavalo acabou por se assustar ainda mais, e de repente estancou seu galope e empinou seu corpo. Devido ao movimento brusco do animal a carroça tombou e preso ainda a ela e tentando não tombar junto, o animal sapateou, cambaleou e neste desespero, acabou por acertar Pedrinho com uma pisada em sua barriga, que o levou ao desencarne naquele mesmo momento.

Ao desencarnar foi acolhido por espíritos de luz que o conduziram a um lugar lindo e tranquilo, onde passou por um período de restabelecimento. Refeito de suas mazelas, Pedrinho, por sua alegria contagiante e vontade de ajudar, foi designado a trabalhar na terra, mais precisamente no Brasil, através da Umbanda.

Com suas brincadeiras e travessuras, consegue ajudar não só o médium que utiliza de aparelho, mas todos aqueles que precisam de ajuda e proteção.

Salve meu querido Pedrinho, que hoje vem ao nosso terreiro através de nossa querida amiga Keka, médium de grande força espiritual.

Ponto Cantado do Pedrinho

Pedrinho, Pedrinho; Mensageiro de Xangô
Pedrinho, Pedrinho; A ibejada é paz e amor (bis)

Boiadeiros

Dizem os estudiosos que estes guias espirituais chamados de Boiadeiros, já tiveram vida encarnada e voltaram para cumprir sua missão ajudando aos mais necessitados.

Tenho um carinho muito especial por uma boiadeira que conheci logo quando comecei a frequentar a Umbanda e que, em minhas pesquisas, não consegui achar a história de sua vida encarnada. Em uma conversa com esta entidade maravilhosa, ela me contou que havia sido conselheira espiritual de Maria Bonita e ajudou algumas prostitutas a se sentirem mais valorizadas mostrando um caminho mais digno a seguir, mesmo com a profissão que levavam. Falo da minha querida amiga Chiquinha da Campina, conhecida por nós como A Campineira, que deu a mim e a minha família, muitos conselhos construtivos e muito conforto às nossas almas. Para os que não têm muito contato com a Umbanda, vale destacar que os boiadeiros quando incorporam em seus médios, principalmente os homens, vêm com sua mão direita levantada, fazendo movimentos semelhantes ao que os boiadeiros manuseando seu laço fazem, e vêm entoando sua toada "êeeeeeboi" como se estivessem tocando uma boiada. Não mais aquelas da qual estamos acostumados, mas uma boiada de espíritos que buscam a redenção, a luz.

Os boiadeiros representam a força de vontade, a liberdade e a determinação que existe no homem do campo, e valorizam a sua necessidade de conviver com a natureza e os animais, sempre de maneira simples, mas com muita força e fé.

Segundo alguns estudiosos, os boiadeiros vêm dentro da linha de Oxóssi, mas também são regidos por Iansã, tendo recebido dela a autoridade de conduzir os eguns da mesma forma que conduziam sua boiada quando encarnados. Levam cada um (espírito) para seu destino, e trazem os que se desgarram (obsessores, quiumbas, etc.) de volta ao caminho do bem.

Os boiadeiros têm um papel muito importante na Umbanda, o de resgatar os espíritos sofredores, eguns, quiumbas, íncubos e súcubos que de alguma forma geram transtornos espirituais às pessoas no plano material, mantendo assim o equilíbrio entre o espiritual e o material. Seus laços formam campos de força magnética, que prendem as energias destes espíritos nele, possibilitando assim o resgate dos mesmos, para que possam, de acordo com seus merecimentos, serem reconduzidos a sua evolução natural, dentro da lei e da justiça divina. Estes Guias Espirituais também têm outro papel muito importante no equilíbrio psicoemocional dos participantes das reuniões realizadas na Umbanda, onde auxiliam no equilíbrio das emoções desgovernadas, muitas vezes reflexos de ataques sofridos a médiuns por obsessores que visam o desequilíbrio de um terreiro.

Enfim, isso é um pouco da ação destes irmãos de luz que constantemente se manifestam nos terreiros de Umbanda, nas casas espíritas, e ainda nos dias de hoje são pouco compreendidos.

Salve todos os Boiadeiros!

- **Saudação aos Boiadeiros:** Xeto, Maromba Xeto ou Xetro marrumbaxetro ou getruá boiadeiro (Salve aquele que tem braço forte, pulso forte).

Campineiro Rei – Boiadeiro

Apesar do deserto que se transformara São Vicente, nas baias o cheiro do estrume se misturava à respiração dos animais, ao capim molhado das chuvas diárias e ao suor dos boiadeiros. O pasto não mais existia, a terra ficou pobre, hoje moradia de ervas daninhas. O cultivo de hortência deu lugar a flores brutas, deseducadas e sem beleza. A roda d'água já não mais trabalhava e aguardava que a cascata outrora bela e caudalosa, renascesse do interior das pedras, para que pudesse voltar a sua rotina de alegria e beleza.

Enquanto isso, lá no fundo da estrebaria, um homem ainda existe. Enxergando os cenários reais e imaginários, apesar dos olhos e respiração embaçada, e querendo adormecer para sempre. Não se pode afirmar que aquele caminho fosse uma estrada honesta, antes trilha aberta na campina já sem personalidade, tanto mato mastigando as margens da antiga ligação de vinte e poucos quilômetros existentes entre a cidadezinha e a porteira. Contudo, um sujeito envelhecido demais demonstra o cansaço personificado num boiadeiro. Já sem o inseparável alazão que há muitas curvas atrás marcara encontro com a morte, após uma longa vida, cúmplice e sacrificada. Não mais domesticava burros xucros, tampouco derrubava bois brabos pelos chifres. Nem por isso abandonou o chapéu de couro e toda a indumentária típica do ofício, que não exercia fazia tempo.

Naquela época era um homem satisfeito com a vida, o cheiro de suor se misturava ao estrume bovino; acompanhado sempre de seu cigarro de fumo desfiado e envolto em palha, tomando sua aguardente no fim da labuta à noitinha e gostosas prosas demoradas que adentravam a noite, acompanhadas das gargalhadas dos companheiros tão exaustos quanto felizes como ele.

Por isso insiste em arrastar os pés gretados naquela terra batida que o empurra para a velha fazenda. Queria abraçar novamente, quem sabe pela última vez, seu berço de destino, antes que a terçã devore suas forças, e as tosses expulsem o resto de sangue fatigado, ainda existente nas artérias do corpo que teima em manter-se vivo. E é um pé ferido após o outro, lentos sob a noite, marcando descalço o chão amarelo.

Após chegar a seu destino, aperta com carinho o cigarro de palha entre os dedos e o acende como se fosse o último, solta a fumaça, elas sobem, mas não evaporam, como que tangidas por boiadeiros invisíveis, atravessavam os janelões da estrebaria e o telhado, sem quase nenhuma telha, por onde mergulhava um luar azul e oblíquo.

Morto em pé, senta. Atira longe o bornal magro e encosta todas as suas dores, os músculos exauridos e os ossos, nas tábuas arruinadas da parede lá no fundo da construção. Uma sede medonha, de quem precisa beber o mundo. Apalpa a algibeira com saudades da santinha, parceiros desde quando se perdeu molecote nas brenhas da floresta vizinha a São Vicente, procurando encontrar o primeiro bezerro desgarrado de sua vida, que há tempos, mesmo a santa havia lhe dito até nunca mais. Na certa apeou do gibão lá na estrada, esqueceu minha pessoa, sem reza que dê jeito. Na verdade verdadeira isso pouco importava agora e na hora de nossa morte. Amém.

Resignado, lança fumaças grossas que engolem em névoa todo o ambiente, enquanto as janelas se fecham mansas, com aquela mesma sabedoria disfarçada de velhinhas simpáticas, quando, em suas casinhas, abrem calmas e risonhas as janelas que sempre cumprimentam de suas varandas e terreiros.

A lua parece enfastiada, sem muita vida, mas ainda encontra ânimo para alumiar, luminária característica dos palcos teatrais, cena que aos poucos e mal definida vai se construindo a alguns metros diante do cristalino direito, neblinado pela catarata.

Lembra-se de quando boiadeiro – menino que só –, adentra a estrebaria conduzindo novilhos; lá fora é sol bastante para mangas-largas tranquilos no pasto imenso e gramíneo mar; dois cabras à toa encostados ao mata-burro, outros tantos aboiando três, quatro, manadas; mãos femininas aguando hortênsias; brincadeiras de crianças com os perdigueiros; homens debulhando no paiol onde o milho diariamente os esperava; uma falange de gansos passava grasnando, na mesma afobação de quem furta; a roda d'água girava feliz, com seu ritmo compassado e certa música que aplaude a vida contagiante da São Vicente. Imagens que se repetem iguais na mesma sequência, videoteipe infinito. Contudo, não usasse também os olhos do devaneio e da lembrança, enxergaria sem muita nitidez; os nevoeiros do cigarro de palha e do olho enfermo são espessos demais para permitir.

Agora resta um nada, se a memória não o engana. Mais outra curva, depois aquele antigo córrego tão filete d'água que nunca mereceu ponte, o sol, encerrando o expediente no mundo, fecha as pálpebras, o firmamento veste um longo preto, vestido de noite. Existe uma lua cortejada por estrelas apaixonadas, cada qual se pretendendo mais diamante. Constelações, criaturas femininas, como brincos pingentes que parecem balançar na ventania gelada que sopra de todos os lados do planeta. A mesma friagem que, até certo ponto cauteriza dores musculares e as provocadas pelos ferimentos. Os machucados de sua alma até nem doíam muito, de tanto que era lindo o céu piscando feliz pra ele.

Boiadeiro velho e sem préstimo, cuja vontade única na vida era a de morrer com algum sossego, a beleza da noite o faz lembrar-se da primeira e inesquecível imagem que possui guardada de sua própria pessoa, quando ainda criança, sentado num mourão de cerca ele observava boquiaberto um Campineiro domar a égua alazã, arredia por demais. Os gritos, a firmeza no laço, o animal escoiceando até cansar, a força física teoricamente impossível àquele corpo magro. Chegando perto dele, suarento, seu olhar secava qualquer pimenteira, a cara franzida. Cruzou os braços e encarou o boiadeiro, sério e com medo, a pessoa mais benquista de toda São Vicente, logo depois da sinhá. Ficaram se medindo por algum tempo, só se perguntava quem iria arredar primeiro os olhos, ele que não seria. No final o boiadeiro deu muita risada da peleja sem palavras com o menino e disse aos companheiros que aquele moleque seria cabra macho e podiam escrever, seria um daqueles batutas que esbofeteiam a cara de touro metido a brabo, e o bichão, com chifre e tudo, esconde a rabiola entre as pernas, igualzinho que nem cachorro frouxo.

Se dirigindo ao menino, disse que em nome do boiadeiro raçudo que iria ser lhe batizaria como Campineiro Rei. Continuando a falar com o menino, disse que este seria seu substituto à altura, com certeza, e finalizando a prosa mandou que o menino fosse se deitar, pois a noite já estava a galope e faltava uma migalha qualquer de tempo pra ela apear por aquelas bandas. Se despedindo do menino, pediu que voltasse de manhã, e nos demais dias, para que lhe ensinasse as espertezas da labuta, mas uma coisa não poderia ensinar a ele, sua cantiga, e apontando para os companheiros, disse que cada um daqueles boiadeiros bons de laço, tinha uma moda, e completou dizendo que deveria moer seus pensamentos na modinha que iria lhe seguir por toda sua vida.

A brasa do cigarro adormece lenta, fazendo companhia à secura da sua solidão, à evaporação daquela vida, com cheiro de capim e estrume, que estava ali há não faz muito tempo. A guimba ele esmaga entre as mãos trêmulas, e farrapos do fumo escapam pelos dedos e repousam no chão. É poeira de lama seca, a terra, contudo. Doe os olhos à febre incandescente, ruminando o corpo rarefeito. Pare de ser guiada com tábuas irregulares, lazarentas, vêm abaixo, um segundo após o outro. Uma a uma. Como pedras de dominós, caem para o lado externo da estrutura. Desabam sobre o terreno ocupado pelo abandono. Os caibros, que um dia foi leito para telhas serenas, porém, não continuam. Pilastras de madeira sustentam a lua, esposa que reconhece não haver mais espaço para exibir ao amado sua feminilidade, entristece e murcha, se liquefaz em lágrimas, chuvisca. Por consequência, estrelas infelizes por verem destronada a rainha do céu noturno, fogem para a terra, disfarçadas de pirilampos. Súditas, órfãs, apaixonadas, aos milhares, voam em fila mais ou menos indiana a partir do horizonte. Seguem em procissão, velas acessas que piscam alternadas. A caminho do corpo, boiadeiro, alquebrado corpo, quase falecido e quase vivo corpo.

Põe para funcionar mais um cigarro de palha, amigo inseparável, o corpo como um cadáver ainda não morto por completo semicerra as pálpebras num sorriso satisfeito, pois a vida lhe dizia adeus, ainda existe tempo para enxergar vaga-lumes se aproximando velozes. A cabeça pende ligeiramente à esquerda. Uma lágrima do olho débil escorrega e inunda a íris vizinha que aos poucos embranquecem em catarata, agora os dois olhos não veem os besourinhos iluminados pousarem no corpo que, num último fôlego canta a velha toada composta por ele quando estava aprendendo a função de boiadeiro.

*"Eu vou tanger minha boiada entre as estrelas do céu...
Cumprimentar minha sinhá com o meu chapéu...
Que é de couro sim... Sou Campineiro Rei."*

Texto retirado do Grupo de Estudos Boiadeiro Rei

Boiadeiro Navizala

Navizala viveu no sertão de Pernambuco, no século XVIII e era boiadeiro (tocador de gado, como se diz). Quando pequeno, morava em uma casinha de sapé no meio da caatinga, com sua mãe, que era uma grande médium, chamada naquelas bandas de benzedeira ou curandeira.

Aos cinco anos de idade perdeu seu pai, ficando apenas ele e Dona Cecília, sua mãe. Com o desencarne do pai, o pequeno Navizala sentiu sua vida difícil de sertanejo tornar-se ainda mais sacrificante, pois viviam do pouco que a pequena roça, plantada por ele e a mãe, produzia, mas a pouca idade não o impedia de ajudar.

Ele carpia, semeava, colhia, enfim, ajudava em tudo, contando sempre com todo o amor de sua humilde e sábia mãezinha, que todas as noites preparava no fogão a lenha, a farofa com banana, uma iguaria para o pequeno Navizala. Eles rezavam e comiam à luz de um velho lampião, depois se sentavam debaixo do juazeiro no quintal e Dona Cecília ensinava ao filho as coisas da vida espiritual, que ele ouvia maravilhado. Quanta sabedoria em uma mulher tão simples.

Quando não estavam na roça, sua mãe atendia muita gente da redondeza, pois não havia hospital, nem médicos perto dali e a única esperança daquele povo pobre do sertão era aquela mulher. Em sua casa havia vários canteiros de ervas e com elas fazia suas famosas garrafadas, que benzia as crianças desnutridas, o agricultor ferido por ferramentas enferrujadas, realizava parto, fazia tudo o que podia para salvar muitas vidas. O pequeno Navizala sabia de cor o nome de todas as ervas e com sua vidência apurada, dizia à mãe quando a pessoa chegava acompanhada por obsessores e assim iam levando as suas vidas.

Dona Cecília desencarnou dormindo tranquilamente, quando Navizala tinha apenas quinze anos. Ele chorou muito, estava só no mundo. Começou a ver a mãezinha que lhe dizia para ter ânimo e continuar a missão que antes era dela. Ele começou então a trabalhar para fazendeiros da região. Levava boiadas para todos os cantos do nordeste, com suas viagens poderia ajudar mais pessoas, e assim foi por muito tempo. Onde parava, sempre tinha alguém doente que precisava de sua ajuda. Salvou muita gente e fez amigos em toda parte, sua mãezinha sempre estava ao seu lado orientando, incentivando e consolando-o nos momentos difíceis.

Por onde andava, Navizala deixava sua luz. Só tinha o seu cavalo malhado, companheiro inseparável, o rosário de sua mãe e um par de botas gastas, mas gostava mesmo era de andar descalço e adoçar a boca com um belo pedaço de rapadura. Gostava dos banhos de açude, de cuidar dos animais e de conversar com as pessoas, um espírito equilibrado e forte, que nunca se deixou vencer pela aridez da vida no sertão.

Sua missão na terra acabou aos quarenta e nove anos de idade, assim como sua mãezinha, deitou-se e deixou o corpo. Navizala foi para o astral, onde pôde abraçar sua mãe, seu pai, seus mentores. Em seu enterro estavam presentes centenas de pessoas, muitas que ele ajudou e sentiam de verdade sua partida, vinham de todas as partes do sertão, pobres e ricos, agradecidos àquele homem maravilhoso por ter praticado o bem, feito o melhor que podia por todos. Ao chegar ao plano astral, ficou surpreso, emocionado e chorou. Uma fila se formou, muitos queriam abraçá-lo, pessoas que ele tinha ajudado na terra. Navizala representa a força do sertanejo, a luta, a honestidade e a sabedoria daquela linda gente.

Quando pediu para trabalhar, ele escolheu continuar ajudando, pediu para vir com todas as características que tinha como sertanejo, inclusive o linguajar simples e direto, hoje trabalha pela cura espiritual, emocional e física na Umbanda.

PS: Quando Navizala desencarnou, no dia seguinte seu querido cavalo também se foi. Quem conhece esse mentor espiritual sabe que ele não gosta de rodeios, é direto e gosta de quem o olha nos olhos. Se seu nome não fosse Navizala, seria sinceridade!

Ponto Cantado de Boiadeiro

E boi, e boi, e boi; Eu vou buscar meu laço
Eu perdi minha boiada; Na virada do compasso

Eu fui boiadeiro; Eu fui sim sinhô
Mais perdi tudo o que eu tinha; Por causa de um grande amor

Ciganos

Durante muito tempo os Ciganos foram confundidos como trabalhadores da linha de esquerda da Umbanda, linha que está ligada a Exús e Pombagiras, pois era nessa vibração que trabalhavam, por não terem uma linha própria dentro dos fundamentos da religião.

Porém, isso vem mudando gradativamente, e hoje os ciganos vêm ganhando cada vez mais espaço dentro do culto umbandista, pela força que demonstram em relação a seus trabalhos, caridade e humildade. Trabalham em aconselhamentos espirituais, voltados para o equilíbrio emocional, saúde física, mental e espiritual.

São entidades oriundas de um povo muito rico de histórias e lendas, foram na maioria andarilhos que viveram nos séculos XIII, XIV, XV e XVI. Esse povo tem na sua origem o trabalho com a natureza, sua subsistência era através do que plantavam e o desapego às coisas materiais.

Trabalham também com as energias do Oriente, com cristais, incensos, pedras energéticas, com a cromoterapia, os quatros elementos da natureza e se utilizam exclusivamente de magia branca natural, utilizando banhos e chás elaborados exclusivamente com ervas, para as curas dos males do corpo e da alma.

A força e magia que este grupo de entidade possui, vem do seu conceito de liberdade e da alegria com que encaram a vida e os obstáculos que surgem em seus caminhos. Uma frase que expressa bem o que falam é *"O Céu é meu teto; a Terra é minha pátria e a Liberdade é minha religião"*.

Santa Sarah Kali, além de protetora do povo cigano, é sua orientadora para o bom andamento das missões espirituais. Não devemos confundir tal fato com o sincretismo, pois Santa Sarah é tida como orientadora espiritual e não como patrona.

Os ciganos, dentro da ritualística umbandista, falam o "portunhol", alguns poucos falam o romanês, língua original dos ciganos. As incorporações acontecem geralmente em linha própria, mas nada impede que eles possam vir a trabalhar na linha da esquerda.

Sempre é bom evitar uma confusão que vem se dando com muita frequência: as entidades que se apresentam como Pombagiras Ciganas trabalham na vibração de Exú e as Pombagiras que não são ciganas trabalham nas duas linhas. As entidades que se apresentam simplesmente como ciganos e ciganas não são Exús. Podem trabalhar nessa vibração eventualmente, mas não o são.

Os nomes mais comumente usados por eles são:

- *Ciganos*: Allan, Alberto, Cristiano, Diego, Diogo, Flávio, Giancarlo, Gonçalo, Iago, Igor, Juan, Miro, Manolo, Nestor, Ramires, Ramon, Roni, Valter, Vladimir.
- *Ciganas*: Aurora, Carmem, Carmela, Constância, Dalila, Dolores, Jade, Lia, Madalena, Nadja, Nazira, Penélope, Quitéria, Rosa, Samara, Samira, Sandra, Sara, Sarita, Soraya, Zafira, Zaíra.

A falange não possui cor específica, pois cada cigano tem sua própria cor vibratória.

- **Saudação aos Ciganos:** Arriba! – (Salve o Povo Cigano!).

Santa Sara Kali

Conta a lenda que Maria Madalena, Maria Jacobé, Maria Salomé, José de Arimateia, Trofino e também Sara, uma cigana escrava, foram atirados ao mar numa embarcação sem remos e sem provisões. Desesperadas, as três Marias puseram-se a orar e a chorar. Sara retira o seu diklô (lenço) da cabeça chama por Kristesko (Jesus Cristo) e promete que se todos se salvassem ela seria escrava de Jesus e jamais andaria com a cabeça descoberta em sinal de respeito. Milagrosamente, a embarcação sem rumo e à mercê de todas as intempéries, atravessou o oceano e aportou com todos salvos em Petit-Rhône, hoje a tão querida Saintes-Maries-de-La-Mer. Por ser escrava e negra, ao aportar não foi acolhida como os outros de seu barco.

Um grupo de ciganos a encontrou e ficaram penalizados, então a acolheram. Sara cumpriu a sua promessa até o final de seus dias. Conta a lenda que ela operou alguns milagres entre o povo cigano e por isso, após sua morte foi cultuada como padroeira do povo cigano. Segundo Miriam Stanescon – Rorarni (princesa do clã Kalderash) a tradição das mulheres ciganas casadas utilizarem a cabeça coberta com um lenço deve ter nascido deste gesto de Sara Kali quando prometeu utilizar sempre o lenço na cabeça caso fossem salvos. Hoje o diklô é a parte mais importante do vestuário das ciganas casadas. A prova disto é que quando se quer oferecer o mais belo presente a uma cigana se diz: Dalto chucar diklô (Te darei um bonito lenço).

Além de trazer saúde e prosperidade, Sara Kali é cultuada também pelas ciganas por ajudá-las diante da dificuldade de engravidar. Muitas mulheres que não conseguiam ter filhos faziam promessas a ela, no sentido de que, se concebessem, iriam à cripta da Santa, em Saintes-Maries-de-La-Mer no sul da França, fariam uma noite de vigília e depositariam em seus pés como oferenda um diklô, o mais bonito que encontrassem. Lá existem centenas de lenços, como prova que muitas ciganas receberam esta graça.

Para as mulheres ciganas, o milagre mais importante da vida é o da fertilidade porque não imaginam suas vidas sem filhos. Quanto mais filhos a mulher cigana tiver, mais dotada de sorte ela é considerada pelo seu povo. A pior praga para uma cigana é desejar que ela não tivesse filhos e a maior ofensa é chamá-la de Dychucô (ventre seco). Talvez seja este o motivo das mulheres ciganas terem desenvolvido a arte de simpatias e garrafadas milagrosas para fertilidade.

Ponto Cantado de Saudação a Santa Sara Kali

Salve Sara Protetora dos Ciganos; Estamos aqui pra lhe pedir
Vem abrir nossos caminhos; Mostre-nos uma luz pra prosseguir

Tanta luz iluminando; As cores do arco-íris
É Santa Sara que está chegando
Pra abençoar o Povo Cigano

Nossa luta é constante; Pra defender a liberdade
Ó minha Santa, nos ajude; A merecer esta felicidade
Santa Sara iluminai nossos caminhos

A nossa fé nos ajude a construir
Leve esta prece, com nossos destinos
Para um mundo melhor que há de vir.

Cigana Sarita

A noite estava muito escura. Lara caminhava com dificuldade pisando sobre pedras que não conseguia enxergar. Andando há mais de uma hora, viu a Lua aparecer no céu, mas as nuvens que insistiam encobri-la não deixavam que o percurso fosse iluminado, e seu destino dava a impressão de estar cada vez mais distante. Por sorte conhecia como ninguém os atalhos que tomara, e tinha a esperança de chegar antes que alguém desconfiasse que fora até a cidade.

Dissera à velha Mina que iria tomar banho em uma cachoeira pouco distante do acampamento, mas que voltaria antes do cair da noite. Desconfiada, a velha ama insistiu em fazer-lhe companhia, mas foi dispensada de forma grosseira, coisa pouco usual na convivência entre elas.

No acampamento Mina fechou-se na tenda que dividia com Lara em profundo silêncio, para que pensassem que ambas não estavam. Porém, conforme as horas passavam, seu coração apertava de medo pelo que poderia acontecer à querida sobrinha caso descobrissem o que ela fora fazer. Lara não dissera uma palavra sequer, mas ela sabia, criara a garota desde pequena e conhecia seus pensamentos e hábitos mais que ela própria. Percebera imediatamente os olhares trocados entre a jovem e o belo cavalheiro que encontraram em uma de suas idas à cidade. A beleza da cigana enfeitiçara o rapaz, e Mina, experiente nesses assuntos, vira claramente o fogo da paixão imediatamente correspondida. Tentara por diversas vezes alertar a sobrinha fazendo-a lembrar-se de seu compromisso com o cigano Juan, filho do chefe cigano, mas ela não lhe dera ouvidos e sempre gritava que não havia nada e que a velhice da mulher é que inventava esses romances absurdos.

Contudo ela sabia que os encontros às escondidas estavam ficando cada vez mais frequentes e se algo não fosse feito Lara seria descoberta e acabaria, com certeza, expulsa ou morta, já que isso jamais seria perdoado pelo conselho dos anciãos.

Mina entrou em desespero ao ouvir a voz de Juan chamando por Lara. O que fazer? Ficar quieta e não revelar que ali estava? Ou sair e contar a história da cachoeira? Resolveu sair e contar ao rapaz que Lara havia ido tomar banho na cascata azul. O rapaz olhou-a com ódio e, aos gritos, chamou a velha de mentirosa. Havia sido informado que a moça tinha ido à cidade deitar-se com um amante, e só foi até a barraca para ter a certeza de que não a encontraria. O rapaz saiu gritando que iria se vingar, que não poderia deixar seu nome na lama e não se chamaria mais Juan se a deixasse viva.

Ao ouvir essa ameaça a mulher esqueceu-se de suas dores e correu em direção à saída do acampamento, tinha de achar Lara antes dele.

Era tarde, a cigana calmamente caminhava em sua direção. Mina gritou com voz rouca como que arrancada do fundo do peito, para que a menina corresse. Lara avistou seu prometido logo atrás da tia e num segundo entendeu tudo, virou-se e desabalou a correr. Porém, o punhal certeiro do cigano atingiu-lhe em cheio o meio das costas fazendo-a tombar de dor. A velha ajoelhou-se em desespero gritando sobre a bela cigana, mas não havia mais nada a fazer. O espírito de Lara desprendeu-se e entregou-se à natureza.

A passagem de Lara pelos campos escuros das provações foi breve, após muitos ensinamentos e preparos para a evolução necessária, tornou se a cigana Sarita e hoje alegra muitos terreiros com sua juventude e graça. Apesar de adorar a dança, sempre atende aos que a procuram com carinho e grande senso de justiça, agradece a oportunidade de poder ajudar e sai dançando com um largo sorriso!

Sarava à Cigana Sarita!

Ponto Cantado da Cigana Sarita

Olha que linda cigana que vem lá!
Ela vem pra dançar... ela vem pra dançar!!!
É a cigana Sarita, bonita e menina que vem nos saudar...
Sua saia é de ouro e cabelos do luar...
Seu perfume tonteia a quem ela quer desposar...

Cigano Ramon

Cigano de meia-idade, com cabelos grisalhos e olhos pretos, Ramon foi Kaku (líder mais velho) do seu grupo e era muito respeitado por vários outros clãs devido a sua grande sabedoria. Viveu na Europa, irmão mais novo do Cigano Woisler, veio de uma grande família e sempre cuidou de sua mãe. Era um ótimo guerreiro e participou de grandes batalhas, das quais conquistou muitos territórios e acumulou riquezas deixando-as enterradas em suas terras.

Sempre bem e elegante, usava blusão estampado com mangas compridas, aberto no peito sem colete por cima, calça azul-marinho e na cintura uma faixa vermelha na qual prendia o seu punhal de ouro com cabo incrustado de rubi. Ramon costumava usar um lenço vermelho na cabeça, amarrado para o lado direito. Na orelha esquerda ele trazia uma pequena argola de ouro e um cordão, também de ouro, com uma estrela de cinco pontas, ornamentava seu pescoço, no dedo indicador da mão direita, um anel de ouro com uma estrela de seis pontas, tendo em cada ponta um minúsculo topázio amarelo. Suas vestes como cigano faz à vida mais importante para ele, pois foi nela que aprendeu o valor da família, da partilha e da união.

Durante sua passagem na Terra, Ramon sempre estava com seu violino, às vezes tocando, outras compondo suas músicas. As letras dessas melodias falavam sempre de experiências vividas nas longas viagens pelas estradas do mundo.

Após seu desencarne, assumiu a missão no mundo espiritual de ajudar aqueles que o procuram em busca de harmonia, equilíbrio e paz em seus corações. Deixando-nos a lição da importância da família, que sempre estará ligada a nós em qualquer encarnação. Filhos podem se tornar pais, maridos e irmãos. Mas o mais importante é o sentimento de união, amor e cumplicidade nestas ligações.

Ponto Cantado do Cigano Ramon

Na gira dos Ciganos; Ramon vem trabalhar
Ao brilhar a lua; Ele vem cantar

Na gira dos Ciganos; Ramon vem trabalhar
Na força do fogo; Gira o mundo sem parar
Na gira dos Ciganos; Ramon vem trabalhar

Cigano Pablo

Pablo viveu nesta terra há muito tempo, foi chefe de sua tribo de ciganos que na maior parte do tempo acampava pelas terras de Andaluz. Como a tradição dos ciganos eram passadas de geração para geração e de pai para filho, herdou de seu pai, ainda jovem, a chefia da tribo.

Aprendeu tudo que podia com os anciãos, pois para os ciganos, os mais velhos são as pessoas mais sábias sobre a face da terra.

Durante o tempo em que chefiou sua tribo, sempre recorria a eles em busca de conselhos para solucionar problemas, tirar dúvidas ou quando necessitava tomar qualquer decisão que fosse de grande responsabilidade, nunca gostou de tomar decisões sem antes consultar a sabedoria dos antigos.

Quando nasceu, foi prometido, como era o costume cigano, à filha de uma das famílias da tribo. Cresceram juntos e aprenderam a gostar um do outro, assim foi até atingirem a idade necessária para contraírem o matrimônio. Enquanto isso aprendeu com os antigos todos os truques e magias ciganas. Tornou-se um grande conhecedor de feitiços e adquiriu um pouco da sabedoria dos antigos. Aos quinze anos de idade, casou-se, e ao lado da esposa aprendeu como liderar a sua tribo. Tiveram três filhos homens, e como era o costume, eles foram prometidos em casamento, e assim seguiu a tradição, com muita alegria e muita fartura. Todos trabalhavam arduamente, cada um em seu ofício em prol da coletividade. Com os filhos crescendo e a felicidade do casal a largos passos, surgiram os primeiros problemas. Seu primogênito, ao qual cabia substituí-lo na liderança da tribo, resolveu rebelar-se contra as suas tradições não querendo aceitar o acordo nupcial feito entre sua família e a de sua prometida. Com isso causou um grande conflito na tribo, e como não bastasse, resolveu envolver-se com outras moças de lá, causando ainda mais o desagrado de todos os homens que já estavam, como ele, prometidos a essas donzelas. Até que seus atos o levaram a um conflito direto com um dos jovens da aldeia, e pelas leis da tribo, esse conflito levou os dois jovens a um duelo pela honra.

Pablo já sabia como terminaria esse duelo, pois como seu filho se rebelara, não quis aprender com o pai a arte de duelar, encontrando-se assim, despreparado para tal. Vendo-se com grande dor no coração por saber ser impotente se fazer cumprir a lei da tribo (lei que nunca antes fora posta em prática), tornou-se introspectivo e voltou-se aos antigos em busca de consolo. Sabendo os antigos do grande amor que Pablo nutria por seu primogênito, mostraram-lhe que havia uma maneira não muito ortodoxa de poupar o seu filho da morte certa, porém, sendo um bom lutador e tendo o conhecimento da magia do duelo, sabia também que não deveria vencer o jovem. Assumiu então o lugar de seu filho e assim desencarnou nas mãos de um jovem cigano cheio de ódio, pois o rival havia desonrado sua prometida.

Deixando uma jovem esposa e três filhos, Pablo rezou para Santa Sara pedindo que cuidasse de todos. Durante algum tempo foi permitido que velasse por sua tribo e sua família, ficando ao lado de todos e tentando colocar algum juízo na cabeça de seu filho, na esperança de que, após o acontecido, ele resolvesse aceitar o seu destino. Porém não teve sucesso, pois seu filho se rebelou ainda mais pelo que fez e continuou numa busca que nem ele sabia o que era.

Vendo seu segundo filho ser envolvido pelo mais velho, tentou de todas as maneiras que pôde, e que haviam lhe permitido, influenciar o primogênito no sentido do dever. Não conseguindo seu intento e vendo que o seu tempo estava se esgotando, direcionou suas forças para o segundo filho que, ao contrário do mais velho, aceitou tudo o que ele pode passar. Descobriu então que com o segundo filho tudo era mais fácil, pois este já trazia de berço todos os dons que lhe foram passados por gerações. Sempre com o intuito de regenerar o mais velho, indicando a este o caminho dos antigos, fez com que este filho conseguisse com o seu carinho trazer o mais velho de volta para o seio da tribo. Depois de regenerado, seu primeiro filho retomou o seu lugar de direito, como chefe de seu povo. E assim Pablo pôde seguir o seu caminho no astral até o dia em que pôde tornar a encontrar a sua amada, e voltar a montar a sua tribo no astral.

Ponto Cantado do Cigano Pablo

Longo foi o meu caminho; Andei nesse mundo, andei
Sou um andarilho; Sou cigano, hoje eu sei

Sei que ao caminhar; Cumpro minha missão
Dou o meu axé; A quem me estender a mão
Todos me chamam; Pablo Cigano.

Cigano Ramires

No dia 24 de maio de 1577, o velho cigano Bergem casou-se com a jovem cigana Gênova, formando assim mais uma feliz família cigana. No ano seguinte ao casamento nasce a primeira filha do casal, que levou o nome de Huélva. O casal era muito feliz com sua pequena filha e algum tempo depois, Gênova engravidou novamente, dando à luz um belo menino no qual a mãe colocou o nome de Ramires.

Bergem era muito mais velho do que sua esposa, mas isso não afetava o amor que sentiam um pelo outro, eles eram um exemplo de felicidade.

Quando Ramires estava com quatro anos, sua família decidiu ir a Madri com toda a tribo, porém no meio da viagem o tempo mudou, o céu escureceu e uma grande tempestade caiu sobre aquele comboio, as carroças deslizavam na estrada cheia de lama e poças d'água, a escuridão era imensa, não se via nada diante dos olhos. No meio de toda aquela confusão, todos escutaram um grande barulho, uma das carroças tinha virado. Era um quadro desesperador. O velho cigano Bergem, sua jovem esposa Gênova e seus filhos estavam debaixo da carroça. O cigano Pedrovik, irmão de Bergem e chefe do grupo, veio logo socorrer sua família, mas infelizmente, não pôde fazer mais nada além de desvirar a carroça e colocar dentro dela os corpos do seu irmão, sua cunhada e sua sobrinha. Só o sobrinho estava vivo, sem nenhum arranhão.

Pedrovik tomou conta do pequeno Ramires que, daquele dia em diante, tornou-se uma criança diferente. Ele ficava sempre isolado, vivia só, seu comportamento era bem distinto dos outros meninos do grupo.

O tempo foi passando e Ramires tornou-se homem feito, mas era de poucas palavras, seu comportamento continuava estranho, não mudara nada desde o tempo de criança, quando ficava isolado de todos.

Certo dia, seu tio Pedrovik chamou-o na tenda para conversar a respeito de seu futuro e informar ao sobrinho que ele iria se casar com sua protegida Zanair. Ramires não teve escolha e assim foi concretizado o casamento, em plena primavera de Madri.

O casamento foi realizado por Pedrovik e seguiu o ritual tradicional do povo cigano. Zanair estava belíssima com uma túnica bordada de pedras reluzentes, uma saia muito rodada que brilhava com os reflexos da fogueira e uma coroa de flores naturais em tons claros que ornava sua cabeça.

Depois de realizado o ritual de união dos dois, Pedrovik deu ao casal dois potes cheios de grãos, para que nunca faltasse alimento na sua tenda, e Zimbia Taram, uma cigana idosa do grupo, cortou um fio de cabelo de Ramires e outro de Zanair e colocou-os dentro de um copo de cristal com os fios da crina de um cavalo e de uma égua, além de outros objetos, realizando uma magia de amor, para que sempre houvesse sexo entre o casal, e para que eles tivessem muitos filhos. Passados nove meses do casamento, Zanair deu à luz um lindo menino, a quem deu o nome de Izalon, e de ano em ano ela trazia ao mundo mais uma criança. Eles tiveram ao todo nove filhos, três meninos e seis meninas, que nasceram na seguinte ordem: Izalon, Pogiana, Tarim, Tainara, Tamires, Diego, Thaís, Lemiza e Talita. O coração de Ramires sempre foi um mistério, porém se adaptou a vida de pai de família, superando traumas de sua infância. Foi ótimo pai e um esposo carinhoso, criou seus filhos com muito amor e carinho.

Ponto Cantado do Povo Cigano

Todos os ciganos são assim
Giram o mundo sem parar

Gostam de ficar sob o luar
De frente ao fogo a cantar
De frente ao fogo a bailar

Cigana Esmeralda

Na Paris do século XV, uma jovem e orgulhosa cigana chamada Esmeralda dança alegremente na praça da Catedral de Notre Dame. Sua beleza estonteante transtornava o arquidiácono Claude Frollo que, perturbado por sua beleza e querendo afastar-se dessa tentação, ordenou que seu sineiro, o disforme Quasimodo, raptasse a moça. Porém Esmeralda é salva por um grupo de arqueiros comandado pelo capitão da guarda, Phoebus de Châteaupers.

Dias depois a cigana reencontra seu salvador o Capitão Phoebus, e demonstra todo o amor que passou a dedicar-lhe. Apesar de comprometido com a jovem Fleur-de-Lys (em português: "Flor de Lis"), Phoebus fica seduzido pela cigana e marca um encontro com ela em um local fechado, mas, quando está chegando ao seu destino, Frollo aparece e o apunhala pelas costas. Acusada de assassinato, a bela Esmeralda se desespera, e para escapar de seu suplício, se entrega a Frollo. Levada ao átrio da catedral para receber a sua sentença de morte, Quasimodo, que também a ama, porém de forma desinteressada, se apossa da bela cigana e a leva para dentro da igreja, onde a lei de abrigo a torna protegida. Quasimodo passa a noite tratando de Esmeralda. Inconformados com a situação de sua amiga Esmeralda, os vagabundos que viviam com ela resolvem libertá-la. Frollo aproveitando-se do tumulto formado pelos amigos da moça leva a cigana com ele e tenta seduzi-la. Furioso com sua recusa, ele a entrega às garras de uma velha reclusa do "buraco dos ratos", uma eremita enterrada por sua vontade nesse buraco no chão e considerada louca. Ao invés de despedaçar Esmeralda, a velha reconhece na cigana sua própria filha e a poupa. Esmeralda não consegue desfrutar de uma paz muito longa, em pouco tempo os guardas da cidade a encontram e ela é encaminhada novamente para a sua execução na praça da catedral.

Do alto da Igreja de Nossa Senhora, Quasimodo e Frollo assistem à execução. Quasimodo, louco de desespero, atira o padre do alto da torre e desaparece para sempre. Muito tempo depois, ao ser aberto o ossário de Montfaucon, são encontrados dois esqueletos abraçados; um deles, com uma visível deformação na espinha.

Ponto Cantado da Cigana Esmeralda

Ia passando na beira de uma barraca
Quando ouvi uma cigana me chamar
Era linda como uma rosa e bela como o luar
Falo de amor em minha caminhada
E minha cigana de fé é a Cigana Esmeralda.

Cigana Dalila e Cigano Michel

Dalila era uma bela cigana, que havia sido prometida desde seu nascimento a Michel, um belo cigano de sua tribo. E viveu e morreu por ele.

Grande conhecedora dos mistérios das cartas e do futuro, não conseguiu prever seu próprio destino.

Amada por todos de sua tribo e principalmente por Mauro, irmão mais velho de Michel, Dalila não aceitava o amor daquele que seria seu cunhado e viu a morte de Mauro nas cartas.

Michel era o filho preferido de seu pai, com isso sofria com a inveja de seus irmãos, pois os mais antigos da tribo previam que ele seria o rei dos ciganos e não seu irmão mais velho como mandavam os costumes.

Apesar de ter o amor de Dalila, Michel era homem de vida desregrada. Participava de noites regadas de mulheres e bebidas. Porém sua vida mudou após ver seu irmão morrer em seus braços e não conseguir salvá-lo de seus inimigos. Michel abandonou as noitadas e tornou-se um verdadeiro cigano. E logo virou o chefe de sua tribo.

Seu reinado não durou muito tempo, seu passado lhe perseguia e a morte lhe encontrou no dia de seu casamento com Dalila.

O jovem cigano voltava da cidade, quando foi atacado por desafetos da época de sua vida boemia e acabou sendo ferido mortalmente. Já prevendo sua morte, ele chamou por Dalila e disse a sua amada que seu desejo era viver com ela para sempre.

E então, estando o cigano perto de seu fim, uniu-se a Dalila através de um laço de sangue e assim encontraram-se na espiritualidade após o desencarne de sua amada. Michel sucumbiu pelos seus deslizes, sua vida mundana entregue aos prazeres da carne. Hoje eles vêm aos terreiros de Umbanda juntos, pelo amor e pela fé e após os trabalhos em prol da caridade, juntos retornam ao mundo espiritual.

Que Santa Sara continue iluminando o casal cigano.

Ponto Cantado dos Ciganos

De longe eu vim; Caminhei sete pedreiras
Passei por cachoeiras; Onde mora Aieiê

Lá na campina onde a lua está prateada
Sou Cigano na alvorada
Sou Cigano, eu sou mais eu

Cigana Carmem

Uma bela ciganinha, muito alegre e de bem com a vida, desde cedo foi iniciada na magia por uma cigana mais velha, chamada por todos de "a feiticeira da tribo". Carmem fez muitas coisas boas, e também outras ruins, pois trabalhava com a cura e com interesses próprios, tais como o ouro.

Jovem ainda, ela fora prometida em casamento ao cigano mais velho de sua tribo, porém se revoltou com tal decisão, pois havia se apaixonado por um homem de uma tribo diferente.

Carmen sempre saia para tomar banho em um riacho próximo ao acampamento, e durante um desses passeios conheceu um belo rapaz, um guerreiro de uma tribo indígena que se localizava do outro lado do riacho. Os dois foram se conhecendo e se apaixonando perdidamente, porém Carmem não poderia viver com seu amado, pois estava prometida a outro homem e teria que seguir as tradições de sua tribo cigana. Isso deixava o jovem casal triste, mas logo se esqueciam dos problemas e se entregavam a um amor tenro e sincero. Carmem e seu amado pensavam em fugir e viverem a vida juntos para sempre, mas isso não seria tão simples assim. Ela deveria se casar aos quatorze anos, mas teria que esperar que o tal cigano passasse por alguns rituais.

Deixada de lado pelo seu povo, aguardava o dia do casamento, e mesmo em desacordo com o destino traçado, continuava sorridente e alegre, pois aproveitava este momento para encontrar com seu amado. Começou então a aprender a magia dos índios e da natureza.

Quando sua tribo descobriu o que estava acontecendo, resolveram fazer uma grande festa e convidaram toda a tribo indígena. E num momento de distração, e num ato de vingança, seu prometido, em um ataque de loucura, matou aos dois e toda a tribo indígena que estava ali para a festa.

O casal foi amarrado a uma árvore ainda com o punhal cravado em seu peito, ficando em exposição para servir de exemplo para as outras ciganas que não seguissem os seus costumes. Carmem morreu feliz e com sua personalidade fortalecida, pois estava ao lado de seu amado.

Na Umbanda, Carmem é uma cigana encantadora que gosta de festa, música, dança e muitos sorrisos. Ela trabalha juntamente a todas as forças da natureza, principalmente as do fogo, pois atua com as Salamandras.

Utiliza estrelas de cinco e seis pontas que representam respectivamente a magia e o amor. Também utiliza a simbologia de uma espiral que é uma forma da antiga escrita voltada para a magia, cura espiritual e física, e a promessa de proteção contínua para seu aparelho e os que a rodeiam.

Ponto Cantado da Cigana Carmem

A estrela da Cigana Carmem
Que lá do oriente brilha sem parar

Esta estrela ela traz em seu peito
E toda a Umbanda ela vem clarear

Clareia estrela formosa
Da Cigana Carmem
Que é astro meu

E como uma estrela do oriente
Ilumina os caminhos que a cigana acolheu

Cigana Kerumã

No dia 26 de agosto de 1098, em uma cidade chamada Timisoara, na Romênia, um grupo de ciganos ali acampados fazia seus rituais de energização da lua cheia em torno de uma grande fogueira, de repente, a noite que era de céu claro e estrelado, tornou-se escura. Um forte e estranho vento invadiu o acampamento agitando todas as tendas, como se quisesse transmitir alguma mensagem. Foi quando a velha Zíngara chamou insistentemente por Pavalov, e o avisou de que Karim, sua mulher, acabara de dar à luz uma linda ciganinha, e que esta criança viera ao mundo envolvida por uma pele amarelo-dourada, mais parecendo uma gema de ovo. Embora seu coração carregasse uma felicidade imensa, Pavalov também estava envolvido por uma dúvida, e perguntou à velha Zíngara o que seria feito daquela estranha pele que envolvia a pequena Kerumã, sua primeira filha. Zíngara pediu ao cigano um pedaço de sua camisa e no retalho colocou um pedacinho da estranha pele que protegia a ciganinha, dizendo a Pavalov que iria fazer um talismã e ele deveria entregar a Kerumã, quando ela completasse quinze anos. O tempo passou e na festa de quinze anos da linda ciganinha, seu pai colocou-lhe no pescoço um cordão de ouro cujo pingente era o talismã que a velha Zíngara fizera no dia do seu nascimento. A partir daí, a cada ano que se passava, Kerumã ficava cada dia mais linda e, durante sua passagem pela Terra só conheceu a sorte. Sua disposição para o trabalho e a felicidade que irradiava para seu povo cigano era invejável. Não existiu em seu grupo cigana mais linda e feliz que ela.

Ponto Cantado da Cigana Kerumã

Eu vinha pela praça, eu vinha trabalhando
Eu vi uma cigana e ela tava trabalhando

É que não era Soraia, não era Saionara (bis)

Era a Kerumã e ela tava trabalhando.

Cigana Madalena

A linda Magdalena, que para algumas pessoas é conhecida como Madalena, era uma cigana de um clã com origem árabe. Ela, assim como seu povo, viajou por todo Oriente Médio e Índia, e nessas viagens, por ser muito observadora, aprendeu como se comunicar serenamente dando a quem precisava de um caminho numa dificuldade, sempre a melhor resposta. Magdalena era conhecida dentro de seu clã como a conselheira, a profunda sabedora e educadora das jovens ciganas, que buscavam com ela o entendimento das regras do seu povo, o conhecimento das magias, e a tão sagrada sabedoria da quiromancia, que é a arte de adivinhar o futuro das pessoas pelos exames das linhas das mãos.

Magdalena tinha em seu sangue o dom de encantar com sua dança, que a fazia plainar como plumas ao vento, fazendo assim ser envolvida com olhares maravilhados de todos que acompanhavam seu bailar, tanto nos acampamentos dentro do clã, como para o povo de algum vilarejo na qual ela se apresentava com um ou mais Zíngaros, enquanto seu povo fazia coleta de doações, demonstrações de pequenas magias, quiromancias e todas as relações de ciganices.

Por volta do século XIV, muitos desses povos Nômades entraram na Europa em busca de difundir sua cultura cigana e de melhores oportunidades para suas ciganices. E, em um desses povos ou clãs, se encontrava a bela cigana Magdalena, que com seu sorriso cativante, olhar fixo e firme, pureza nas palavras e seus dons de magia e quiromancia, logo chamou a atenção de poderosos reis por toda a Europa, fazendo com que ela fosse solicitada nos grandes reinos, para que assim demonstrasse toda aquela beleza que já encantava a muitos gadjôs e fazia sonhar as belas moças de diversos reinos com suas previsões sobre amores e entrelaces com lindos príncipes. Com essas apresentações e ensinamentos, Magdalena se fez ser diferenciada por sua casta, pois sempre foi muito bem recompensada pelos poderosos reis quando solicitada, ou para demonstrar suas magias, ou para dizer o futuro de nobres princesas através de suas previsões, ou até mesmo para demonstrar sua magnífica leveza ao dançar ao som dos violinos dos ciganos Zíngaros.

Mesmo sendo de uma casta maior que a maioria das ciganas do clã em que Magdalena fazia parte, isso não a afastava das outras, pois sempre ficava fascinada com as histórias e ensinamentos das mais velhas do clã, e sempre tinha muito o que dizer e ensinar as adolescentes que estavam já prometidas ao entrelace matrimonial. A doce cigana Magdalena, com seu coração sempre aberto a solucionar conflitos dentro de seu clã, ficou vista como caridosa, gentil e amável. Por esse motivo ela hoje é vista dentro da religião Umbandista como a "Cigana Conselheira", a que ajuda em casos de aconselhamentos amorosos, a que tem uma resposta em momentos de aflição, a que tenta encaminhar as moças a um caminho de luz, fidelidade e amor com o próprio corpo, não aceitando que suas protegidas sejam promíscuas. Enquanto encarnada, Magdalena tinha a grande responsabilidade com as pequenas jovens ciganas. Dentro da Umbanda, espiritualmente, faz o mesmo papel, seu sorriso cativante e palavras serenas e suas cobranças por castidade e pudor, a faz ser conhecida como "a Mãe de muitas filhas", assim como era vista dentro de seu clã.

Magdalena era bela, forte, sensível, terna. Quando precisava, também sabia chamar a atenção, mas sempre de forma positiva.

Ninguém conseguia esquecer sua dança. Ela era assim lembrada pelo seu povo, como mãe, amiga e mulher.

Depois que desencarnou, ninguém conseguia esquecer sua alegria e sua dança.

Ponto Cantado da Cigana Madalena

Vem cigana Madalena, com safiras no olhar,
tua saia vermelha esvoaça, vem me ensinar a dançar.

Quando danças teu véu esconde, um misterioso enigma,
de quem muito já viveu, aprendendo com a vida.

Sois um misto de tudo, mãe, amiga e mulher,
tens a ironia divertida, de quem sabe o que quer.

Sois dona de um perfume, raro, suave e sedutor,
perfume que a tudo encanta, o teu nome é Amor.

Cigana Sarita

Sarita acordava sentindo o cheiro das flores trazidas pelos ventos que balançavam a alva cortina da janela. O sol estava radiante lá fora e embora ela já estivesse se sentindo bem melhor, ainda não tinha coragem de sair da cama. O quarto aconchegante na sua simplicidade era convidativo ao descanso.

Distraída em seus pensamentos, nem percebeu a presença do enfermeiro que entrara com o seu desjejum e que parado a observava. Ela olhava os pássaros que pulavam de galho em galho num festival de alegria, como se estivessem saudando a vida, quando foi despertada pelo "bom dia" de Raul.

Raul lhe olhava e estava satisfeito em vê-la acordada. Ofereceu-lhe seu desjejum e informou que a iria levantar da cama e ajudá-la a ensaiar seus primeiros passos no seu mundo novo.

Apesar de não se sentir capaz ainda de caminhar, foi convencida por Raul que a impressão que trazia, onde não sentia suas pernas, era do seu corpo mental e bastava decidir que queria caminhar, e isso aconteceria. O enfermeiro continua dizendo a Sarita que as pernas que a acompanhavam além-túmulo eram saudáveis. Foram longos anos de dor e sofrimento, mas agora tudo havia acabado, era preciso que se conscientizasse disso e reagisse.

Com a paciência e disciplina de um instrutor, Raul conseguiu com que Sarita desse os seus primeiros e cambaleantes passos. E em poucos dias entusiasmada com a beleza do local, esqueceu a suposta limitação e já caminhava feliz por aquele maravilhoso jardim, que mais parecia um bosque.

Passaram-se alguns anos do calendário terreno desde essa época e Sarita lembrava-se ainda emocionada de sua história triste com final feliz. Não havia como não recordar, especialmente agora que estava em treinamento naquela colônia espiritual para assumir um trabalho junto aos encarnados.

Apreensiva lembrava-se da manhã em que foi convidada a frequentar os bancos escolares, por seu "mestre-anfitrião". Como estava já ambientada com o local e sabedora de como eram distribuídas as funções de acordo com a afinidade e principalmente necessidade de cada espírito, sabia perfeitamente que não seria chamada ao trabalho de "anjo de guarda", mas tendo a certeza de que suas funções se dariam no plano terreno, isso a deixava temerosa devido ao que viveu em sua última encarnação.

No curso, os ensinamentos recebidos eram perfeitamente adaptados ao aluno de acordo com as experiências trazidas, e no final deste, Sarita não tinha mais dúvidas, trabalharia nas fileiras da nova religião que se instalava no país onde vivera sua última encarnação, a Umbanda.

Pelo seu conhecimento magístico mal aproveitado, teria que direcioná-lo agora para se fazer cumprir a lei. Em breve seria apresentada ao médium com quem trabalharia como Pombagira, mas de antemão já sabia que embora ele fosse umbandista, tinha preconceito com essas entidades. O desafio recomeçava.

Olhando a Lua que bailava por entre as estrelas, Sarita deitada sobre a relva meditava, fazendo uma retrospectiva de sua última encarnação. Lembrava-se de sua infância feliz, vivida junto de muitas outras crianças, naquela vida nômade que levava sua trupe. E da adolescência, onde seus "dotes" ou poderes mágicos se acentuaram e quando começou a ser a cigana mais requisitada para ler as mãos das pessoas.

Sua tenda – em qualquer uma que estivesse –, sempre tinha freguês certo, e era dela que vinha a maior renda para a sobrevivência de todo grupo.

Após uma febre muito forte sofrida em função de uma infecção adquirida, Sarita sentiu que seus "poderes" de adivinhação haviam sumido, mas de maneira alguma deixou aparentar isso ao grupo ou a quem fosse, e daí em diante passou a fingir e cobrar mais caro por isso. O dinheiro fácil passou a entusiasmá-la e como sempre fora muito vaidosa, agora podia se cobrir com as joias mais caras e deslumbrantes e vestir-se com as sedas mais finas.

Tornou-se a cigana mais respeitada de sua região e logo assumiu o comando do seu grupo. A ternura angelical daquela jovem agora desaparecia, dando lugar a um radicalismo quase maldoso quando agia em defesa dos seus. Seu povo era muito perseguido e discriminado naquelas terras e isso fazia com que Sarita procurasse ganhar muito dinheiro, e para tal não media consequências, e com isso adquiria poder e se impunha diante das perseguições.

Numa emboscada que se fez passar por um acidente, Sarita desencarnou deixando seu povo sem líder e desesperado. A dependência de sua gente era tamanha, que não sabiam nem mais pensar sozinhos e a morte daquela cigana a quem consideravam quase uma deusa os pegou desprevenidos. E nesse desespero buscavam a ajuda do espírito de Sarita, pois acreditavam que agora ela virara santa e que, certamente, mesmo do outro lado, ela não desampararia seu povo.

Em função disso criaram cultos e os peditórios foram aos poucos se espalhando além do povo cigano, e o túmulo de Sarita virou santuário, com filas enormes de pessoas que se aglomeravam em busca dos milagres.

Ignorando a realidade do lado espiritual, não sabiam o mal que estavam fazendo àquele espírito, que desesperado se via fora do corpo carnal, mas grudado nele, sentindo sua deterioração.

Em desespero total e agarrada a suas joias com as quais foi sepultada, Sarita pedia auxílio. Os socorristas espirituais lá estavam querendo ajudá-la, mas ela sequer os enxergava dentro do seu desespero e revolta pelo acontecido.

Ouvia toda a movimentação que se fazia fora de seu túmulo e por mais que gritasse ninguém a ouvia. Se existia inferno, o seu era esse. Tudo aquilo durou longos e tenebrosos anos, até o dia em que seu túmulo foi assaltado durante a noite e os ladrões levaram suas preciosas joias. Em desespero, assistiu a tudo, sem poder fazer nada para impedir, restando-lhe apenas um monte de ossos. Só então se deu conta de sua verdadeira situação e lembrou-se do que sua mãe a ensinara quando pequena sobre a vida após a morte. A lembrança de sua mãe a fez chorar, implorando que ela viesse tirá-la daquele sofrimento. Após isso desacordou e só depois de muito tempo hospitalizada no mundo espiritual é que acordou, sabendo do isolamento que se fizera necessário em função das emanações vindas da terra, por causa de sua falsa "santificação".

Seu povo agora usava sua imagem em medalhas que eram vendidas como milagreiras, além de manter seu túmulo como verdadeiro comércio, visitado por caravanas vindas de lugares distantes. Lembrava-se do dia em que, já curada e equilibrada, pôde visitar aquele lugar, apoiada pelos seus amparadores, para seu próprio aprendizado, bem como das palavras sábias de seu instrutor, que lhe disse que o mundo ainda teimava em manter os mercadores de templos assim como continuam criando os milagreiros que após o desencarne passam a ser santificados de maneira egoísta e mesquinha, preenchendo o vazio que a falta de uma fé racional se faz no coração dos homens.

Mentiras mantidas por pastores que, visando o brilho do ouro, traçam caminhos duvidosos e perigosos para suas ovelhas, dando com isso, imenso trabalho à espiritualidade do outro lado da vida. Criando uma farsa que é mantida pelo desespero de pessoas ignorantes e sofredoras, obrigando o mundo espiritual a formar verdadeiros exércitos de trabalhadores com disponibilidade de atendimento a essas criaturas. Mesmo assim, por mais errado que seja esse tipo de atitude, a Luz o aproveita para auxiliar os necessitados mantendo ali um pronto-socorro. E fora o sofrimento do espírito "santificado" que se vê vivo e impotente do outro lado, aliado a distorção comercial, esses lugares servem para que muitos espíritos encontrem ali o portal de retorno. Sarita, tentando manter o equilíbrio e a emoção, observava o intenso movimento de espíritos trabalhadores socorrendo os desencarnados que vinham em bando, junto aos romeiros, e observava pela primeira vez como aconteciam os chamados "milagres".

Uma senhora chorosa ajoelhada aos pés do túmulo implorava pelo espírito de Sarita a cura de sua filhinha que estava ficando cega devido a uma doença rara que exigia uma cirurgia caríssima, longe de suas possibilidades financeiras. A fé dessa mulher e o amor por sua filha eram tão intensos que de seu cardíaco e de seu coronário exalavam chispas luminosas que se perdiam no ar. Ao seu lado dois espíritos confabulavam analisando uma ficha com anotações e logo em seguida um deles, colocando a mão sobre a cabeça da mulher transmitiu-lhe vibrações coloridas que a acalmaram, intuindo-a a ter a certeza de que seu pedido seria atendido. Deixando algumas flores sobre o túmulo ela se retirou. Curiosa, foi ter com os dois jovens, querendo saber o que realmente acontecia nesses casos.

Os dois espíritos lhe falaram que analisam cada caso e dentro do merecimento de cada espírito e de acordo com a fé e sinceridade de propósitos, sempre respeitando a lei e o livre-arbítrio das criaturas envolvidas, procuravam auxiliar. Essa senhora seria procurada por um grupo de estagiários de medicina que mesmo como cobaia de seus estudos, levariam sua filha a fazer a cirurgia de que necessitava, devolvendo a visão a ela.

Diante daquela situação, perguntou aos espíritos que ali se encontravam se este milagre seria atribuído a ela. Olhando a cara de espanto dos dois, tratou de se apresentar e informar que ela era a Sarita. Com cara de espanto os dois a cumprimentaram e um deles brincou que não era sempre que estavam diante de uma santa. Com um sorriso amarelo, Sarita tentou em vão desconversar, pois agora a curiosidade deles era maior do que a dela em saber detalhes de como tudo isso havia ocorrido. E longe dali, em um lugar mais propício, junto à natureza eles trocaram válidas experiências.

Mas agora tudo isso eram lembranças. Aquele espírito em cuja última encarnação terrena viera como uma cigana que se chamava Sarita, agora no mundo espiritual se comprometia a assumir um trabalho difícil no qual sentiria de perto, novamente, o preconceito dos seres humanos. Preconceito esse tão grande e revestido de tamanha ignorância que certamente muitas vezes seria tratada como verdadeiro "demônio", sendo expulsa como tal. Mesmo assim, sabia que teria que atuar dentro da lei e ignorar tudo isso, trabalhar com muito amor, auxiliando os encarnados a se curarem das mazelas, pois só assim curaria as suas que estavam impressas em seu átomo primordial, carecendo de urgente reparo.

Enquanto seu médium girava no terreiro ecoando uma gargalhada que avisava a chegada de Pombagira cigana, romeiros continuavam buscando no túmulo da Santa Cigana Sarita, o milagre que ignoravam residir apenas dentro deles mesmos.

Ponto Cantado da Cigana Sarita

Apita, apita; Apita, apita; Apita, apita
Que ai vem Sarita (bis)

Vem Ciganinha; Vem de Aruanda
Vem ler a sorte; Dos filhos de Umbanda

Vem Ciganinha; Vem trabalhar
E o mal dos filhos; A Cigana vai levar

Cigana Zaíra

Um príncipe querendo se misturar e usufruir da alegria do povo cigano saía escondido de seu castelo vestindo roupas de plebeu para não chamar a atenção. Chegando ao acampamento, juntou-se aos ciganos e começou a dançar ao som da música e da alegria daquele povo. Enquanto o príncipe dançava, uma bela cigana chamada Zaíra passa por ele e lhe chama para dançar. Nos braços do rapaz, Zaíra rodopiava mergulhada na música, seu corpo jovem e belo parecia ter asas e em seu rosto havia satisfação. Ao passarem perto dos vinhos, Zaíra pega uma caneca para ela e outra para ele. O príncipe, que naquela hora era apenas um plebeu, disse que ali, até o vinho comum lhe parecia infinitamente melhor do que o da sua adega.

Olhando fixamente para a bela cigana, ele não se conteve e perguntou seu nome. Zaíra se apresentou e perguntou o nome do belo rapaz. O príncipe, para não ser reconhecido, disse que se chamava Sol. Zaíra, passando a mão pelo rosto do moço, perguntou se ele era cigano. Ele, continuando em sua omissão, responde que era apenas uma pessoa sem importância e sem paradeiro. Sorrindo, ela o convida para que fique em sua tribo e se torne um cigano, já que se considerava uma pessoa sem importância. Ele sorri, e em seus pensamentos cogita a possibilidade de permanecer e desfrutar da companhia de pessoas tão alegres por algum tempo, achava tudo fascinante.

A certa altura, o príncipe não se contém e leva a bela cigana para um lugar deserto e, no campo ermo, à luz das estrelas e da Lua, amaram-se loucamente.

Os encontros dos dois foram muitos, até que um dia ela disse a ele que iriam levantar acampamento na manhã seguinte. Vendo-se numa situação difícil, pois não poderia acompanhá-la, já que era o príncipe herdeiro do trono, resolveu então contar toda a verdade à cigana e se afastou.

Zaíra, desiludida com o que ouvira, se vira para o céu e se recrimina, dizendo que isso tudo acontecera para aprender que ciganas não deviam se casar com gadjôs (homens fora de suas tradições).

O tempo passou. E depois de nove meses, Zaíra deu à luz uma menina e veio a falecer após o parto. Essa menina se chamou Zaina e um cigano de sua tribo tomou-a sob sua proteção.

Retirado do Livro: *Mistérios do Povo Cigano* – de autoria de Ana da Cigana Natasha e Edileuza da Cigana Nazira.

Ponto Cantado da Cigana Zaíra

Cigana, cigana Zaíra; Cigana das sete linhas
Cigana dos andarilhos; Que vem aqui trabalhar

Cigana, cigana Zaíra; Cigana dos encantados
Jogou as cartas na mesa; E disse que vai me ajudar.

Cigana Sete Saias

Sete Saias teve sua vinda ao mundo marcada por muito sofrimento. Já na sua infância se dá o início de suas aflições, pois ao nascer sua mãe veio a falecer por complicações durante o parto. Desde então sofrera constantes humilhações vindas de seu pai que a culpara pela morte da esposa que tanto amava. Sete Saias cresceu, e com o passar dos anos cresceram as humilhações, já moça foi forçada a fazer todas as vontades do pai sendo mais uma serviçal do que uma filha. Morava em uma choupana afastada do lugarejo mais próximo, não via futuro e nem felicidade naquele lugar. A jovem resolve então se relacionar com homens casados e ricos do povoado, vendo nisso a sua única satisfação. Mas a vida não lhe sorria pelos seus envolvimentos e pelo enredo de traições em que se envolvia. As esposas traídas queriam o seu mal a ponto de elas desejarem apedrejá-la.

Mas até aqui não se fala o porquê de ela ter recebido este nome: Sete Saias.

Segundo conta a lenda, o motivo pelo qual foi denominda assim, é que a moça tinha sete amantes e, para cada amante ela usava uma saia diferente. Estes enciumados amantes decidem em conjunto transformar a vida da jovem em um inferno. Resolvem trancá-la em um casebre afastado como uma maneira de puni-la pela vida libidinosa que escolhera junto aos seus amantes, obrigando-a a se alimentar de restos de vegetais que se encontravam no interior de seu cárcere.

Com muito esforço, e força de vontade de viver, ela derruba uma parede velha do casebre feito de madeira e rastejando devido à fraqueza ocasionada pela falta de alimento, chega à estrada no exato momento em que passava uma caravana de ciganos que a acolheram e a cuidaram.

Após sua recuperação, ela retoma a sua beleza e casa-se como o filho do chefe do clã dos ciganos. Seu marido torna-se um homem muito rico, e recebe o título de barão e consequentemente ela se torna baronesa.

Com ódio das pessoas que havia lhe maltratado, e por vingança, pediu ao marido que comprasse o melhor casarão do povoado. Apaixonado e fiel a sua esposa, o Barão faz sua vontade.

Ao se mudar, resolve fazer um baile de máscaras e convida a todos para se apresentar como a mais nova baronesa daquela região. O baile já estava acontecendo, quando Sete Saias, com sua bela máscara e um maravilhoso vestido, desce as escadas de sua casa e é imediatamente aplaudida e reverenciada por seus inimigos, sem saberem quem era a misteriosa mulher, que seria revelada somente no final da noite.

A festa estando para encerrar, a anfitriã chama a todos ao centro do salão com os convidados já totalmente bêbados e retira sua máscara, revelando-se. Os inimigos indignados por ser ela a mais rica baronesa da região a qual deviam respeito, começaram a condená-la, principalmente o seu pai, que no impulso começou a cobrar um carinho que ele nunca teve por ela. No meio da confusão, e no soar de palmas, entram empregados no salão carregando enormes barris de óleo. Os convidados achando que aquilo fazia parte da cerimônia ficaram observando os servos despejarem o óleo por tudo. Enquanto isso, Sete Saias e seu marido saem às escondidas e incendeiam o casarão, matando a todos os seus inimigos.

Ao sair, a moça pede que o condutor de sua rica charrete pare em frente ao casarão para apreciar sua vingança.

Suas últimas palavras aos seus inimigos foram:

"Livrarei vocês dos seus pecados com o fogo!"

Sete Saias morreu aos setenta e oito anos de idade.

Ponto Cantado da Cigana Sete Saias

Lá vem ela, lá vem ela
Caminhando pela rua
Com seu punhal e tridente

É a dona Sete Saias
Moça bonita e valente

Mas ela vem caminhando pela rua
Com a proteção de Marabô e Tranca ruas

Lá vem ela, lá vem ela

Marinheiros

Os Marinheiros na Umbanda foram em sua última vida encarnada, homens e mulheres que navegaram e se relacionaram com o mar. Que descobriram ilhas, continentes e novos mundos. Enfrentaram ambientes de calmaria ou de mares tortuosos, em tempos de grande paz ou de penosas guerras.

Alegres e simpáticos, estes irmãos trazem sempre a quem chega para o trabalho em um terreiro de Umbanda, uma aura de muita alegria e descontração. Com seus passos cambaleantes, como os de quem caminha pelo convés de um navio, abraçam os presentes, cantam, dançam, e distribuem simpatia.

Apesar do jeito brincalhão, são donos de uma grande importância em seus trabalhos. Realizam limpezas fluídicas no terreiro e quando vão embora, levam consigo toda a carga nociva que se encontra no ambiente, por isso é muito aconselhável terminar os trabalhos com os Marinheiros, pois eles deixam o ambiente completamente limpo de qualquer miasma, principalmente quando se realizam trabalhos de desobsessão ou desmanches.

Muitos fazem uma ideia distorcida destes guias espirituais devido à forma que se apresentam. Estes irmãos do astral, não são e não estão embriagados, na realidade utilizam esta forma cambaleante para liberar suas ondas energéticas, se utilizando do próprio médium. Em torno do aparelho existe um campo de energia sustentado por seus centros de força e, além da força gerada a partir da energia corpórea, existe um campo espiritual que se reflete em todo o ambiente.

Os guias quando incorporados em seus médiuns, dançam, giram, balançam, gesticulam, e desta forma liberam não só a energia que se desprende do médium, mas também, de forma salutar, o poder de seu mistério através de ondas magnéticas que são liberadas dentro do campo espiritual do médium e do templo. É desta forma que os marinheiros, em formas onduladas, ou através de seu balanço, que mais parece de uma pessoa embriagada, realizam seu trabalho redentor dentro dos campos da Umbanda Sagrada.

É importante que os médiuns e principalmente os assistidos, saibam de tal fato, para que estes não deturpem e não deem um mal sentido aos trabalhos de Umbanda.

Os Marinheiros estão ligados ao povo da água e atuam sempre dentro da vibração de Iemanjá. São grandes manipuladores das energias presentes no elemento água e também comandam verdadeiros exércitos de elementais.

Carregam consigo um sentimento profundo de amizade. Nas consultas, gostam muito de ajudar aquelas pessoas que se apresentam com problemas amorosos. Seus conselhos são sempre fiéis e certeiros, têm uma grande responsabilidade e assumem o compromisso de um trabalho bem feito.

Os Marinheiros trabalham na linha de Iemanjá e Oxum (povo d'água) e trazem uma mensagem de esperança e muita força, nos dizendo que podemos lutar e desbravar o desconhecido do nosso interior ou do mundo que nos rodeia se tivermos fé, confiança e trabalho unido, em grupo.

Salve o Povo D'água!

Baianos

Durante muitos anos a linha de Baiano foi renegada e seus trabalhos eram vistos com restrições, pois como não havia uma ligação direta com nenhuma das linhas principais, acreditava-se que era formada por espíritos zombeteiros e mistificadores.

Aos poucos eles foram chegando e tomando conta do espaço que lhes foi dado pelo astral e souberam aproveitar a oportunidade de forma exemplar. Hoje se tornaram trabalhadores incansáveis e respeitados. A alegria que esses irmãos transmitem é contagiante. Seus conselhos demonstram uma firmeza de caráter e uma força digna de quem soube aproveitar as lições recebidas e a oportunidade dada pelo astral para cumprirem sua missão.

Atualmente, temos conhecimento de que os Baianos podem atuar em qualquer das sete principais linhas da Umbanda devido a sua força energética. Esses Guias têm um trânsito muito bom pelos caminhos de Exú, podendo trabalhar na esquerda quando for necessário. Com essa valiosa capacidade, podemos contar com eles para realização de desmanches de demandas ou mesmo trabalhos em que a magia negra esteja envolvida. Com esses guias espirituais conseguimos resultados surpreendentes.

Vale ainda lembrar que nem todos os Baianos que vêm à Terra realmente o foram em suas vidas passadas esses espíritos. Muitos se agruparam por afinidades fluídicas e dentre eles há múltiplas naturalidades.

É evidente que no início a Umbanda era formada por legiões de caboclos, Pretos-velhos e crianças, mas a evolução natural acontecida nestes anos todos, fez com que novas formas de trabalho e apresentação fossem criadas. Se a Terra passa por constantes mutações, por que esperar que o astral seja imutável? O que menos interessa em nosso momento religioso são essas picuinhas criadas por quem, na verdade, não defende a Umbanda, e sim apenas tem intenção de criar pontos polêmicos, desmerecendo aqueles que praticam a religião como se deve, dentro dos terreiros, onde abraçamos a todos os amigos espirituais da forma como se apresentam. Também não podemos esquecer o que o Caboclo das Sete Encruzilhadas nos falou, que aprenderíamos com os que sabem mais, ensinaríamos a quem sabe menos, e sempre estaríamos abertos a todos aqueles que quiserem trabalhar para o bem, seguindo as leis divinas.

Zé Baiano

O cangaço surgiu num Brasil de muita injustiça e educação precária. O poder era exercido pelos coronéis ricos e soberanos, que perseguiam os pobres e menos favorecidos. Homens honestos e trabalhadores eram acusados de bandidos, malfeitores, presos injustamente e severamente castigados, mesmo sem serem devedores.

Foi assim que começou a história de Zé Baiano quando encarnado. O monstro sem coração, perverso e desumano.

Pedreiro de profissão, após ser acusado injustamente, se entregou ao bando de Lampião, no estado de Sergipe, se transformando de um pacato cidadão a um monstro assassino, um dos mais ferinos do bando, que tinha prazer de sangrar seus desafetos com o punhal que havia ganhado de presente de Lampião.

Zé Baiano era um negro de pele bem escura e cabelo enrolado, uma figura estranha, queixo comprido e de estatura alta. Ele tinha um ferro, igual aos que se utiliza para marcar o gado, com suas iniciais JB, com o qual ferrava o rosto das mulheres que encontrava e possuía, lhes deixando sua marca.

Em suas andanças conheceu uma bela morena, por quem se apaixonou e teve seu amor correspondido. Uma filha de fazendeiro, que abandonou tudo para seguir seu grande amor, tornando-se cangaceira.

Lídia era cortejada por outros cangaceiros, mas temendo qualquer problema com seu amado, sempre se portou como mulher honrada. Zé fingia não ver nada, mas nunca depositou muita confiança nela. Dizia a seus companheiros que nunca tocassem em sua mulher, pois se isso acontecesse e algum dia alguém a possuísse, seriam mortos por ele aos pés de Lídia.

Desconfiado, Zé Baiano resolveu seguir sua amada e flagrou-a beijando um rapaz. O homem ficou cego de ódio, puxou seu punhal e sangrou o rapaz até a morte e saiu puxando Lídia pelos cabelos até a presença de Lampião, e com um porrete na mão matou a mulher ali mesmo. Revoltado com tamanha brutalidade, O rei do cangaço, expulsou Zé Baiano de seu bando. Zé arrumou seus guardados, porém antes de partir perguntou a todos quem gostaria de segui-lo. Chico Peste e Demulado resolveram seguir o amigo. Assim o trio partiu, entrando sertão adentro. Por onde passavam, plantavam a destruição e o pavor.

Na cidade de Pinhão, uma senhora casada cortou seus cabelos para se passar por homem e não ser molestada pelo cangaceiro, porém de nada adiantou, ela foi marcada no rosto por Zé Baiano com suas iniciais "JB", com ferro em brasa. O cangaceiro sentira prazer em ver a moça gritar, chorar e gemer de dor.

Após longo período de perversidade, Zé Baiano, o Pantera Negra do Sertão, encontrou a morte em Alagados, em uma emboscada realizada por seis moradores do povoado.

Ponto Cantado de Zé Baiano

Mas olha meu camarada,
Camarada meu,
Sou Zé Baiano,

Que chegou aqui agora,
Candomblé bato no Gueto,
Umbanda bato na Angola.

Lampião

Lampião foi um dos personagens mais importantes do nosso sertão, temido por muitos e exaltado por outros. Após setenta anos de sua morte, o título de herói do sertão, idealista, o Robin Hood da caatinga, e preocupado com a injustiça de latifundiários opressores que imperava no sertão, cede espaço a teoria de um criminoso sanguinário, aliado de coronéis e grandes proprietários de terras.

Virgulino Ferreira da Silva, "O Lampião", reinou na caatinga entre 1920 e 1938. A origem do cangaço, porém, perde-se no tempo. Muito antes dele, tem-se informação de que esta prática acontecia desde o século XVIII, particularmente na área onde vingou o ciclo do gado no Nordeste, território onde imperava a violência, a lei dos coronéis, a miséria e a seca.

Um dos precursores do cangaço foi o lendário José Gomes, o endiabrado Cabeleira, que aterrorizou as terras pernambucanas por volta de 1775. Outro que marcou época foi o potiguar Jesuíno Alves de Melo Calado, o Jesuíno Brilhante (1844-1879), famoso por distribuir entre os pobres os alimentos que saqueava dos comboios do governo. Mas o primeiro a merecer o título de Rei do Cangaço, pela ousadia de suas ações, foi o pernambucano Antônio Silvino (1875-1944), o Rifle de Ouro. Entre suas façanhas, arrancou os trilhos de uma estrada de ferro, perseguiu engenheiros e sequestrou funcionários da Great Western, empresa inglesa que construía ferrovias no interior da Paraíba.

Lampião sempre afirmou que entrou na vida de bandido para vingar o assassinato do pai, José Ferreira, condutor de animais de carga e pequeno fazendeiro em Serra Talhada (PE), assassinado em 1920, pelo sargento de polícia José Lucena, após uma série de hostilidades entre a família Ferreira e o vizinho José Saturnino.

No mesmo ano de 1920, Virgulino Ferreira entrou para o grupo de outro cangaceiro célebre, Sebastião Pereira e Silva, o Sinhô Pereira, segundo alguns autores, de quem recebeu o apelido de Lampião. Há relatos que recebeu esta alcunha devido a sua habilidade em manejar o rifle com tanta rapidez e destreza que os tiros sucessivos iluminavam a noite. O olho direito, cego por decorrência de um glaucoma, agravado por um acidente com um espinho da caatinga, não lhe prejudicou a pontaria. Outros acreditam na versão atribuída a Sinhô Pereira, segundo a qual Virgulino teria usado o clarão de um disparo para encontrar um cigarro que um colega havia deixado cair no chão.

O cangaço não tinha um líder de destaque desde 1914, quando Antônio Silvino foi preso após um combate com a polícia. Só a partir de 1922, depois de assumir o bando de Sinhô Pereira, Virgulino se tornaria o líder máximo dos cangaceiros. Exímio estrategista, Lampião distinguiu-se pela valentia nos combates com a polícia.

Em 1927, em Riacho de Sangue, durante um confronto com os homens liderados pelo major cearense Moisés Figueiredo, o bando de Lampião com cinquenta homens foram cercados por quatrocentos policiais. A vitória pelo major já era contabilizada, quando Lampião ordenou aos seus homens que parassem de atirar e fizessem silêncio. Mediante tal quadro, os policiais avançaram e caíram na armadilha criada por Lampião e, ao chegar perto, foram recebidos com fogo cerrado. Surpreendidos, os soldados bateram em retirada.

A capacidade de despistar os seus perseguidores lhe valeu a fama de possuir poderes sobrenaturais, e após escapar de inúmeras emboscadas, diziam que Lampião tinha o corpo fechado.

As estratégias utilizadas para despistar seus inimigos foram inúmeras, como a de formarem pequenos grupos de dez a quinze homens, facilitando assim a fuga; em vez de se deslocarem a cavalo por estradas abertas, percorriam longas distâncias a pé em meio à caatinga e de preferência à noite; usavam em algumas vezes as sandálias ao contrário nos pés, para parecer para polícia que estavam seguindo em direção contrária; andavam em fila indiana de costas em cima de pegadas dos companheiros, as mesmas sendo apagadas com folhagens; entre outras muitas estratégias.

A melhor tática de Lampião foi a de cultivar coiteiros (indivíduo que dá asilo e favorece ou protege malfeitores). Isso garantiu a grande duração de seu reinado e a extensão de seu domínio. A atuação de seu bando estendeu-se por Alagoas, Ceará, Bahia, Paraíba, Pernambuco, Rio Grande do Norte e Sergipe. Lampião chegou a ter em seu exército mais de cem homens, quase sempre distribuídos em subgrupos, o que dava mobilidade e dificultava a ação da polícia.

Em 1926, em tom de desafio e zombaria, Lampião enviou uma carta ao governador de Pernambuco, Júlio de Melo, propondo a divisão do estado em duas partes. Uma comandada pelo governador e a outra governada por ele que se intitulava "Governador do Sertão".

Lampião não era um demônio nem um herói. Era um cangaceiro. Muitas das crueldades imputadas a ele foram praticadas por indivíduos de outros bandos.

Como é comum na história da maioria dos criminosos, uma morte trágica e violenta marcou o fim dos dias de Virgulino, traído por um de seus coiteiros de confiança, Pedro de Cândida, que foi torturado pela polícia para denunciar o paradeiro do bando. Lampião acabou surpreendido em seu esconderijo na Grota do Angico, Sergipe, em 28 de julho de 1938. Depois de uma batalha de apenas quinze minutos contra as tropas do tenente José Bezerra, onze cangaceiros tombaram no campo de batalha. Todos eles tiveram os corpos degolados pela polícia, inclusive Lampião e Maria Bonita. Durante mais de trinta anos, as cabeças dos dois permaneceram insepultas. Em 1969, elas ainda estavam no museu Nina Rodrigues, na Bahia, quando foram finalmente enterradas, a pedido de familiares do casal mais mitológico e temido do cangaço.

Ponto Cantado de Lampião

É Lampe, é Lampe, é Lampe
É Lampe, é Lampe, é Lampião

Seu nome é Virgulino
Apelido é Lampião

Lampião desceu a serra
Para dançar no Cajazeiro

Levou moça donzela
Pra dançar a noite inteira

Chico Baiano

Ele nasceu Francisco, mas logo cedo virou Chico. Nascido em família pobre, viviam modestamente no sertão baiano, seus pais eram lavradores, tinha nove irmãos e um velho cachorro que outrora era de caça, mas há muito tempo nada mais havia para caçar. Chico vivia em meio à seca e à miséria do sertão. Era um menino astuto e querido por todos do povoado. Não tinha estudo, mas era esperto que só. Estava sempre pronto a ajudar do jeito que fosse. Mas por vezes Chico sumia e ninguém conseguia achar o menino. Voltava no outro dia e encontrava pai e mãe desesperados, não raro apanhava por isso. Contava que se embrenhara no mato e acabara por encontrar vários indiozinhos, com os quais fizera sólida amizade.

A família jamais acreditava nele, pois todos sabiam que índio por ali não tinha há décadas. Outras vezes o menino vinha falando numa língua estranha, e o povo achava que tava ficando demente. Chico sumia com bastante frequência, e além dos amigos indiozinhos imaginários agora dizia conhecer velhos escravos. De fato, aquelas terras já haviam sido prósperas, e muitos escravos passaram por lá, mas isso também acabara com o tempo. E assim o menino Chico ia crescendo, e cada vez mais preocupando a família. Será que o menino tava ficando louco?

Um dia a avó de Chico ficou doente, então o pai do menino, mesmo tendo enorme dificuldade, a trouxe para morar com eles, pois "onde comem dez comem onze". Foi então que aconteceu um fato que marcaria profundamente o menino.

Numa noite de lua cheia, sua avó passava muito mal, então ele se meteu no mato e quando voltou trazia consigo várias ervas, que pediu à sua Mãe para transformá-las em chá. Sua avó tomou a beberagem e sarou por completo, para alegria de toda a família. Mas como é que um menino de sete anos poderia conhecer tais ervas? Em sua inocência Chico confessou que foram seus amigos índios que lhe ensinaram. Dessa vez ninguém ousou bater nele. E sua avó que até então nada sabia das histórias, chamou Chico do lado e segredou:

"Meu filho, isso que tu vê não é ser vivente, mas espíritos que te acompanham, segue eles meu neto, pois são de luz, e se estão contigo é porque é de seu merecimento."

E assim fez Chico, sempre no mato onde ninguém sabia e aprendendo coisas que ninguém via. O tempo ia passando e ele já adolescente, ia ajudando e dando conselhos a toda gente, era mal de quebranto, verme, mal de amor, tudo vinha parar nos pés de Chico. A notícia se espalhou e muitos vieram ter com Chico, e para todos ele tinha um conselho, uma reza, uma planta. Até que um dia, o coronel dono das terras soube da história e nada gostou. Foi então conversar com o pai do menino, e disse que em suas terras, feiticeiro não vivia. E acompanhado de capangas exigiu que o garoto se mudasse de lá ou ele expulsaria a todos. Não tendo escolha e mesmo a contra gosto da família, o jovem se foi numa noite estrelada, tendo como testemunha e companhia os amigos que só ele via. E assim foi seguindo sertão adentro, ajudando a quem quer que fosse e recebendo comida e amor como paga.

Não viu a infância passar, tampouco a adolescência, virou adulto sem perceber. Não tinha conta de quantas cidades conhecia. Sofreu anos de peregrinação e saudade da família, mas sabia que seu pai, mãe, a avó, e alguns irmãos já estavam no plano espiritual, pois em sonho sempre que alguém dos seus vinha a falecer ele via um homem com roupa de palha e uma linda mulher vestida de vermelho trazendo pela mão o parente que se ia. E Chico chorava sozinho, e pedia a Deus proteção para eles.

Chico se estabelecera numa casa de pau a pique no meio do mato. E muita gente do local corria até ele, e sempre que isso acontecia, ele via seus amigos espíritos, e muitas vezes, sentia que eles entravam em seu corpo e ele a tudo assistia maravilhado e agradecido. E assim a fama do já então Pai Chico se espalhava pelo sertão afora.

A noite estava linda como há muito tempo não se via, seus amigos do mundo espiritual mostraram que ele teria visita. E assim ocorreu. Não tardou a aparecer por lá um velho e rico senhor acompanhado de seu neto que estava muito doente e que doutor nenhum conseguia ajudar. Chico percebeu que o menino estava acompanhado de espíritos maus. Pediu força a Deus e aos seus mentores, e com rezas, folhas, e certos apetrechos, conseguiu, como por milagre, curar o menino.

O velho fazendeiro chora emocionado e só agora Chico percebe que ele não lhe é estranho. Sim! Trata-se do fazendeiro que expulsou o então menino Chico de suas terras. O homem também descobre isso e de joelhos pede perdão. Chico emocionado diz ao velho homem que todos na terra merecem perdão e que não seria ele, um soldado de Oxalá, a negar. De tão contente o fazendeiro implora a Chico que volte para a velha fazenda e assuma parte das suas terras. E assim foi feito, ao retornar ele transformou a casa dos falecidos pais em um terreiro de Umbanda que funcionou até o dia em que ele foi passear na mata para não mais voltar. Ninguém achou o corpo dele e a notícia se espalhou: Chico se encantara! Dizem que muitas pessoas em noite de lua cheia ouvem o seu canto e suas rezas alegres.

O tempo passa rápido e Chico agora mora em Aruanda, tem muitos filhos que lhe servem de aparelho. Incorpora em todos com amor e carinho e procura continuar levando avante a bandeira da caridade. Nas giras de Baiano ele é sem dúvida uma das entidades mais alegres e prestativas.

E assim segue a Umbanda com seus espíritos de luz, sempre prestando a caridade.

Saravá à Baianada! Salve Chico Baiano!

Ponto Cantado de Baiano

Baiano é um povo bom
Povo trabalhador
Baiano é um povo bom
Povo trabalhador

Quem mexe com baiano
Mexe com Nosso Senhor
Quem mexe com baiano
Mexe com Nosso Senhor

Exús e Pombagiras

Não querendo desmerecer os Guias Espirituais já aqui citados, muito menos os Orixás, considero esta parte do livro a mais interessante e mais intrigante, pois tratamos aqui de entidades muito procuradas em um terreiro de Umbanda, as mais misteriosas, e também, as mais perseguidas por outras religiões.

Primeiramente gostaria de deixar claro que estes guias maravilhosos não são como dizem por aí, "demônios", mas sim intermediários entre nós, simples mortais, e nossos Orixás.

O Orixá Exú, como já dito na primeira parte deste livro, é irmão de Ogum e Oxóssi, sendo dos três, o mais extrovertido, brincalhão e gozador, mas com grandes responsabilidades em nossas vidas.

Os negros, em seus cultos realizados nas senzalas, incorporavam alguns Exús. Com seus brados, jeito maroto e extrovertidos, assustavam os brancos, que se afastavam ou agrediam os negros escravos, dizendo que eles estavam possuídos pelos demônios.

Com o passar do tempo, os brancos tomaram conhecimento dos sacrifícios de animais que os negros faziam para Exú, isso ajudou a reafirmar as suas hipóteses de que se tratava de demoníacas tais incorporações.

Outros que contribuíram para esta associação foram certos comerciantes inescrupulosos, ou simplesmente ignorantes, criando imagens de Exú em forma de diabo, com aparências aterrorizantes, construídas pelo imaginário de muitos médiuns e pessoas leigas, com estereótipo de demônios.

Com isso, tanto o Orixá Exú, como os Guias Espirituais que trabalha na linha da Esquerda da Umbanda, que são os Exús e as Pombagiras, foram associados aos demônios Judaico-Cristãos. Isso com o tempo foram caindo no gosto popular, na psique de pessoas perturbadas mental e espiritualmente, e assim se construiu a visão de que Exú é o demônio.

Algumas correntes religiosas, visando aumentar seu rebanho, creditam todas as mazelas de suas vidas a esses Guias Espirituais, denegrindo a imagem de uma religião como a Umbanda que busca através da caridade e da humildade, dar conforto espiritual aos necessitados, e se esquecem de pregar a palavra de Deus e confortar seus fiéis.

A Umbanda visando mudar esta imagem que foi imposta a Exú, aboliu o uso de imagens deste Guia em seus terreiros.

Exú é guardião dos caminhos, soldados dos Pretos-velhos e caboclos, guerreiro contra o mau, sempre de frente e sem medo, não mandam recado, atuam.

Existem entidades que se dizem Exú e que fazem somente o que lhe pedem em troca de presentes aos seus médiuns ou por grandes e caras obrigações (serviços). Não se engane, Exú não faz o mal, ele cumpre a Lei, além disso, quando ajuda as pessoas não pede nada em troca, a não ser, para que a pessoa tome juízo, acredite em Deus e tenha fé. O que podemos dizer é que, quem invoca Deus, Deus o tem; quem invoca o diabo, o diabo o tem.

Conversando sobre Exú
Por Fernando Sepe, Retirado do Jus

Dizem que Exú é um homem sério, castigador, espírito sem compaixão alguma. Falam que nem mesmo sentimento essas entidades têm. Muitos o temem, relacionando-o com o diabo ou com algum monstro cavernoso que a mente humana é capaz de criar.

Bem, dia desses, no Campo Santo de meu pai Omolú, vi algo inusitado que me fez pensar...

Um desses Exús Caveiras, que apresentam essa forma plasmada como meio de ligação à falange pertencente, chorava sobre um túmulo, discretamente, afinal os Caveiras em sua maioria são de natureza recatada e introspectiva, mas chorava sim. Engraçado pensar nessa situação, não é mesmo? Ele chorava pelos erros do passado, por uma pessoa a qual amava muito, mas que não mais perto dela estava. Claro, ele sabia que ninguém morria, mas a saudade e o remorso apertavam fundo seu coração. Isso acontece muito no plano espiritual, onde muitas vezes os laços são quebrados devido às diferenças vibratórias. Na verdade os laços não se quebram, apenas afrouxam-se um pouco...

Mas, voltando a nossa história, fiquei a pensar muito sobre aquele tipo de visão. Pensei que ninguém acreditaria em mim caso eu contasse esse "causo", afinal, Exú é homem acima do bem e do mal, Exú não tem sentimento, Exú não chora...

Ainda mais para aqueles que endeusam "seu" Exú, pensando ser ele um grande guardião, espírito da mais alta elite espiritual, corajoso, sem temores, violento guerreiro das trevas. Exú acaba assumindo na Umbanda um arquétipo, ou mito, tão supra-humano, que muitas vezes ele deixa de ser apenas o mais humano das linhas de Umbanda. Arquétipo esse, diga-se de passagem, muito diferente do Orixá Exú, que é base para a formação do que chamamos de Linha de Esquerda dentro do ritual de Umbanda. É, eu acho que todo Exú chora. Assim como eu e você também. Inclusive, todo mundo chora, pois todos têm dores, remorsos e tristezas. Isso é humano. Mas, voltando ao Campo Santo...

Logo vi um Exú vestindo uma longa capa preta se aproximar do triste amigo Caveira. O que eles conversaram não se sabe, pois não ouvi, e muito menos dotado da faculdade de ler os pensamentos deles eu estava. Mas uma coisa é certa: Os dois saíram a gargalhar muito! *"Engraçado, como é que pode? Tava chorando até agora, e de repente sai rindo de uma hora pra outra?"* – pensei contrariado.

Fiquei alguns dias refletindo sobre isso, e cheguei a uma conclusão. A principal característica de um Exú é o seu bom-humor. Afinal, mesmo em situações muito complicadas, eles sempre têm uma gargalhada boa para dar. Na pior situação, mesmo que de forma sarcástica, eles se divertem. Exú pode escrever certo por linhas tortas, errado por linhas retas, errado em linhas tortas ou sei lá mais o que, mas uma coisa é certa, vai escrever gargalhando.

Admiro esse aspecto de Exú. Tem gente que de tanto trabalhar com ele torna-se sério, "faz cara de mau", vive reclamando da vida além de tornar-se um grande julgador. A verdade é que nunca vi Exú reclamar de nada! Pelo contrário, o que vejo é que ele nos ensina a não reclamar da vida, pois tem gente que passa por coisa muito pior e o faz com honra e... Bom-humor!

Vejo também que Exú não julga ninguém, afinal, quem é ele, ou melhor, quem somos nós para julgarmos alguém? Exú ensina que, o que muito condenamos, assim o fazemos porque isso nos incomoda. E sabe por quê? Porque aquilo que condenamos nos outros, são nossos próprios defeitos.

Por isso Exú não gosta daquele que é um falso pregador, aquele que vive falando como os outros devem agir, dizendo o que é certo e alertando os outros contra a vaidade, ou vivem julgando, mas no dia a dia pouco aplica em si as regras que impõe para os outros. O mundo está cheio deles. E Exú sorri quando encontra um desses. Mais para frente eles serão engolidos por si mesmos. Pela própria sombra. Mas Exú não ri porque fica feliz com isso, muito pelo contrário, ele até sente tristeza por aquela pessoa. Mas já que não dá pra fazer outra coisa, o melhor é rir mesmo, não é?

O certo é que a linha de Exú nos coloca frente a frente com o inimigo! Mas aqui não estamos falando de nenhum "quiumba" (espíritos sem luz), mas sim de nós mesmos. O que eu já vi de médium perdendo a compostura quando "incorporado" com Exú, não é brincadeira. Muitos colocam suas angústias pra fora, outros seus medos e inseguranças, seus complexos de inferioridade. Tudo isso Exú permite, para que a pessoa perceba o quanto ela é complicada e enrolada naquele sentido da vida. Mas dizem que o pior cego é aquele que não quer ver, e o que têm de gente que não quer enxergar os próprios defeitos...

E não sobra opção a Exú, a não ser sorrir. E é pra rir mesmo quando nós nos damos mal. Mas, ainda falando dos múltiplos aspectos contraditórios de Exú, pois ele é a contradição em pessoa, devo relatar mais uma experiência conflitante em relação à sua natureza.

Dia desses, depois de um "pesado trabalho de esquerda", fiquei refletindo sobre algumas coisas. E sempre que assim eu faço algo estranho acontece.

Nesse trabalho, muitos quiumbas, espíritos assediadores, obsessores, eguns, ou sei lá o nome que você queira dar, foram recolhidos e encaminhados pelas falanges de Exú que lá estavam presentes. Sabe como é, na Umbanda, a gente não pega um livro pesado e começa a doutrinar os espíritos "desregrados da seara bendita". A gente entra com a energia, com a mediunidade e com os sentimentos bacanas, deixando o encaminhamento e "doutrinação" desses amigos mais revoltados nas mãos dos guias espirituais.

Esse trabalho foi complicado. Muitos, na expressão popular, estavam "demandando o grupo", ou seja, estavam perseguindo nosso grupo de trabalho e assistência espiritual, pois tinham objetivos e finalidades diversas e opostas. Ninguém tinha arriado um ebó na encruzilhada contra a gente, eram atuações vindas de inteligências opostas ao trabalho proposto e atraídas pelas "brechas vibratórias" de nossos próprios sentimentos e pensamentos. Mas que na Umbanda ainda acha-se que tudo que acontece de errado é culpa de algum ebó na encruzilhada, isso é verdade...

Bom, o que sei é que alguns dias depois, durante a noite, enquanto eu dormia, alguém me levou até um estranho lugar. Eu estava projetado, desdobrado, desprendido do corpo físico, ou qualquer outro nome que vocês queiram dar. Fenômeno esse muito estudado por diversas culturas espiritualistas do mundo. Muito comum também dentro da Umbanda, mas pouco estudado, afinal, muitos pensam que Umbanda é "só incorporar" os guias e de preferência de forma inconsciente! Sei, sei... Olha Exú gargalhando novamente!

Nesse local, um monte de espíritos era levado até a mim e eu projetava energias de cura em relação a eles. Vi várias pessoas projetadas no ambiente, inclusive gente muito próxima do grupo. Alguns pouco conscientes outros ainda nada conscientes. Mas, o importante era a energia mais densa que vinha pelo cordão de prata e que auxiliava no tratamento daqueles irmãos sofredores.

Por quanto tempo fiquei lá eu não sei; afinal a noção de tempo e espaço é muito diferente no plano astral. O que sei é que, em certo momento, um Exú que tomava conta do ambiente veio conversar comigo:

– Tá vendo quantos espíritos a gente "pego" daquelas reuniões que vocês fazem? – perguntou o amigo Exú.

– Nossa, quantos, muito mais do que eu podia imaginar.

– E isso não é nada, comparado aos milhares que chegam, diariamente, "nas muitas casas" dos guardiões da Umbanda espalhados pelo Brasil.

– Poxa, mas isso é sinal que o pessoal anda trabalhando bem, não é mesmo? – eu argumentei.

– Hahahaha, mas você é um idiota mesmo, né? Desde quando isso é um bom trabalho? Milhares chegam, mas sabem quantos saem daqui? Poucos! A maioria também é encaminhada para servir as falanges de Exú. O grande problema é que os médiuns de Umbanda, pouco ou nada cuidam dos que aqui ficam precisando de ajuda – debochou Exú e depois continuou. – Nossa missão aqui é transformar os antigos valores desses espíritos, mesmo que seja através da dor. Mas, depois disso, muitos precisam ser curados, tratados. E dessa parte os umbandistas não querem nem saber! Ah, ainda pego o maldito que disseminou que Umbanda só serve para cortar magias negras e resolver dificuldades materiais. Vocês adoram falar sobre amor e caridade, mas quase ninguém se importa em vir até aqui cuidar desses que vocês mesmos mandaram para cá.

– É que muitos não sabem como fazer isso amigo! – tentei eu defender os umbandistas.

– Claro que não sabem! Só se preocupam em "cortar demandas", combater feitiços e destruir "demônios das trevas". Grandes guerreiros! Mas nada fazem sem os vossos Exús, parecendo grandes bebês chorões querendo brincar de guerra! Lembre-se bem. Todos que a mão esquerda derrubar terá que subir pela mão direita. Essa é a Lei. Comecem a se conscientizar que ninguém aqui gosta de ver o sofrimento alheio. Tenham uma visão mais ampla do universo espiritual e da forma como a Umbanda relaciona-se com ele. Dediquem-se mais a esses que são encaminhados nos trabalhos espirituais. Orem por eles, façam uma vibração por eles, trate-os com a luz das velas e do coração. Busquem o conhecimento e a forma de auxiliá-los. Quero ver se amanhã, quando você não aguentar mais o chicote, e não tiver ninguém para lhe estender à mão, vai achar tão "glamoroso" esse ciclo infernal de demandas, perseguições e magias negativas. Isso aqui é só sujeira, ódio, desgraça e tristeza. Poucos têm coragem de pousar os olhos sobre essas paragens sombrias.

– É... isso é verdade. Muitos falam, mas poucos realmente conhecem a verdadeira situação do astral inferior a qual a Umbanda e toda a humanidade estão ligadas, não é mesmo? – questionei.

– Hahahaha, até que você não é tão idiota! Olha, vou dar um jeito de você lembrar essa conversa ao acordar. Vê se escreve isso pros seus amigos umbandistas! E para de reclamar da vida. Quer melhorar? Trabalhe mais!

– Está certo seu Exú Ganga. Só mais uma coisa. Um dia desses li num livro que Ganga é uma falange relacionada ao "lixo". Mas você se apresenta como os negros e ao julgar por esses facões em suas mãos, creio que nada tem a ver com o lixo...

– Lixo é esse livro que você andou lendo! Ganga é uma corruptela do termo Nganga, do tronco linguístico Bantu. Quer dizer "o mestre", aquele que domina algo. O termo foi usado por muita gente, desde sacerdotes até mestres na arte da caça, da guerra, da magia. Algo parecido com a Quimbanda, mas esse, mais relacionado diretamente à cura e à prática de Umbanda. A linha de Exús Ganga é formada por antigos sacerdotes e guerreiros negros. É isso! Vê se queima a porcaria do livro onde você leu essa besteira de "lixo"...

Pouco lembro depois disso.

Despertei no corpo físico, era madrugada e não fui dormir mais. Agora estou acabando de escrever esse texto, onde juntei duas experiências em relação a Exú. Não sei por que fiz isso, talvez pelo caráter desmistificador da sua figura.

Pra falar a verdade, essas duas histórias são bem diferentes. Primeiro um Exú que chora, sorri e ensina o bom-humor, o autoconhecimento e o não julgamento. Depois um Exú que se preocupa com o "pessoal aqui de baixo". Diferentes, principalmente daquilo que estamos acostumados a ouvir dentro do meio umbandista. Talvez Exú esteja mudando. Talvez nós, médiuns e umbandistas, estamos mudando. Talvez a Umbanda esteja mudando.

Ou, quem sabe, a Umbanda e Exú sempre foram assim e somos nós que não compreendemos direito aquilo que está muito perto, mas é tão diferente ao mesmo tempo. Dizem que o pior cego é aquele que não quer ver.

Prece de Exú

Sou Exú, Senhor meu Pai, permita-me que assim te chame, pois na realidade, Tu o és, como é meu criador.

Formaste-me da poeira ástrica, mas como tudo que provém de Ti, sou real e eterno. Permita Senhor, que eu possa servir-te nas mais humildes e desprezíveis tarefas criadas pelos teus humanos filhos. Os homens me tratam de anjo decaído, de povo traidor, de rei das trevas, de gênio do mal e de tudo o mais em que encontram palavras para exprimir o seu desprezo por mim; no entanto, nem suspeitam que nada mais sou do que o reflexo deles mesmos.

Não reclamo, não me queixo, porque esta é a tua vontade.

Sou escorraçado, condenado a habitar as profundezas escuras da terra e trafegar pelas sendas tortuosas da provação.

Sou invocado pela inconsciência dos homens a prejudicar o seu semelhante.

Sou usado como instrumento para aniquilar aqueles que são odiados, movido pela covardia e pela maldade humana sem, contudo, poder negar-me ou recorrer.

Pelo pensamento dos inconscientes, sou arrastado a exercer a descrença, a confusão e a ignomínia, pois esta é a condição que Tu me impuseste.

Não reclamo Senhor, mas fico triste por ver os teus filhos que criaste à Tua imagem e semelhança, serem envolvidos pelo turbilhão de iniquidades que eles mesmos criam e, eu, por Tua lei inflexível, delas tenho que participar.

No entanto, Senhor, na minha infinita pequenez e miséria, como me sinto grande e feliz quando encontro nalgum coração, um oásis de amor e sou solicitado a ajudar na prestação de uma caridade.

Aceito, sem queixumes, Senhor, a lei que, na Tua infinita sabedoria e justiça, me impuseste "a de executor das consciências", mas lamento e sofro mais, porque os homens até hoje não conseguiram compreender-me.

Peço-Te, Oh Pai infinito, que lhes perdoe.

Peço-Te, não por mim, pois sei que tenho que completar o ciclo da minha provação, mas por eles, os teus humanos filhos.

Perdoa-os, e torna-os bons, porque somente através da bondade do teu coração, poderei sentir a vibração do teu amor e a graça do teu perdão.

Esta prece foi psicografada por A.J. Castro, da Cabana de Lázar

Exú Tranca Rua

Seu nome em sua última encarnação foi Dr. Geraldo de Compostella, porém ele não foi de fato um médico, como se diz nas letras de seus pontos, ele foi, na verdade, uma espécie de curandeiro. Sua especialidade era a extração de dentes, trabalhava com ervas virgens e em especial com cascas de uma árvore que havia perto de seu castelo. Era um homem muito rico, nascido em berço de ouro.

Geraldo quando jovem tinha vontade de se tornar padre num mosteiro em sua cidade (Galícia, na Espanha), mas todo esse sonho foi interrompido durante uma missa a qual ficou em seu pensamento uma distinta senhora que havia ido se confessar.

Ele passou então a frequentar a todas as missas, tentando desesperadamente encontrar essa mulher. Depois de um mês de vigília, quando estava na antessala da igreja, ouviu uma voz suave chamando pelo padre, e para sua surpresa era a tal mulher. Sem pensar em nada, fingiu ser o padre. A mulher então lhe beijou a mão e pediu para que ele perdoasse seus pecados. Disse que a bruxaria fazia parte de sua vida e nada poderia fazer para afastá-la de seus caminhos, e que iria embora daquela cidade, pois temia a perseguição e a injustiça da inquisição. Geraldo se calou, olhando nos olhos de sua amada. Disse à mulher que desde que havia lhe visto pelas missas não conseguia mais tirá-la do pensamento, não sabia se estava enfeitiçado, mas o que sentia era muito forte, e se aceitasse iria com ela para longe dali.

Geraldo voltou para o seu castelo, vendeu todos os seus bens e nunca mais voltou à cidade da Galícia. Foi morar com Maria e começou a se envolver demais com os segredos do ocultismo. Logo ele se tornou um mestre na arte de enfeitiçar, e foi para o lado da magia negra. Com medo de perder Maria, Geraldo selou um pacto com o diabo para que ela fosse para sempre sua e de nenhum outro homem. Sua alma passou a não mais lhe pertencer, e seu credor lhe cobrava cada vez mais pelo seu feito. Alguns anos se passaram e Maria adoeceu. Nenhum feitiço era capaz de lhe devolver a saúde, Geraldo desesperado pensando que ia perder sua amada, mais uma vez recorreu ao diabo, porem, este disse a ele que, se fizesse o que queria, seu preço seria cobrado após a morte de Maria. Geraldo sem pensar aceitou o acordo. Na manhã seguinte sua amada levantou-se e nada mais tinha, ela viveu intensamente somente mais três dias, falecendo queimada por uma vela que incendiou todo o casebre.

Por culpa do marido, Maria não conseguia descansar em paz, seu espírito ficou vagando junto às almas sem luz. Geraldo dedicou seus últimos dias a buscar um jeito de livrar a alma de sua amada, vindo a morrer logo depois de desgosto, e assim, o diabo levou sua alma.

Após sua passagem ele tornou-se o guardião das almas sem luz que tentam se livrar dos caminhos escuros, por isso se chama Tranca Rua das Almas.

Hoje sua missão é levar ajuda a quem está perdido. Além de prender espíritos zombeteiros, para que paguem seus pecados e possam voltar a reencarnarem.

Essa é a história de Tranca Rua das Almas.

"Na sombra e na luz, Tranca Rua me conduz."

Ponto Cantado do Exú Tranca Rua

Ó luar, ó luar (ó luar)
Mas ele é o dono da rua (ô luar)

Quem cometeu as suas faltas
Peça perdão a Tranca Ruas

Tanto sangue derramado
Espalhado pelo chão

Quem cometeu as suas faltas
Peça perdão a tranca ruas.

Maria Padilha dos Sete Cruzeiros da Calunga

França, final do século XIX. Juliette, filha de nobres franceses, estava desesperada, pois, aos seus dezessete anos de idade, ela já estava prometida em casamento para o jovem Duque D'Areaux.

Por coisas que somente à vida cabe explicar, Juliette havia se apaixonado por um dos cavalariços de sua propriedade. Entregara-se a essa paixão de forma avassaladora o que culminou na gravidez que já atingira a oitava semana. Somente confiara o segredo à velha ama Marie, quase uma segunda mãe, que a vira nascer e dela nunca se afastara. Vendo o desespero da moça e prevendo as consequências que acarretaria aquela gravidez, a velha aconselhou a moça a fugir com Jean, seu amado. Procurado, o rapaz não fugiu à sua obrigação e se dispôs a empreender fuga com sua amada. Combinaram em partir na madrugada, levando apenas a sua ama, que seria muito útil durante a gravidez e após o nascimento do bebê, além dos cavalos necessários para os três.

Perto da meia-noite, Juliette e Marie esgueiraram-se pelo jardim e dirigiram-se até o ponto em que o jovem as esperava. Rapidamente montaram nos cavalos e partiram, porém não esperavam que um par de olhos os espreitasse. Era Sophie, a filha dos caseiros, extremamente apaixonada por Jean. Percebendo o que se passava, Sophie correu até a grande propriedade e alertou aos pais da moça sobre a fuga iminente. Antoine, o pai de Juliette, imediatamente chamou por dois homens de confiança e partiu para a perseguição. Não precisou procurar por muito tempo, a falta de experiência das mulheres fazia com que a marcha dos fugitivos fosse lenta. Antoine gritou para que parassem, ao ouvir as ordens do patrão, Jean assustado, apressou o galope. Não sendo atendida a sua ordem e para tentar evitar a fuga, Antoine dispara um tiro certeiro no meio das costas de Jean, e o derruba do cavalo. Juliette assistindo a cena interrompe sua cavalgada, desce do cavalo e corre em direção ao seu amado gritando desesperada, quando ouviu o segundo tiro, olhou para trás e a velha ama jazia caída sobre sua montaria. Sem raciocinar no que fazia puxou a arma de Jean e apontou-a para o próprio pai, que gritou para que a filha largasse a arma, porém Juliette, tomada pelo ódio apertou o gatilho e o projétil acertou em cheio Antoine no coração. Os homens que o acompanhavam não sabiam o que fazer. Aproveitando esse momento de indecisão a moça correu chorando em total descontrole em direção a uma ponte que havia a poucos metros dali, e foi de lá que Juliette despediu-se da vida atirando-se na água gelada. A morte foi rápida e nada se pode fazer. Responsável direta por três mortes (a dela, do pai e da criança que trazia no ventre) causou ainda, indiretamente mais duas a de Jean e de sua ama. Triste destino aguardava o espírito atormentado da moça.

Depois de muito vagar por terrenos negros como a noite, e conhecer as mazelas de incontáveis almas perdidas, ela encontrou um grupo de guias espirituais, que a encaminharam para a expiação dos males que causara.

Tornou-se então uma das falangeiras de Maria Padilha. Hoje, em nossos terreiros, atende pelo nome de Maria Padilha dos Sete Cruzeiros da Calunga, onde, demonstrando uma educação esmerada e um carinho constante, atende seus consulentes sempre com uma palavra de conforto e fé, exibindo um sorriso cativante.

Salve minha mãe Maria Padilha dos Sete Cruzeiros da Calunga!

Ponto Cantado da Pombagira Maria dos Sete Cruzeiros da Calunga

Tenho poder, Fui Dona de Cabaré.
Hoje sou Luz, Pra quem tem Fé.

No cemitério, Salvei muitas Almas.
Nenhum mal, Temo vencer.

Maria Padilha dos Sete Cruzeiros
Nasci nos braços de Obaluaiê.

Da Calunga Pequena,
Com as Almas Benditas,
Venho lhe proteger.

Da Calunga Pequena,
Com as Almas Benditas,
Venho lhe proteger.

Maria Padilha

Um rei casado com uma princesa, mas que se apaixonou por uma bela e jovem feiticeira. Parece um conto de fadas, mas trata-se da história encarnada de uma das mais importantes Pombagiras da Umbanda.

Nascida na Espanha medieval ela teve o amor do rei Dom Pedro de Castela, chamado de "O Cruel", pelo povo espanhol. Maria de Padilha que era uma jovem muito sedutora viveu entre os anos de 1300-1400, e foi amante do rei.

Dom Pedro de Castela já estava noivo de Dona Blanca de Bordon, uma jovem pertencente à Corte francesa, que foi enviada para Castela para casar-se com o príncipe, que estava para assumir o reinado do pai.

O príncipe, não queria casar-se com Dona Blanca de Bordon, mas este casamento traria excelentes benefícios políticos para Corte Espanhola e Portuguesa. Único filho do rei Afonso XVI com a rainha Dona Maria de Portugal, guerreiro, cheio de honra e coragem, ele assumiu o trono de Castela em 1350. A cidade de Andaluzia no sul da Ibéria tornou-se capital do reino unido de Castela.

Maria de Padilha foi viver no reino como dama de companhia de Dona Maria, mãe de Dom Pedro. Encantada pelo futuro rei e buscando uma ascensão no reinado, Padilha fez junto a uma árvore, um feitiço de amor para conquistar o amor de seu rei. Preparou um espelho mágico, e fez com que o rei se olhasse no tal espelho, sem saber que estaria sendo enfeitiçado pelo poder dele.

O feitiço lançado ao rei pela poderosa Padilha seria eterno. Através de tal sortilégio, Dom Pedro se apaixonaria loucamente por ela.

Maria de Padilha e o Rei de Castela se encontravam as escondidas e assim começaram um grande caso de amor, do qual sabiam que jamais seria aceito pela família real e tampouco pela Corte.

Ela trabalhava com magia em conjunto com seu mestre, um judeu cabalista, que lhe ensinara muitos sortilégios e, através deles conseguiu dominar o Rei de Castela por completo. Com seu mestre, ela aprendeu a arte Goécia e a magia negra.

Dom Pedro, apaixonado, mandou construir um castelo em Sevilha a pedido de sua amada. A construção, em estilo árabe, foi presenteada a Maria de Padilha que passou então a ser vista como a verdadeira rainha de Castela. As visitas do rei ao castelo, sempre eram secretas.

Para tornar seu feitiço com o rei mais forte, evitando assim alguma tentativa de separá-los, Maria de Padilha mandou chamar uma bruxa de Andaluzia, que era perseguida pela igreja por acharem que tinha ligações com o diabo, porém não havia provas contra a tal bruxa. Padilha então pediu à mulher que realizasse um trabalho de amarração, onde o erotismo uniria os amantes como um impulso sagrado.

Não satisfeita com sua situação de amante, Padilha resolveu então se livrar da rainha Dona Blanca, para que o rei ficasse apenas com ela. Descobriu que em uma igreja havia um relicário onde se guardava um cinto que diziam ter pertencido a um santo e, se lá estava, deveria ser poderoso. Padilha resolveu pegar o cinto para fazer um novo feitiço. Chegando à igreja, se dirigiu ao final da nave, onde se encontrava a tumba que estava sepultado o santo, retirou o cinto do relicário, o passou ao seu redor e em seguida o guardou em sua bolsa e saiu. Chegando a seu castelo, pegou um pedaço de chumbo, derreteu e colocou-o em uma bacia com água espiando lá pra dentro, depois pegou o chumbo e revirou-o para todos os lados, por fim prendeu o metal ao cinto e levou ao seu mestre que trabalhou com fé e vigor no novo feitiço. Terminada a magia, o mestre de Maria mandou que ela colocasse esse cinto encantado no lugar onde estava o cinto que Dona Blanca dera ao marido. Depois Padilha foi ao nicho de São Crispim e orou batendo no peito como uma penitente e esperou o resultado.

Certo dia, estando o rei de frente ao Bispo, o cinto se moveu e transformou-se em uma cobra pronta para atacar. O cinto era igual ao que sua esposa havia lhe dado. Com esse acontecido, Dona Blanca foi abandonada logo após o casamento e acusada de bruxaria, reafirmando seu poder, o rei mandou executá-la. Dona Blanca foi decapitada a mando do marido, sendo Padilha a grande responsável pela sua execução.

Após a morte da esposa do seu amado, Maria Padilha de Castela passou a viver com o rei em seu castelo em Sevilha.

Maria Padilha morreu antes do rei de Castela, contraindo a peste negra, o rei fez um velório e um enterro digno de uma grande rainha, sepultando-a nos jardins de seu castelo.

Após sua morte, foi penitenciada por Jesus, e por mando do rei das encruzilhadas, ela ainda permaneceria na terra e confins, comandando sua falange de mulheres e Exús para realizar todos os tipos de trabalho. Castigada pelos seus pecados não pôde entrar no reino dos céus, mas entrou no reino das trevas. Poderosa, comanda sua falange onde ensina e faz feitiços para atender a quem invoca seu auxílio.

Dentre muitas mortes que Dom Pedro de Castela ordenou, consta a de seu irmão bastardo Dom Fradique mestre de Santiago de Compostela.

O rei de Castela morreu nas terras de Montieul, assassinado por outro irmão bastardo, Dom Henrique que o sucedeu no trono. O corpo do rei deposto foi enterrado ao lado da sepultura da sua amada, a Rainha Padilha, onde foram construídas duas estatuas, uma de frente pra outra, para que mesmo na eternidade os amados nunca deixassem de olhar um para o outro.

Ponto Cantado Maria Padilha

Deu meia-noite
A lua se escondeu

Foi lá na encruzilhada
Ouvi uma gargalhada
E a Padilha apareceu

Alaruê, alaruê, alaruê
É mojubá, é mojubá, é mojubá

Ela é Odara; quem tem é Pombagira
É só pedir que ela dá.

Maria Padilha das Almas

Esta é a história de uma das entidades da Umbanda que mais respeito e admiro. Conversei com ela sobre sua vida encarnada que me passou algumas informações, e prometeu que iria me ajudar a escrever a sua história. Não acreditei quando me sentei diante do computador e comecei a escrever, foi tudo muito rápido. Esta história eu retirei do meu livro *Vida que Segue*, publicado pela Editora Nova Senda.

"Quando ainda pertencia ao mundo material, fiz muitas coisas boas, mas também fiz outras ruins, que me transformaram no que sou hoje. Nessa encarnação, eu tinha uma casa com muitas meninas, muitas delas eu retirei das ruas, doentes, com fome, com frio e dei-lhes comida, agasalho e ajudei a curá-las de suas moléstias. Porém ao mesmo tempo em que eu cuidava destas meninas elas acabavam trabalhando para mim, atendendo alguns clientes que vinham me visitar em busca de um prazer extraconjugal, no entanto minha casa não era um bordel, ou se era não estava explícito. Mas não foi sempre assim.

Quando moça eu era bonita, charmosa, e muitos homens se sentiam atraídos por mim. Eu tinha tudo que queria; belas roupas, perfumes joias e tudo mais que ganhava de meus admiradores. Alguns homens brigaram por mim e muitos tentaram me esposar, mas eu não queria me prender a homem algum, gostava da vida que levava.

O tempo foi passando e a beleza que antes era meu maior trunfo, foi se acabando, como é natural a todos. Chegou um tempo em que eu não era mais visitada pelos meus admiradores e os presentes foram diminuindo. Caí em depressão, me achando a pior das mulheres.

Um belo dia uma linda jovem bateu a minha porta, estava suja, com fome, frio e com febre e dores no corpo. Naquela época a peste atacava sem piedade e aqueles menos providos eram os mais vitimados pela doença, por falta de assistência médica e precárias condições de saúde e higiene. Cuidei desta moça como se fosse uma filha, dei-lhe comida, carinho, conforto e a curei de sua enfermidade com alguns remédios, chás e muito banho quente. A moça se recuperou e mostrou toda sua beleza. Comecei a ter afeto por aquela menina que não tinha mais de dezessete anos. O carinho era recíproco.

Um belo dia, um dos poucos admiradores que me sobraram, após eu não ter mais aquela beleza estonteante de outros tempos, veio me visitar. Tentei não deixar que visse a menina, para evitar problemas, mas enquanto conversávamos na sala e entre uma carícia e outra, Josefina entrou no aposento. Meio constrangida com aquela situação, ralhei com a moça e pedi que saísse imediatamente de lá. Porém meu visitante pediu que ela ficasse mais um pouco, ele havia se encantado com tamanha beleza e com seu corpo já tomando formas de mulher.

Josefina era uma bela jovem, cabelos negros como a noite, lisos e compridos, sua pele clara e seus olhos verdes deixavam aquela menina com uma beleza fora do comum, sua estatura baixa e seu corpo bem desenhado deixava qualquer homem inebriado com aquele conjunto. Era realmente uma linda jovem que começava a desabrochar em uma linda mulher.

– Quem é a moça, Maria?

De imediato respondi com o que me veio na cabeça. – Minha sobrinha, ela veio passar uns dias em minha casa para se recuperar de uma doença que estava lhe consumindo.

O homem se soltou de mim, se levantou e caminhou em direção à bela jovem que se mostrava acanhada naquele momento.

– Que linda mulher você tem aqui.

– Mas não é pro seu bico. Ainda é uma criança.

– Mas esta criança pode lhe ajudar a sair da situação que se encontra, principalmente porque seus encantos estão acabando e apenas eu ainda lhe visito para lhe dar presentes, e com essa bela moça, isso tudo mudaria. Principalmente depois que os homens desta cidade souberem da notícia.

Eu tentava repudiar o que ouvia daquele homem, mas ele estava certo, minha situação financeira não era uma das melhores e se nada acontecesse eu teria que entregar a casa e sabe lá pra onde iria, talvez para o meio da rua. Mas ainda tentei lutar contra aquela ideia, me sentia em uma encruzilhada.

– Ela é muito jovem ainda e não quero jogá-la nesta vida.

– E por que você não a deixa decidir. A menina pode retribuir tudo que você fez por ela e ao mesmo tempo ter uma vida melhor.

Desconcertada, nada respondi, apenas brigava com meus pensamentos que diziam para por aquele homem para fora e afastar de minha cabeça aquela ideia depravada, mas o outro lado me mostrava à realidade e tudo que estava em jogo.

– Acho melhor você ir embora agora, eu não quero mais visita hoje.

– Mas, Maria... – ele tentava argumentar.

– Nem mais nem menos, saia de minha casa e me deixe em paz.

O homem pegou sua casaca, sua cartola, beijou levemente meu rosto e sussurrou em meu ouvido.

– Caso mude de ideia mande me avisar, quero ser o primeiro a provar essa belezura.

Virei o rosto e o empurrei para fora de minha casa. Após despachar o homem, voltei à sala onde a menina ainda estava estática, encabulada e com medo do que ouvira.

– Não fique assim, Josefina, nada de mal vai lhe acontecer. Por isso que não queria que viesse à sala por motivo algum.

– Madrinha, me perdoa, eu só queria saber se vocês queriam um café que acabara de passar, não sabia que ele era seu namorado e estavam em momentos íntimos.

– Não importa agora. Preciso pensar como farei para sair deste problema financeiro que me encontro, este era o único de muitos que ainda me ajudava e agora não sei se vai continuar assim.

– Madrinha, se for preciso eu ajudo a senhora.

– Não fale besteira, menina. Não sabe o que está falando.

– Sei sim, madrinha. Sei que nosso problema é sério e que se não fizermos nada, seremos despejadas.

– Como sabe disso?

– Ouvi o senhorio lhe falar à porta.

– É... nossa situação está bem complicada, mas vamos dar um jeito.

– Madrinha. Sou forte e posso suportar muita coisa para retribuir toda ajuda que a senhora me deu.

– Vou pensar no assunto. Agora vamos dormir que já está tarde.

Mandei a menina para o quarto e fui até a cozinha beber um gole de Martini vermelho que guardava em uma estante.

Aquela noite eu passei em claro, não conseguia parar de pensar como poderia resolver meus problemas e na proposta feita pelo meu único admirador.

O dia já estava clareando quando fui me deitar, precisava descansar o corpo e a mente um pouco, para tentar achar solução para meus problemas.

Já era próximo do meio-dia quando um cheiro de comida me fez despertar. Levantei e fui à cozinha para ver o que Josefina estava preparando.

– Bom dia!

– Bom dia, madrinha.

– O que está preparando?

– Um almoço especial para a senhora.

– Mas não temos quase nada na dispensa.

– Hoje vai ser o último dia de sofrimento pra nós, decidi que vou ajudar a madrinha.

Eu já ia falar alguma coisa quando uma batida na porta chamou nossa atenção. Eu mesma fui abri-la...

Uma moça mal vestida e com feridas pelo corpo e muita febre, mal se aguentava em pé. Eu e Josefina amparamos a jovem e a recolhemos.

– Ajude-me a colocá-la no sofá, Josefina.

Josefina pegou a moça por um dos braços enquanto eu pegava pelo outro e a levamos até o sofá da sala. A menina sentindo que estava protegida se entregou e desmaiou.

– Pegue um pouco de água e um cobertor.

– O que ela tem, madrinha?

– Ainda não sei, mas vá buscar o que lhe pedi.

Josefina foi atender o meu pedido voltando logo a seguir.

– Aqui está madrinha.

Acomodei a moça no sofá, dei alguns tapinhas em seu rosto para despertá-la e fiz a pobre beber um pouco de água.

– Ela está acordando – falou Josefina.

– Faça um chá de aroeira, isso ajudará na infecção dos machucados e irá diminuir a febre.

A moça estava assustada, não sabia como havia chegado ali.

– Calma menina. Você está segura aqui. Qual o seu nome?

– Verônica, senhora. Onde estou?

– Em minha casa, e parece que seu estado de saúde não está nada bem. O que houve?

– Fui expulsa de casa, meus pais achavam que eu tinha pegado uma doença do meu namorado, depois que me pegaram...

A moça não teve coragem de continuar, ficou vermelha e calou-se.

– Quando foi isso?

– Ontem à noite?

– E por que acharam que você pegou algo de seu namorado? Tudo isso é só por que estavam transando?

– Porque ele também tinha algumas marcas no corpo que pareciam feridas cicatrizando.

– E o rapaz?

– Fugiu de medo dos meus pais.

– Mas, e depois? Ele não mais a procurou?

– Ele não sabe que fui expulsa de casa dois dias depois do acontecido.

– Foi quando surgiram as feridas.

– Sim – afirmou a moça tristemente.

– Bem, vamos cuidar delas, depois a gente vê o que faz.

– Josefina, prepare um banho quente para a Verônica.

Enquanto a garota tomava banho, Josefina aproveitou para tocar outra vez no assunto que eu queria evitar.

– Madrinha, eu já decidi. Nós não temos alternativas, eu vou atender seus amigos para ajudar em casa.

– Não fale besteira, Josefina.

– Não temos escolha madrinha. A senhora pode selecionar os clientes.

Pensei por alguns instantes e vi que não tínhamos mesmo escolha.

– Está certo, mas não se deitará com qualquer um.

– De acordo, madrinha.

Mandei um recado a Vicente, meu último admirador, dizendo que a moça estaria disponível, mas apenas para clientes importantes e que ele desse a notícia.

Logo minha casa começou a voltar a ser bem frequentada, e os problemas foram se afastando à medida que mais meninas chegavam em busca de ajuda e acabavam colaborando para manter o lugar sempre com conforto. Eu coordenava tudo, mas não deixava que meus amigos chamassem meu lar de bordel.

Mas nem tudo era só alegria. Algumas meninas começaram a atrasar a menstruação e apareceram grávidas de homens importantes e casados. Essa situação começou a trazer encrencas para minha casa, e me vi obrigada a resolver o problema antes que ele viesse ao mundo, e assim, muitos abortos foram realizados. Muitas vidas que estavam se preparando para vir a este mundo foram aniquiladas. Com isso consegui manter o bom funcionamento da casa, porém adquiri uma conta grande com o mundo espiritual.

O tempo foi passando e a minha saúde já não era perfeita, a idade avançada fez com que logo eu desencarnasse.

Após a minha morte na carne, sofri muito pelas atrocidades que cometi realizando vários abortos, esse sofrimento demorou muito tempo, até que fui resgatada por um ser de luz que trabalhava nos mundos inferiores. Este ser me ajudou a curar minhas feridas e me ensinou muito. Quando eu estava preparada, ele me perguntou se gostaria de ajudar àqueles que se perdem ou que sofrem com problemas de saúde, amor e problemas financeiros. Não pensei duas vezes e hoje sou uma trabalhadora da luz e encontrei na Umbanda espaço para ajudar o próximo e buscar minha evolução."

Ponto Cantado Maria Padilha das Almas

Abre a roda (bis)

Deixa a Maria Padilha trabalhar

Quando ela vem,
Ela tem peito de aço, (bis)

E o coração de um sabiá

Exú Marabô

O reino estava desolado pela súbita doença que acometera a rainha. Dia após dia a soberana definhava sobre a cama e nada mais parecia haver que pudesse ser feito para restituir-lhe a saúde. O rei, totalmente apaixonado pela mulher, já tentara de tudo, gastara vultosas somas pagando longas viagens para os médicos dos recantos mais longínquos e nenhum deles fora capaz de sequer descobrir qual era a enfermidade que roubava a vida da jovem rainha.

Um dia, sentado cabisbaixo na sala do trono, foi informado de que havia um negro querendo lhe falar sobre a doença fatídica que rondava o palácio. Apesar de totalmente incrédulo quanto à novidade sobre o caso, pediu que o trouxessem à sua presença. O rei ficou impressionado com o porte do homem que se apresentou perante ele. Negro, muito alto e forte, vestia trajes nada apropriados para uma audiência real, apenas uma espécie de toalha negra envolta nos quadris e um colar de ossos de animais ao pescoço. O negro se apresentou ao rei e disse se chamar Peróstino, e informou que sabia qual o mal que atingia a rainha, então pediu que o levasse para junto dela.

A dúvida envolveu o monarca em pensamentos desordenados. Como um homem que tinha toda a aparência de um feiticeiro, rezador ou fosse lá o que fosse iria conseguir o que os mais graduados médicos não conseguiram?

Mas o desejo de ver sua amada curada foi maior que o preconceito, e o negro foi levado ao quarto real. Durante três dias e três noites permaneceu no quarto pedindo ervas, pedras, animais e toda espécie de materiais naturais. Todos no palácio julgavam isso uma loucura. Como o rei podia expor sua mulher a um tratamento claramente rudimentar como aquele?

No entanto, no quarto dia, a rainha levantou-se e saiu a passear pelos gramados como se nada houvesse acontecido. O casal ficou tão feliz pelo milagre acontecido que fizeram de Peróstino um homem rico, e todos os casos de doença no palácio a partir daquele dia eram encaminhados a ele que a todos curava. Sua fama correu pelo reino e o negro tornou-se uma espécie de amuleto para os reis.

Logo surgiram comentários que ele seria um primeiro ministro que agradaria a todos, apesar de sua cor e origem, que ninguém conhecia. Ao tomar conhecimento desse fato o rei indignou-se, ele tinha muita gratidão pelo homem, mas torná-lo autoridade não estava em seus planos.

Chamou Peróstino a sua presença e pediu que ele se retirasse do palácio, pois já não era mais necessário ali. O ódio tomou conta da alma do curandeiro que imediatamente começou a arquitetar um plano. Disse humildemente que iria embora, mas que gostaria de participar de um último jantar com a família real. Contente por haver conseguido se livrar do incômodo, o rei aceitou o trato e marcou o jantar para aquela mesma noite. Sem que ninguém percebesse, Peróstino colocou um veneno fortíssimo na comida que seria servida e, durante o jantar, os reis caíram mortos sobre a mesa, sob o olhar malévolo de seu algoz. Sabendo que seu crime seria descoberto, fugiu embrenhando-se nas matas, mas arrependeu-se muito quando caiu em si, e seus últimos dias foram pesados e duros pela dor da consciência que lhe atingia.

Um ano depois dos acontecimentos aqui narrados, ele deixou o corpo carnal vitimado por uma doença que lhe cobriu de feridas. Muitos anos foram necessários para que seu espírito encontrasse o caminho a qual se dedica até hoje.

Depois de muito aprendizado foi encaminhado para uma das linhas de trabalho do Exú Marabô e, até hoje, quando em terra, aprecia as bebidas finas e o luxo ao qual foi acostumado naquele reino distante. Tornou-se um espírito sério e compenetrado, que a todos atende com atenção e respeito.

Saravá Sr. Marabô!

Ponto Cantado do Exú Marabô

Exú Marabô, iê,
Marabô Mojibá. (bis)

No cemitério, ele é Marabô,
Na encruzilhada, ele é Mojibá. (bis)

Exú Caveira

Senhor de um povoado que habitava as margens do grande rio sagrado, sua aldeia cultuava a natureza e inconscientemente faziam oferendas cruéis aos seus deuses, utilizando animais e fetos humanos. Até que um dia sua própria mulher engravidara e o sumo sacerdote decidiu que a semente que crescia no ventre de sua esposa deveria ser oferecida em sacrifício para acalmar os deuses da tempestade.

Se opondo a tal sacrifício que envolveria sua futura família, pois se tratava de seu primeiro filho, o senhor negou o pedido do sacerdote. Mas todo seu esforço foi em vão. Em uma noite tempestuosa, os homens da aldeia reuniram-se e invadiram sua tenda silenciosamente, roubaram sua mulher e a violentaram, provocando de imediato seu aborto e com o feto fizeram a inútil oferenda no poço dos sacrifícios.

Ao ver tal brutalidade, o senhor se encheu de ódio, mas nada fez para conter os homens que forçaram o aborto em sua esposa. Porém, durante o resto de sua vida, se vingou de cada um dos algozes de sua amada, inclusive do sacerdote. Passou a não crer mais em deuses, pois o sacrifício realizado com o feto de seu filho havia sido inútil. Tanto que seu povoado sumiu da face da terra soterrado pela areia, tamanha fora a fúria da tempestade. De repente o que era rio virou areia e o que era areia virou rio.

Seu ódio persistia ao tempo, em seus olhos havia sangue e isso era tudo o que ele queria. Sem perceber, estava sendo espiritualmente influenciado pelos homens que havia matado. Os mesmos que se organizavam em uma trevosa falange a fim de vê-lo morto também. O sacerdote era o líder. O senhor passou então a ser vítima de seu próprio ódio. Sem morada e sem rumo, mas com um tenebroso exército de homens odiosos, avançavam assombrando todo o Egito antigo. Invadiram terras, mancharam as sagradas águas do Nilo de sangue, bebiam e se entregavam às depravações com todas as mulheres que capturavam. Era uma aventura horrível. Quanto mais ódio tinha, mais queria ter. Se não podia ter sua mulher, então nenhum homem em parte alguma poderia ter também.

Entregou-se a outros homens, mas ao mesmo tempo violentava bruscamente as mulheres, além de matar crianças impiedosamente. Em seu rastro era apenas ódio e destruição completa. Até que chegaram ao palácio de um majestoso faraó, que também despertava muito ódio em alguns homens interessados em destruí-lo, pois não concordavam com sua doutrina e religião.

O senhor então foi procurado por estes homens que lhe ofereceram recompensa para fazer o que mais tinha prazer, matar; e sua vítima seria o faraó. Com isso sua morte havia sido decretada.

Os fiéis soldados do faraó, que eram numericamente muito superiores ao seu exército, os aniquilaram com a mesma impiedade que tinham para com os outros. Quem com ferro fere, com ferro será ferido.

Partiu para o inferno, mas não para o inferno com o qual os leitores estão acostumados a ouvir nas lendas das religiões efêmeras que pregam por aí. Aquele no qual adentrou, era o da sua própria consciência, este sim é implacável.

Vendo seu corpo inerte, atingido pelo golpe de uma espada e sangrando, não conseguiu compreender o que estava acontecendo, mas o sangue que jorrava lhe fez recordar de todas as suas atrocidades, olhou todo o espaço ao seu redor e tudo que via eram pessoas mortas.

Tudo se transformou de repente, todos os espaços eram preenchidos por corpos fétidos e imundos, caveiras e mais caveiras se aproximavam e se afastavam, e naquele êxtase, caiu derrotado.

Ficou por ali por um longo tempo, inerte e chorando, vendo aquele horror. Tudo era sangue, um fogo terrível ardia e isso tornava ainda mais cruel o lugar. Sua consciência se fechou dentro de si. O medo aumentava e ele chorava cada vez mais. Lá, estava absolutamente derrotado por ele mesmo, pelo seu ódio cada vez mais sem sentido. Onde estava o amor com que ele construiu seu povoado? Onde estavam seus companheiros? Sua querida esposa? Seus pensamentos o consumiam, sentia-se abandonado, nada mais lhe restava senão chorar e ranger os dentes.

Sentiu-se reduzido a um verme, jogado nas trevas de sua própria consciência e somente quem tinha a outorga de entrar nesta escuridão poderia avaliar o que ele estava sentindo, porque lhe parecia indescritível.

Recordar de tudo isto hoje já não lhe traz mais dor alguma, pois muito aprendeu deste episódio triste de sua vida espiritual. Por longos anos vagou naquela imensidão escura, pisoteado pelos seus inimigos, até o fim de suas forças. Já não havia mais suspiro, nem lágrimas, nem ódio, tampouco existia amor, enfim nada que pudesse sentir. Foi esgotado até sua última gota de sangue, tornou-se um verme. E nessa condição, conseguiu em um último arroubo de sua vil consciência pedir socorro a alguém que pudesse lhe ajudar. Eis que então, depois de muito clamar, surgiu um ser que veio tirá-lo dali, mesmo assim, arrastado.

Viu-se atado a um cavalo enorme e negro, e o cavaleiro que o montava, assemelhava-se a um guerreiro, não menos cruel do que ele próprio havia sido.

Depois de longa jornada, foi alojado sobre uma pedra. Ali o alimentaram e o cuidaram com desvelo incompreensível. "Será que ouviram seus apelos?" Perguntava-se intimamente. "Sim, claro, senão ainda estaria lá naquele inferno", respondia-se a ele mesmo, quando foi interrompido em seus pensamentos e ouviu uma voz da qual não identificara de onde vinha, mandando-o calar-se e que aproveitasse o alvitre que vosso pai havia lhe concedido. Ele não compreendia como aquela voz havia lhe escutado os pensamentos. Calou-se por completo.

Por longos anos ficou naquela pedra, semelhante a um leito, até que seu corpo se refez e pode se levantar novamente. Apresentou-se então o seu salvador. Um nobre cavaleiro, armado até os dentes. Carregava um enorme tridente cravado de rubis flamejantes. Seu porte era enorme. Longa capa negra lhe cobria o dorso, mas ele não conseguia ver seu rosto.

Ouviu então uma voz lhe proibindo que olhasse para seu rosto e completou em tom severo dizendo, que o dia que ele conseguisse se ver, poderia vê-lo também, pois todos eram iguais naquele lugar. Seu corpo tremia e ele não conseguia se conter, sua voz não saia e seu olhar, sempre para baixo, resignado perante as ordens de seu amo.

O cavaleiro se dirigiu ao homem e lhe informou que havia sido ordenado a conduzi-lo e que o tinha como escravo e ele deveria obedecê-lo se não quisesse retornar para aquele antro de loucos de onde fora retirado. Deveria seguir suas ordens com atenção e em troca lhe daria trabalho e comida, mas se o desobedecesse seria castigado.

Após seu amo terminar de lhe falar, perguntou seu nome, o cavaleiro disse que ainda não era hora de saber e que no tempo certo ele saberia, e mandou que se calasse, ordenando que seguisse para o seu primeiro trabalho. O homem acenou com a cabeça concordando.

Seguiu seu amo, que montava um cavalo. Ele ia a pé, correndo atrás do cavaleiro, como um serviçal. Mostrando o caminho a ser seguido, o seu agora dono, disse a ele que naquela direção realizariam várias tarefas juntos.

Durante o período de escravo, aprendeu a manusear algumas armas, que lhe foram dadas depois de longo tempo. Aos pouco seu amor pela criação foi renascendo. As várias lições que foram passadas lhe fazia perceber a importância daquele trabalho no astral inferior. Gradativamente foi galgando os degraus daquele mistério com fidelidade e carinho.

Ganhou confiança de seu chefe e seus superiores, foi posto à prova e foi aprovado. Logo aprendera a volitar e plasmar as coisas que queria. Foram anos de aprendizado, não sabia precisar o tempo, pois este corria diferente do da Terra, mas imaginava que já deviam ter se passado uns cem anos.

Foi então que numa assembleia repleta de homens iguais ao seu chefe, ele foi oficialmente nomeado Exú. Nesta ocasião, ele se apresentou ao senhor Omolú e ao divino trono de Mehor-yê, assumindo as responsabilidades que todo Exú deve assumir, assim como suas regras:

- Amar a Deus e às suas leis;
- Amar a criação do Pai e a todas as suas criaturas;
- Fidelidade acima de tudo;
- Compreensão e estudo, para julgar com a devida sabedoria;
- Obedecer às regras de baixo, assim como as de cima.

E algumas outras regras que não são permitidas ser reveladas, sendo resguardadas somente aos Exús, dada a sua importância.

A princípio trabalhou na falange de seu chefe, por gratidão e simpatia, mas logo sentiu a necessidade de ter sua própria falange, visto que os escravos que havia capturado já eram em grande número. Por esta mesma época, aquele antigo sacerdote de seu povoado reencarnou em terras africanas e sua esposa era agora a mulher dele, para que a lei se cumprisse.

Vendo este panorama do quadro que se formara, solicitou imediatamente uma audiência com o senhor Omolú e com o senhor Ogum-Megê e pediu que intercedesse para que pudesse ser o guardião de seu antigo algoz. Seu pedido foi atendido. Se fosse bem sucedido poderia ter sua própria falange. Assim assumiu a esquerda do sacerdote que, na aldeia em que nasceu, foi preparado desde menino para ser o Babalorixá, em substituição ao seu pai de sangue. A filha do babalaô era sua ex-esposa e estava prometida ao seu antigo algoz. Assim se desenvolveu a trama que pôs fim às suas diferenças. Sua ex-mulher deu à luz vinte e quatro filhos e todos eles foram criados com o devido cuidado. Teve muito trabalho naquela aldeia. Até que as invasões, as capturas e o comércio de negros para o ocidente se fizeram. Os trabalhos redobraram, pois tinham que conter toda a revolta e ódio que emanavam dos escravos africanos, presos aos porões dos navios negreiros. Mas seu protegido já estava velho e foi poupado, porém seus filhos não, todos foram escravizados, mas era a lei e ela deveria ser cumprida.

Depois de muito tempo uma ordem veio de cima, dizendo que todos os guardiões deveriam se preparar, pois novos assentamentos seriam necessários, uma nova religião iria nascer. Todos se prepararam, conforme foi ordenado.

Até que a sagrada Umbanda foi inaugurada. Então Exú foi nomeado Guardião, à esquerda do sagrado Omolú e pode assumir seu trono. Novamente assumiu a obrigação de conduzir seu antigo algoz, que hoje já se encontra em cima, feito meritoriamente alcançado devido a todos os trabalhos e sacrifícios feitos em favor da Umbanda e do bem.

Hoje do seu trono em baixo, comanda a falange dos Exús Caveira e somente após muitos anos pôde ver sua face em um espelho e notou que ele era igual ao seu tutor querido, o grande Tatá Caveira, ao qual devia muito respeito e carinho.

Não confundam Exú Caveira, com Exú Tatá Caveira, os trabalhos são semelhantes, mas os mistérios são diferentes. Tatá Caveira trabalha nos sete campos da fé e Exú Caveira trabalha nos mistérios da geração na calunga, porque lá é que a vida se transforma, dando lugar a geração de outras vidas. Mas não se esqueçam de que há sete mistérios dentro da geração, principalmente na lei maior, que comanda todos os mistérios de qualquer Exú. Onde há infidelidade ou o desrespeito para com a geração da vida ou de seus semelhantes, Exú Caveira atua, desvitalizando e conduzindo no caminho certo, para que não caiam nas presas doloridas e impiedosas do grande Lúcifer-yê, pois não deseja a ninguém um décimo do que passou.

Se vossos atos forem bons e louváveis perante a geração do Pai Maior, então vitalizarão e darão forma a todos os desejos de qualquer um que queira usufruir dos benefícios de seus mistérios. De qualquer maneira, o amor impera sim. Por que Exú não pode falar de amor? Se for pelo amor que todo Exú foi salvo, então o amor é bom e o respeito a ele nos conservam o caminho. Este é seu mistério.

Ponto Cantado do Exú Caveira

Ê, Caveira, firma seu ponto na folha da bananeira, Exú Caveira! (bis)

Quando o galo canta é madrugada,
Foi Exú na encruzilhada, batizado com dendê.

Rezo uma oração de trás pra frente,
Eu queimo fogo e a chama ardente aquece Exú, Ô Laroiê.

Eu ouço a gargalhada do diabo,
É Caveira, o enviado do Príncipe Lúcifer.

É ele quem comanda o cemitério,
Catacumba tem mistério, seu feitiço tem axé. Ê Caveira!

Ê, Caveira, firma ponto na folha da bananeira, Exú Caveira! (bis)

Na Calunga, quando ele aparece,
Credo e cruz, eu rezo prece pra Exú, dono da rua.

Sinto a força deste momento,
E firmo o meu pensamento nos quatros cantos da rua.

E peço a ele que me proteja,
Onde quer que eu esteja ao longo desta caminhada.

Confio em sua ajuda verdadeira,
Ele é Exú Caveira, Senhor das Encruzilhadas. Ê Caveira!

Ê, Caveira, firma ponto na folha da bananeira, Exú Caveira! (bis)

Maria Mulambo da Estrada

A lenda conta que Maria Mulambo nasceu em berço de ouro, cercada de luxo. Seus pais não eram reis, mas faziam parte da Corte no pequeno reinado em que moravam.

Maria cresceu sempre bonita e delicada. Com seus trejeitos, sempre foi chamada de princesinha, mas não o era.

Aos quinze anos de idade, foi pedida pelo rei, para casar-se com seu filho de quarenta anos. Foi um casamento sem amor, apenas para que as famílias se unissem e a fortuna aumentasse. Os anos se passavam e Maria não engravidava. O reino precisava de outro sucessor ao trono. Maria amargava a dor de não engravidar, além de manter um casamento sem amor, era chamada de árvore que não dá frutos, e nesta época toda mulher que não tinha filhos era tida como amaldiçoada.

Paralelamente a isso tudo, Maria era uma mulher que praticava a caridade, indo ela mesma aos povoados pobres do reino ajudar aos doentes e necessitados. Em uma dessas suas idas aos locais mais pobres, Maria conheceu um jovem, apenas dois anos mais velho que ela, que havia ficado viúvo e tinha três filhos pequenos, dos quais cuidava com todo amor. Maria se encantou pelo jovem viúvo, foi amor à primeira vista, da mesma forma que ela encantou o belo jovem, só que nenhum dos dois tinha coragem de aceitar esse amor, pois eram de realidades diferentes e as diferenças eram grandes.

O rei morreu, o príncipe foi coroado e Maria declarada rainha daquele pequeno país. O povo a adorava, mas alguns a viam com olhar de inveja e a criticavam por não poder engravidar.

No dia da coroação os pobres súditos não tinham o que oferecer a Maria, que era tão bondosa com eles. Então fizeram um tapete de flores para que ela passasse por cima. Maria se emocionou com o gesto, porém seu marido, o rei, ficou com inveja e ao chegar ao castelo trancou Maria no quarto e deu-lhe a primeira das inúmeras surras que ele lhe aplicaria. Bastava ele beber um pouquinho e Maria sofria com suas agressões verbais, tapas, socos e pontapés. Mesmo machucada, ela não parou de ir aos povoados pobres e praticar a caridade. Num destes dias, o seu amado ao vê-la com tantas marcas, resolveu se declarar e propôs que fugissem, para viverem realmente seu grande amor. Combinaram tudo. Os pais do rapaz tomariam conta de seus filhos até que a situação se acalmasse e ele pudesse reconstruir a família. Maria fugiu com seu amor apenas com a roupa do corpo, deixando ouro e joias para trás. O rei no princípio mandou procurá-la, mas, como não a encontrou, acabou desistindo. Maria agora não se vestia com luxo e riqueza e sim com roupas humildes que, de tão surradas, pareciam molambos; só que ela era feliz. E engravidou.

A notícia correu todo o país e chegou aos ouvidos do rei. Este se desesperou em saber que ele é que era uma árvore que não dava frutos. A loucura tomou conta dele ao saber que era estéril e, como rei, ele achava que isso não podia acontecer. Ele tinha que limpar seu nome e sua honra.

Mandou seus guardas prenderem Maria, que de rainha passou a ser chamada de Maria Mulambo, não como deboche, mas sim, pelo fato de ela agora pertencer ao povo. Ordenou aos guardas que amarrassem duas pedras aos pés de Maria e que a jogassem na parte mais funda do rio. A missão era secreta e por isso o povo não ficou sabendo, e sendo assim, não puderam esconder a jovem desta vez. Ela foi capturada e executada como o rei havia ordenado.

Sete dias após sua morte, às margens do rio, no local onde Maria foi morta, começaram nascer flores que nunca ali haviam nascido. Os peixes do rio somente eram pescados naquele local, onde só faltavam pular fora d'água. Seu amado desconfiou da mudança que ocorrera no local e resolveu mergulhar no rio para descobrir o que estava causando aquela mudança e quando se aproximou do fundo descobriu o corpo de Maria.

Mesmo depois de tantos dias mergulhado na água, o corpo estava intacto, parecia que ia voltar à vida. Os molambos com que Maria fora jogada no rio sumiram. Sua roupa era de rainha. Joias cobriam seu corpo.

Retiraram o corpo de Maria do rio, o velaram e como era de costume, fizeram uma cerimônia digna de uma rainha e cremaram seu corpo. O rei enlouqueceu. Seu amado nunca mais se casou.

A sua missão passou ser a de tratar do lixo espiritual em que a maioria das pessoas vivem, curar a depressão e fazer os humanos encarnados acreditarem em si mesmos e em sua potencialidade.

Dona Maria Mulambo mostra-se quase sempre bonita, feminina, amável, elegante e sedutora. Ela gosta das bebidas suaves como vinhos doces, licores, cidra, champanhe, anis, etc. E gosta dos cigarros e cigarrilhas de boa qualidade, assim como também lhe atrai o luxo, o brilho e o destaque.

Este é o seu fundamento. Para isto você foi criada. Laroiê mulher Maria Mulambo!

Ponto Cantado da Pombagira Maria Mulambo

Arreda homem que ai vem mulher
Ela é Maria Mulambo, rainha do cabaré.

Sete homens vêm na frente pra dizer quem ela é
Ela é Maria Mulambo, rainha do cabaré.

Dama da Noite

Carmem vagava pelas ruas sem saber para onde ir. Perdera os pais quando tinha cinco anos, e fora morar com seus tios. Tratada como escrava por anos, nunca soube o sentido da palavra felicidade. Analfabeta, somente conhecia os segredos da cozinha e da limpeza que era obrigada a fazer diariamente na casa de seus tios.

O assédio de seu primo tornara-se insuportável conforme crescia em formas e beleza. Tanto o rapaz insistiu que acabou levando-a para cama, onde foram flagrados pela velha tia. Seu primo para evitar problemas com a mãe culpou Carmen por tê-lo seduzido dia após dia. Sua tia em nenhum momento duvidou das palavras do filho. De nada valeram os apelos e juras de inocência. Imediatamente foi posta na rua sem um tostão e apenas com a roupa do corpo.

Agora estava ali perambulando por ruas que não conhecia em uma noite escura e com lágrimas correndo pelo belo rosto. Um homem aproximou-se dela e perguntou o que uma moça tão bonita fazia perdida naquele lugar escuro e sombrio. Desalentada, começou a falar tudo que havia se passado. Não tinha nada a perder. Quem sabe aquele rapaz não a ajudaria? Fora o único que mostrara interesse no seu drama.

Após ouvir tudo ele convidou a bela moça a segui-lo, pois iria levá-la a um lugar onde ela poderia passar a noite. Sem opção a jovem o seguiu. Entraram em um casarão escuro em que somente uma pequena luz bruxuleava o ambiente. Uma senhora vestida e maquiada com extravagância para àquela hora da noite atendeu-os prontamente.

A senhora, rindo para o rapaz, disse:

– Mais uma menina, Jorginho?

De maneira brusca, o rapaz agarrou a mulher pelo braço e sussurrou-lhe:

– Esta é minha, vou querer somente para mim!

– Calma lá, garotão! Se você pagar não vejo motivo para que não seja sua.

A partir desse momento Carmem transformou-se em mais uma menina da famosa casa de Madame Eglantine. A princípio deitava-se com Jorge pela gratidão, aos poucos, porém, foi tomando-se de amores pelo rapaz, que em pouco tempo se enjoou do que tinha com facilidade. Depois de dois meses de amor incondicional, o rapaz procurou pela Madame e falou:

– Já está na hora da garota fazer a vida, não tenho mais como pagar pela sua estadia aqui. – Eglantine sorriu com desdém, pois já sabia que o final seria esse, não era a primeira que passava por isso em sua casa. Ao ser informada de suas novas atribuições, a moça se desesperou e chorou uma tarde inteira. Sem ter como fugir da situação, preparou-se para cumprir o combinado.

Sentada no grande salão mal iluminado Carmem aguardava. Cada vez que uma das meninas subia acompanhada de alguém, ela suspirava de alívio por não ter sido escolhida. No entanto, quando já achava que estaria livre por aquela noite, Madame aparece com um senhor:

– Querida, trate muito bem o Comendador Belizário, ele é prata da casa! – Ao olhar o homem, a menina sentiu o estômago revirar, ele podia ser seu avô! Eglantine percebeu e fixou um olhar gélido sobre ela:

– Leve-o para seu quarto e faça tudo para agradá-lo.

Com os pés pesados ela subiu as escadas que a levaria para o sacrifício, puxando o comendador pela mão. O velho fungava em sua nuca e ela tentava desviar do contato. Ao sentir o hálito malcheiroso, não resistiu, pediu que ele a soltasse e o empurrou com violência. Isso somente excitou mais o homem que agora literalmente babava em seu pescoço. Instintivamente agarrou a haste de bronze do abajur e o desferiu com ódio na cabeça de Belizário. O sangue correu imediatamente manchando seu seio. Mas o velho não caiu. Tomado de ira, apertou o pescoço da jovem até que, com os olhos vidrados, ela deu o último suspiro. Assustado pelo que fizera e com o sangue escorrendo pelo rosto, o comendador correu para as escadas onde tropeçou e rolou caindo morto no meio do salão de Madame Eglantine.

Durante muitos anos o espírito de Carmem vagou por regiões escuras onde reviu e reviveu carmas e pecados de vidas anteriores. Amparada por linhas auxiliares começou seu trabalho de evolução espiritual utilizando a roupagem da Pombagira Dama da Noite. Quem já se consultou com essa grande mulher sabe os ótimos conselhos que ela sempre distribui entre sorrisos gentis e calorosos.

Laroiê a Dama da Noite! Laroiê as Pombagiras!

Ponto Cantado da Pombagira Dama da Noite

Lá vem ela com a sua gargalhada
De pés descalços andando pela estrada
É noite escura, mas não há o que temer.

Dama da noite veio pra te proteger
Ela é a rainha da madrugada
Pelos cruzeiros com a sua gargalhada
É noite escura, mas não há o que temer.
Dama da noite veio pra te proteger.

Exú do Lodo

Diz a lenda, que uma vez estabelecida a Quimbanda, Exú Rei e sua esposa decidiram andar pelo mundo para verificar o trabalho que realizavam seus súditos (ou seja, os Exús), e dessa maneira comprovarem se eram fiéis no cumprimento das regras ou não. Para fazer isso, disfarçaram-se, ocultando seus ricos adornos para poderem passar despercebidos.

Em uma ocasião, a Pombagira Rainha caminhando por uma trilha, defrontou-se com um enorme pântano, sujo e podre, o que lhe impediu de continuar sua ronda. (Não se esqueça de que os Exús nunca voltam para trás, eles não caminham sobre os seus próprios passos). Enquanto decidia como fazer para atravessá-lo, apareceu à sua frente um homem de estatura média, com o perfil de um ermitão, bastante despenteado e aparentando ser antissocial. Apesar de sua imagem sombria, coberta por uma enorme capa escura, parecia não coexistir com aquele lugar.

Ela se assustou bastante a princípio, mas ficou lisonjeada com o gesto educado daquele homem, que rapidamente retirou a sua capa e jogou sobre o lago para que ela pudesse passar, podia ver nos olhos dele uma interminável desolação.

A rainha caminhou por sobre a longa capa e seguiu seu caminho sem olhar para trás. Atônito e fascinado pela beleza daquela estranha mulher que nunca tinha visto, se apaixonou pela primeira vez sem saber quem era ela. A dama não podia imaginar o sentimento que havia feito surgir naquele homem. Não era fácil ser o guardião daquele lugar, nenhuma mulher gostaria de acompanhá-lo no seu trabalho.

A rainha, após a travessia por aquele pântano, se questionou quanto ao ato do tal homem e começou a pensar como recompensaria sua educação e respeito e de que maneira poderia melhorar a sua vida.

Após a conclusão da sua viagem, chegou ao palácio e disse ao seu marido o que ela tinha descoberto. Contou que existia um ser nobre, que cuidava de um pântano imundo e quando alguém passava por aquele charco pestilento, do nada ele surgia e ajudava a pessoa a superar seus grandes obstáculos. Porém via uma tristeza em seus olhos por ter um local como aquele para realizar seus trabalhos, mas, no entanto, o faz com cuidado e sem soluçar. Sua figura, curva, malcheirosa e bruta, não condiz com sua humildade e cordialidade.

Interessado no vizinho, Exú Rei resolveu convidá-lo para uma celebração em sua casa nos próximos dias. Sua intenção era premiá-lo por sua abnegada dedicação à missão que lhe tinha sido encomendada e pelo respeito à sua esposa. Ordenou então ao general de seu exército, Senhor Tranca Ruas, que fosse ao tal pântano e o convidasse para a festa.

Uma vez reunidos na Mansão Real, qual não seria a surpresa de Exú do Lodo ao notar que a esposa de seu soberano era a mulher que ele amou profundamente! E a dor, ao mesmo tempo, porque, em menos de uma fração de segundo deveria ser retirado aquele sentimento de sua mente. Não podia sequer imaginar atraído por sua rainha.

Naquela noite, Exú Rei o condecorou e lhe deu a honra de se sentar à sua direita. E desde então ocupa este lugar, mantendo a base do trono de seu monarca.

Pombagira Rainha dá-lhe um lenço perfumado com seu aroma e solicita que guarde suas lágrimas e que, depois, ao retornar para sua morada, jogasse o lenço no meio do pântano. Ela lhe agradece pelo respeito e ternura, e promete ajudá-lo a sair da solidão em que se encontra. Naquela noite, enquanto voltava para o seu território, cabisbaixo, pensou novamente como poderia ser feliz vivendo no lodo, sem nenhuma mulher que iria querer juntar-se a ele em seu trabalho. Ao chegar, jogou o lenço sobre a lama e ficou a observar a Lua que o cobria com a sua luz prateada. Saindo do lenço, todas as suas lágrimas se espalharam por sobre o pântano, espalhadas como um colar de pérolas que desmanchava. Na manhã seguinte, ao observar o local onde jogara o lenço, tinha começado a crescer uma planta, e viu que as suas lágrimas dispersas, eram botões florais que começaram a pressagiar uma nova era. Era fim de inverno, e a primavera produzia milagres mesmo através da lama.

Foi a primeira vez que reparou nas flores.

Considerou aquele feito como um presente de sua rainha e colocou-se a aspirar a fragrância do seu amor. Era o mesmo perfume de sua soberana, o qual cuidaria a cada primavera.

Depois de algum tempo a história se repetiu com outra protagonista. Uma mulher que circulava por aquele mesmo caminho de repente estava próxima ao charco. Solícito como sempre, Exú do Lodo saiu de seu esconderijo e ofereceu-lhe o seu casaco. Ao olhar para a dama, descobriu em seus olhos a simpatia que ele tanto buscava, e sem pensar duas vezes, cortou algumas de suas flores e ofereceu-as à linda mulher. Ela as aceitou e, por sua vez, lançou uma gargalhada. Era Maria Mulambo, que desde então, passa a ser sua parceira, vivendo ao seu lado.

A moral desta história nos permite compreender os sentimentos mais profundos.

Quantas vezes devemos renunciar a alguns sonhos, reconhecendo que não podemos alcançá-los! E, que afortunados somos nós se podemos fazê-lo, nos livrando de tantas dores de cabeça, de tantos contratempos, e que ao final, nos aguardam outras flores que possuem uma fragrância que, ao senti-la, queremos tê-las sempre ao nosso lado.

A educação, a obediência, o respeito e a renúncia de Exú do Lodo foram premiadas. Não somente se tornou o braço direito de Exú Rei, como também de toda a Quimbanda, e pôde encontrar seu amor e colocar um fim a seus dias de solidão e pessimismo.

Isso aconteceu, de acordo com as entidades, próximo ao início da primavera. Portanto, a celebração ocorre a cada 21 de setembro, em todos os templos que tem como protetores os Reis da Encruzilhada.

Salve meu Pai Exú do Lodo!

Ponto Cantado do Exú do Lodo

Exú do Lodo,
Do Lodo ele é odê.

Quem é esse Exú,
Agora eu quero ver. (bis)

Exú Tiriri

Portugal, final do século XIX. Já passava das 23 horas quando Bartolomeu Custódio bate à porta da casa de seu primo Fernando. A porta se abre e visivelmente com aspecto de quem havia acordado pelas batidas insistentes, Fernando reconhece seu primo.

– Primo, preciso urgentemente de sua ajuda!

Fernando manda-o entrar deixando claro estar contrariado com a visita repentina e no meio da madrugada.

– Nem me fale, Bartolomeu! São réis o que veio pedir, não é?

O homem abaixa a cabeça e responde num fio de voz:

– Perdi mais de mil no carteado do Barão, se não pagá-lo, ele ameaçou acabar com minha família.

– Mil? Estás louco? Não faz um mês que paguei sua dívida de quinhentos e já vens aqui pedir-me mais de mil? Aonde vais parar, ou melhor, aonde vou eu parar com tantos réis que se vão ladeira abaixo? Achas que por ter tido sorte na vida tenho que carregá-lo nas costas? A ti, tua família e teu maldito vício?

Bartolomeu ouve tudo sem levantar os olhos, porém prosseguiu:

– Primo, eu não tenho a mais ninguém para recorrer. O que será de minha mulher e meus filhos? Juro que nunca mais jogarei um só conto de réis em nada!

Fernando descontrolado responde aos gritos:

– Já ouvi essa ladainha muitas vezes e não vou mais cair nessa conversa, tu sempre diz a mesma coisa, e sou eu que arco com suas dívidas de jogo. Vá ao Barão e diga que não tem, não conseguiu, e ele que espere que juntes o dinheiro para pagá-lo – sentenciou o Barão e então continuou – ainda ontem a pobre da tua mulher veio até aqui pedir-me comida. Crês nisso? Tive que dar comida a tua família, enquanto tu me perturba com dívidas de jogatina. Olhe para ti! Estás em estado lamentável, além de cheirar a bebida de longe. Saia já de minha casa!

Fernando dirige-se à porta e a abre com violência. Bartolomeu levanta-se lentamente, de seus olhos escorrem lágrimas, foi duro ter que ouvir tudo aquilo, apesar de ser a mais pura verdade. E numa atitude de desespero, faz ainda uma última tentativa.

– Primo, pelos teus filhos, ajude-me!

Fernando continua parado à porta apontando à rua.

– Fora daqui, vagabundo! Nunca mais me apareça, porco imundo!

Sem mais nada a dizer o homem retira-se lentamente ouvindo a porta se fechar violentamente atrás de si.

Bartolomeu caminha lentamente pela rua, enquanto as lágrimas embaçam sua visão. Sabe que faz tudo errado. Sempre! Foi mulherengo, bêbado, viciado em jogos. Tinha a exata noção do péssimo pai e marido que era. Seu primo tinha toda a razão em humilhá-lo. Sem perceber, depois de muito caminhar, se dá conta de que está sobre uma ponte e pensa que talvez a única saída para seu problema fosse se jogar dali e acabar com sua vida.

E numa atitude impensada, sobe na mureta da ponte, faz uma pequena prece e atira-se nas águas profundas do rio.

O espírito de Bartolomeu Custódio durante anos perambulou por sendas escuras e tortuosas. Após este longo período, revendo seus erros e acertos de suas vidas anteriores, foi amparado por mentores que o encaminharam para o trabalho de resgate cármico.

Hoje, trabalhador de nossos terreiros, é conhecido como o grande Exú Tiriri, elegante, educado e sempre com um profundo respeito para com seus consulentes, nem de longe lembra a triste figura apresentada neste texto.

Salve seu Tiriri!

Ponto Cantado do Exú Tiriri

Na encruzilhada eu louvei Exú
Levei marafo, um charuto e uma vela
Cantei um ponto pro Exú Tiriri
E o que eu vi foi a coisa mais bela

Eu vi uma luz
Ouvi uma gargalhada
E com sua capa
Tiriri é quem chegava

Ele é meu amigo
É meu guardião
Confio em Tiriri

Boto minha vida em suas mãos (bis)

Pombagira Rosa Caveira

Aproximadamente há 2300 anos antes de Cristo, na região da Mongólia, Rosa, uma das sete filhas de um casal de agricultores, donos de muitas terras, nasceu na primavera. Sua mãe tinha um jardim muito grande e belo de lindas rosas vermelhas e amarelas, que rodeava toda sua casa. E foi nesse jardim que ocorreu seu parto.

Seus pais, além de agricultores, também eram considerados feiticeiros, praticavam o bem para todos aqueles que procuravam a sua ajuda. Sua mãe tinha muita fé em um cruzeiro que existia atrás de sua casa no meio do jardim, onde seus entes queridos eram enterrados.

Durante o parto de Rosa no jardim de sua casa, sua mãe teve problemas que dificultaram seu nascimento, ela perdeu muito sangue e corria risco de morte. Foi quando a sua avó, que já havia falecido há muito tempo e estava sepultada naquele jardim junto ao cruzeiro, vendo o sofrimento da filha, veio espiritualmente em seu auxílio, e com muita dificuldade conseguiu ajudar sua filha a dar à luz uma linda menina.

Como prova de amor à neta, ela colocou em volta da criança várias rosas amarelas. E, a pedido dela, a menina seria chamada de Rosa Caveira, pelo fato dela ter nascido em um jardim repleto de rosas e em cima de um Campo Santo (cemitério), além da aparência astral de sua mãe (avó), que se apresentava em forma de uma caveira. Como forma de agradecimento à ajuda que sua mãe havia lhe prestado, a dona do jardim colocou uma rosa amarela no peito de sua filha, e segurando a mão de sua mãe, batizou a menina com o nome de Rosa Caveira do Cruzeiro, conhecida popularmente por Rosa Caveira.

A menina cresceu saudável e bonita junto às suas irmãs, mas sempre foi tratada de modo diferente por elas, sempre quando chegava o dia de seu aniversário, sua avó ia visitá-la (espiritualmente), e por causa destas visitas e o carinho que seus pais tinham pela jovem, suas irmãs ficaram enciumadas e começaram a maltratá-la. Debochando dela, chamavam-na de amaldiçoada, pois havia nascido em cima de um Campo Santo, diziam que seu parto havia sido feito por uma morta, uma caveira dos infernos, além de outros insultos.

Cada dia que se passava, Rosa ficava com mais raiva de suas irmãs, não aguentava mais os insultos e a indiferença. Foi então que ela pediu aos seus pais que a ensinassem a trabalhar com magia, mas não para fazer maldade, mas para sua própria defesa, e para poder ajudar as pessoas que por ventura a fosse procurar.

Sua avó vinha sempre lhe visitar e dizia para que ela tomasse cuidado, pois coisas muito graves estariam para acontecer. Seu pai muito atencioso a ensinou tudo o que ela poderia apreender, e também a instruiu a manejar espadas, lanças e punhais. Sua mãe lhe ensinou tudo sobre as ervas, poções, perfumes, e principalmente o que poderia ser feito em um Cruzeiro. Com isso o ciúme das irmãs aumentava, pois ela estava sendo preparada para ser uma grande feiticeira, ajudada por seus pais e sua avó, e zombavam mais ainda dela, chamando-a de mulher misturada com homem e demônio, uma aberração da natureza, não por causa de sua aparência, pois ela era linda, mas sim por vir ao mundo nas mãos de uma Caveira (sua avó), e ter nascido em cima de um cemitério.

Suas irmãs se casaram com agricultores da região. A mais velha aprendeu e se aperfeiçoou em magia negra. Com ciúmes de Rosa Caveira, pelo carinho especial que seus pais davam a ela, não porque a amavam mais do que as outras, mas sim pelo interesse que demonstrava ao que aprendia, resolveu então se vingar e fez um feitiço para matar seus pais. Rosa descobrindo aquela maldade, se encheu de ódio e matou sua irmã e o marido dela. As outras irmãs com medo, juraram lealdade a ela e prometeram que nunca mais a insultariam. Aos dezenove anos Rosa Caveira saiu para o mundo querendo descobrir algo novo em sua vida. Em sua caminhada conheceu um mago que tinha setenta e sete anos, ele morava com quatro irmãos e seus discípulos em um cemitério, e ensinou a ela várias magias e feitiços, tudo sobre a vingança, o ódio, a dor, pois esse homem era o mago mais odiado e temido da redondeza. Temido até pelos senhores feudais e magos negros.

Rosa Caveira aprendeu a ver o futuro e fazer várias magias de um modo diferente, sempre usava um crânio tanto humano como de animal, e em sua boca colocava uma rosa amarela. Em uma de suas visões, viu suas irmãs planejarem sua morte, porém antes que o plano delas desse certo, matou as duas traiçoeiras. Após esse acerto de contas ela voltou à companhia do mago, e com sua ajuda percorreu várias aldeias, causando guerras para fazer justiça, livrando os povos dos senhores feudais e também de encantos de magos negros e feiticeiros malignos. Com seus feitos era muito venerada e respeita por todos.

Aos noventa e nove anos, seu amado mestre morreu e Rosa Caveira assumiu seu lugar ao lado do irmão mais velho do mago. Aos setenta e sete anos ela foi traída pelo terceiro irmão do mago falecido, que a entregou a um dos mais temidos e perversos dos magos, que estava a sua procura e conhecia seus pontos fracos. Com a ajuda desse irmão, o mago matou e depois degolou

Rosa Caveira entregando sua cabeça em uma bandeja de ouro rodeada de rosas vermelhas, para os espíritos dos magos negros. Rosa ficou aprisionada espiritualmente até ser libertada pelo seu amado mestre, o mago falecido, que a entregou à falange do Exú Caveira. O irmão do mago que traiu Rosa Caveira morreu três anos depois pela própria Rosa, que deu sua alma de presente a seu mestre, tornando-o assim seu escravo.

Foi aí que ela começou a trabalhar na linha das almas e ficou conhecida como Rosa Caveira (Pombagira Guerreira e Justiceira), pois em sua apresentação astral ela vem em forma de mulher ou caveira, ou meio a meio, sempre com uma Rosa amarela em suas mãos e uma caveira aos seus pés, caveira esta que representa todos os inimigos que cruzam seu caminho.

Ponto Cantado da Pombagira Rosa Caveira

Sacode o pó que chegou Rosa Caveira!
Pombagira da calunga, vem levantando poeira
Suas mandingas são cercadas de mistérios

Saravá a Pombagira, que vem lá do cemitério
Se diz que faz é melhor não duvidar
Porque a Rosa Caveira promete para não faltar
Sacode o pó que chegou Rosa Caveira!

Pombagira da calunga, vem levantando poeira
Levo uma rosa quando vou ao seu axé
Falo com Rosa Caveira, porque nela eu tenho fé
Tudo o que peço nunca me deixou faltar

Ela é muito formosa Ena Ena Mojubá
Sacode o pó que chegou Rosa Caveira!
Pombagira da calunga, vem levantando poeira

Exú Capa Preta

Capa Preta, em uma de suas encarnações, numa época remota, tinha título de Conde. Algumas pesquisas relatam que parte de sua biografia pode ser encontrada em uma antiga colônia, hoje chamada de Pensilvânia.

Fora um bruxo com profundos conhecimentos sobre os mistérios da magia negra e da alquimia. Grande conhecedor dos poderes dos feitiços praticados com elementos da magia dos magos, conseguiu transpassar a barreira do tempo de sua própria existência através da prática da magia, hoje, quando incorporado em terreiros de Umbanda, vem para ajudar a resolver problemas espirituais utilizando seu conhecimento milenar, sua magia e seu poder de Exú.

Exú Capa Preta esta na hierarquia cabalista com o décimo sétimo comandado por Exú Calunga. Seu poder está nas encruzilhadas e no cemitério.

Segue aqui uma história ou lenda deste maravilhoso Exú Capa Preta.

Final de tarde, o ônibus estava lotado, eu não conseguia vê-la, mas sabia que ela estava lá. Podia senti-la, captava sua angustia, sua indecisão, e acima de tudo seu medo. Ela não estava só, além de mim, vi outros que a acompanhavam, e suas vibrações eram diferentes, pertenciam ao passado. Tentavam envolver a moça com uma energia densa e perigosa. Sempre que vibravam mais forte, ela ficava mais nervosa e decidida a ir até o final.

Eu os via, mas eles não me notavam. À medida que o ônibus seguia pelas ruas centrais mais pessoas entravam, apressadas para voltarem pra casa. O ônibus seguia seu trajeto em direção à periferia da cidade. Ali em suas mãos, o endereço que, segundo ela, mudaria seu destino.

Chegando próximo ao local, a campainha soa, e quando o ônibus para, descemos. Aqueles que a acompanham vibram intensamente, ela está prestes a servir como instrumento de vingança, que planejavam há muito tempo. Vibram com tanto ódio que ela se irrita consigo mesma. "Como se deixara envolver por aquele rapaz?" Tinha que resolver isso imediatamente e tratar de seguir sua vida, sem que seus pais soubessem.

A moça verifica o número anotado no pedaço de papel, está se aproximando de seu destino. Chega a uma casa de aparência humilde, assim como as outras daquele bairro. Toca a campainha e é atendida por uma senhora de aparência rude, a que executaria o serviço. A mulher analisa rapidamente a moça, já vira muitas iguais a ela, não tem tempo para conversa fiada, pede-lhe o dinheiro e manda que entre e espere, pois havia duas mulheres a serem atendidas antes dela. Tenho que agir rápido, vibro minha espada no ar, os seres trevosos que a acompanham estarrecem diante de mim. Fatalmente notam minha presença, agora eles têm duas opções, ou me enfrentam ou fogem, decidem sabiamente pela segunda opção e saem da casa, mas permanecem do lado de fora, tentando chamar outros que possam vir ajudá-los. Aproveito para me aproximar dela e a envolvo com minha capa, ela se acalma por um instante, sugestionada por mim, titubeia, já não tem certeza se deve continuar. Vibro em seu mental para que saia dali e vá tomar um ar fresco lá fora. Ela me atende. Quando chega do lado de fora da casa, ainda envolvida por minha capa, torna-se invisível para os que a acompanhavam. Tenho que me materializar, não tenho tempo a perder. Ela se assusta quando me vê, tenta gritar, mas não consegue, ameaça voltar para dentro da casa, mas eu a impeço. Chamo-a pelo nome, digo-lhe que nada deve temer, falo que venho em paz. Tenho uma missão, evitar que ela faça o aborto, pois ela não devia impedir que aquele espírito viesse ao mundo, pouco importava se a concepção fora o fruto de uma aventura, devia deixá-lo vir. Será um menino, veio do passado para cumprir uma missão, ela não deve abortá-lo. Sei que seus pais não aprovarão a gravidez, mas me comprometo a acalmá-los e fazê-los aceitar. Ela chora, não entende como pode estar ouvindo aquilo. Falo com tanta firmeza que ela quer saber quem eu sou. Digo-lhe que me chamam de Exú Capa Preta, sou um guardião e protegerei o menino que ela carrega no ventre, e estarei ao lado dele à vida toda, acompanhando-o, guiando-o e protegendo-o. Portanto ela não deve temer. Chorando, a jovem consente, avança para a rua, pega um ônibus e retorna para casa. Protejo-a durante a gravidez. O menino nasce forte e saudável, cresce sem sobressaltos como prometi. Sempre que acho conveniente deixo que me veja e aos poucos vou me apresentando.

Hoje ele está feliz, acabou de completar dezoito anos, seus amigos comemoram a data festiva. Movido pela curiosidade o rapaz resolve conhecer um terreiro de Umbanda. Fico ansioso, chegou meu grande dia! Ele chega, senta na assistência, lá dentro, uma gira de Exú. Converso com o Exú chefe da casa e me entendo com ele, somos bem vindos. Quando ele entra para tomar um passe com a linda Pombagira eu tomo-lhe à frente e o incorporo, abraço a moça com carinho, já nos conhecemos de longa data, fumo, bebo, canto. Daqui para frente haverei de incorporá-lo sempre que necessário. E assim foi, ele desenvolveu, abriu seu próprio terreiro, cumpre com amor e carinho sua missão.

De minha parte não o abandono nunca. Estou sempre disposto e feliz.

Ponto Cantado do Exú Capa Preta
Seu Capa Preta me encobre com sua capa
Quem tem sua capa escapa, oi quem tem sua capa escapa
A sua capa é um manto de caridade
Sua capa cobre tudo, só não encobre a falsidade.

Exú das Sete Encruzilhadas das Almas

Exú das Sete Encruzilhadas das Almas teve sua última encarnação no bairro de São Cristóvão, subúrbio do Rio de Janeiro. Chamava-se Cláudio. Sua saga de vida deu-se logo após seu desencarne, de forma prematura, aos vinte e sete anos.

Após sua passagem, viveu um período perturbado no Umbral, onde lhe ardia a sede de vingança impregnada na lâmina de um punhal preso à sua mão. Perdido nas trevas e atormentado pelos seus medos e sua consciência, foi socorrido por uma alma amiga e responsável que lhe encaminhou às sendas do bem. Alfredo era o nome deste anjo sem asas que o ajudou, tendo por ele eterno carinho e gratidão. Após uma fase de repouso do estado de abatimento que sofreu, Claudio começou, pouco a pouco, a abrir os olhos e enxergar a verdadeira estrada, cujo caminho tem uma longa escada que nos leva ao Pai. Recuperado e refeito dos pesadelos passados, Alfredo o convidou para trabalhar nas colheitas do bem. Uma chance de reparar os sérios erros de vidas passadas, que veio do alto. Alfredo é um Exú, conhecido como Malandrinho do Cruzeiro das Almas, o Chefe da falange dos Exús Guardiões e Protetores do Templo Espiritualista do Cruzeiro da Luz. Chefia uma enorme gama de espíritos que hoje se encontram na luz, muitos graças a ele mesmo.

Cláudio, em virtude da necessidade de crescer e reparar seus erros, aceitou o convite ingressando nesta linha de trabalhadores da esquerda, como Exú das Sete Encruzilhadas. Começou seu trabalho de caridade na ajuda aos aflitos, pelas "encruzilhadas da vida", levando o amor, a compreensão e o esclarecimento a todos que pudesse, vitalizando e desvitalizando dentro de sua função de Exú, guiado sempre pela paterna direção espiritual do Caboclo Ventania de Aruanda e orientado de perto pelo amigo Malandrinho.

Para isso lhe foi designado um médium com o qual tivesse afinidade e apresentasse "uma história" através da incorporação e aconselhamento às pessoas, como é na Lei de Umbanda. Devido à grande afinidade entre ambos, a psicografia foi mais um meio encontrado de comunicação, feita com gosto e amor, era mais um meio de chegar às pessoas.

É através de suas mensagens e trovas que ele se apresenta. Espera que suas palavras levem um pouco de paz aos corações, para que esses se voltem para Deus. Seu objetivo maior é a divulgação límpida do amor de Deus, através da Umbanda; contudo, lutamos calorosamente para mostrar que o Exú não é o diabo e sim um espírito em evolução, como nós, e que vem na Umbanda com um propósito belíssimo, dentre eles o de semear o amor, nos ajudando a crescer e, por fim, chamar a atenção de que qualquer um, encarnado ou não, que praticar a caridade, pode nos libertar.

Laro iê Exú Sete Encruzilhadas das Almas!

Ponto Cantado do Exú das Sete Encruzilhadas

Odara morador da encruzilhada
Firma seu ponto com sete facas cruzadas

Filho de Umbanda pede com fé
Pra seu Sete Encruzilhadas
Que ele dá o que você quer

Exú Morcego

Em um castelo inteiramente de pedra, mal cuidado e isolado no meio de uma floresta, típico daqueles pertencentes ao feudo europeu, vivia um homem branco e corpulento, trajando uma surrada roupa, provavelmente antes pertencente a um guarda-roupa fino. Percebia-se o desgaste causado pelo passar do tempo, pois ainda carregava uma grossa e rica corrente de ouro de bom quilate, com um enorme crucifixo do mesmo cobiçado material. Parecia viver na solidão, muito embora no castelo vivessem vários serviçais.

Na torre do castelo as janelas haviam sido fechadas com pedra, só deixado pequenas frestas no alto das paredes. A luz não podia entrar. No interior da torre não tinha paredes, formando uma enorme sala, com pesada mesa de madeira tosca, tendo como iluminação apenas dois castiçais de uma só vela cada.

Ao lado da tênue luz das velas, livros se espalhavam sobre a mesa, mostrando ser aquele homem um estudioso que algo buscava na literatura.

De braços abertos, com um capuz preto cobrindo sua cabeça, emitia estranhos e finos sons, tentando descobrir o segredo da conhecida sagrada arte de levitar. Pelas frestas da torre, entravam e saíam voando vários morcegos com os quais ele procurava inspiração e força para atingir sua conquista. Ninguém sabia o motivo e as razões que a estranha figura tinha em sua mente. Parecia um homem de fino trato, porém transfigurado na fixação de atingir um poder que não lhe pertencia.

Seu nome não é conhecido, apenas quando incorporado nos terreiros de Umbanda, como o querido, mas temido, Exú Morcego.

Senhor da magia, ele é um verdadeiro bruxo, que é muito importante nos trabalhos de desobsessão na Umbanda.

Todos os Exús que receberam a missão de trabalhar nas esferas mais baixas das trevas, onde impera a ignorância humana, são grandes iniciados e conhecedores da arte em manipular energia.

E o senhor Exú Morcego conhece muito bem a arte de limpar os carmas de um espírito, ou fazer o carma pesar para expiação dos erros. Ele conhece os erros humanos que causam o sofrimento e o ego, pois seu trabalho é limpar parasitas astrais, vampiros e cascões que prejudicam os seres humanos encarnados ou desencarnados.

O Exú Morcego encaminha estas formas que vampirizam a energia vital das pessoas, os parasitas astrais, vampiros energético, espíritos familiares de alguém que atua sugando e atraindo as mesmas doenças que tinha em vida para os seus parentes encarnados.

Por isso Exú Morcego é uma entidade muito importante em nossos terreiros de Umbanda.

Salve seu Exú Morcego!

Ponto Cantado do Exú Morcego

Seu terno branco, Sua bengala. (bis)
Na encruzilhada, quiri quiri quiri,
Exú Morcego dá risadas. (bis)

Exú Corcunda

Nascido na Espanha e criado por uma família muito devota e católica, Corcunda estudou em grandes colégios, sempre regado a uma vida de luxo e sofisticação. Quando ele completou seus dezoito anos, fez faculdade e se formou em direito, não por gostar da matéria, mas por pressão da família.

Por levar uma vida que ele mesmo denominava de errante, foi obrigado por seus pais a se formar padre, e após anos de estudo, foi ordenado. Naquela época dava-se início a Santa Inquisição Espanhola, na qual um dos atributos era exterminar o povo cigano que tomava conta da Espanha.

Por conhecer leis e ter se formado em direito, Corcunda foi nomeado juiz da inquisição, o qual praticou diversos crimes, guardando grande ódio por aqueles que não seguiam seus princípios católicos. Condenava ciganos, feiticeiros e pessoas que não praticassem a fé católica, sem ao menos dar chance de defesa aos acusados. Passados alguns anos, seu pai já com idade avançada, e em seu leito de morte, revelou que Corcunda não era seu filho legítimo e que, havia sido deixado na porta de sua casa por uma família pobre, disse ainda que era uma família retirante do Egito e que seguiam a fé cigana.

A cólera e a ira tomaram conta de Corcunda que se rebelou contra seu "pai" e principalmente contra a igreja. Mas isto não bastou, pois o que mais lhe perseguia eram seus atos errôneos.

A partir daquele dia Corcunda jurou nunca mais praticar uma injustiça e sempre se lembrar de seu passado, o povo que ele tanto odiou agora era o povo ao qual ele fazia parte. Por deixar os dogmas católicos de lado, foi morto por mais um dos inúmeros julgamentos injustos da Santa Inquisição.

No astral, Exú Corcunda faz parte de uma falange comandada pelo Exú Gira-Mundo, trabalhando ao lado dos Exús Meia-Noite e Mangueira. Trabalha com causa de justiça, pois vibra no polo negativo do Orixá Xangô.

Ponto Cantado do Exú Corcunda

O meu futuro se perdeu no tempo
Eu não quero mais! Este maldito sofrimento
Não me diga mais isto! Que isto não te interessa?
Uma coisa já é certa. Eu já não tenho mais pressa!
Esquecer você pra quê? Eu não quero é morrer!
Mas se for pra morrer! Que seja de amor por você!
Sou o Exú Corcunda aquele que ama você!
E você é Maria Padilha aquela que me faz sofrer.

Exú Da Meia-Noite

Sua última encarnação ocorreu no Brasil, mais precisamente em Santos, aproximadamente entre os anos de 1700 e 1800.

Homem muito rico e poderoso vivia do transporte de alimentos do planalto até Santos, era o maior transportador da região, com isso todos queriam ser seu amigo e ele tirava proveito desta condição. Com influência na Corte, recebeu o título de Barão e para comemorar tal honraria fez uma grande festa em sua casa.

Os anos foram passando e o Barão sentia que faltava alguma coisa em sua vida, pois poder e riqueza ele já tinha. Já contava quarenta anos e sentia a necessidade de encontrar uma companheira para se casar. Ao comentar com um amigo de suas intenções, ele espalhou pela colônia que o Barão estava à procura de uma esposa. Não demorou e apareceram vários pretendentes, recebeu convites de jantares, festas, não tinha nem mais tempo de ficar em casa. Como era muito rico, não suspeitou que seu amigo houvesse espalhado para todos, as suas intenções de casar, achava que os convites eram provenientes de sua riqueza e poder. Resolveu então se aproveitar da situação para ter em sua cama as mulheres que mais lhe agradavam.

Com o tempo foi se cansando da vida que levava e da facilidade em seduzir mulheres interesseiras e resolveu não mais se casar com aquele tipo de mulher, pois tinha medo de viajar a negócios por um período longo e ser traído por elas.

Resolveu então fazer uma viajem para Portugal e procurar uma esposa jovem e bonita, onde poderia educá-la a seu modo. Chegando ao seu destino, começou sua busca por aquela que seria a esposa ideal.

Não demorou muito para se encantar por uma bela moça, muito jovem. Ela tinha apenas quatorze anos de idade, e com ajuda de amigos influentes, conseguiu conhecer os pais da donzela. Com sua fortuna e influência, não foi difícil arranjar o casamento. Tudo acertado realizou as bodas com muita pompa, não economizou dinheiro, até o Rei havia comparecido. Após a festa, tiveram sua noite de núpcias, porém não chegaram a consumar a união, pois como a menina era muito nova e tímida, não queria forçá-la a nada. Resolveu então voltar ao Brasil, teria bastante tempo para se aproximar mais de sua esposa, pois toda vez que se acercava da menina, esta se derramava em lágrimas, fazendo com que ele não forçasse a situação. Chegando a sua casa com a mulher já mais calma, conseguiu consumar seu casamento. Mas qual foi sua surpresa ao descobrir que sua esposa não era mais virgem.

Tomado pelo ódio e com sentimento de ter sido enganado, resolveu então se vingar da jovem por tê-lo ludibriado, pois não podia devolvê-la aos pais, o que seria um grande insulto. Combinado com um de seus escravos simulou um flagrante de adultério. No horário combinado saiu de casa e se dirigiu até uma cantina onde encontraria alguns amigos para beberem, após algum tempo, convidou-os para irem até sua casa. Tudo estava correndo dentro do planejado. Lá chegando, pediu aos amigos que fizessem silêncio, pois não queria acordar sua esposa, pediu licença e foi até o quarto para ver se estava tudo bem. Entrando nos aposentos simulou um grito de espanto e raiva, todos correram ao cômodo para ver o que ocorria. O negro que estava na cama deu um pulo e se encolheu em um canto, não entendia o que tinha dado de errado na sua combinação com seu amo. Um dos amigos do Barão sacou uma arma e quando o escravo correu em direção à janela para tentar fugir daquele lugar, levou um tiro certeiro e caiu debruçado no parapeito da janela.

Seu plano havia fugido do controle, porém não poderia voltar atrás. Pediu que os amigos se fossem, pois estava muito abalado com tudo que havia acontecido.

Durante a madrugada, um de seus amigos retorna a sua casa, acompanhado com o capitão e o vigário. Pensando em evitar o pior, o vigário resolve levar a moça para igreja e depois encaminhá-la a Portugal.

Na manhã seguinte, fora acordado pelo vigário informando que sua esposa havia fugido, mas o Barão negou-se a procurar a moça. O padre pensando no pior começou uma busca, mas não a encontrou.

Passaram-se dois meses e nem sinal de sua esposa. Foi quando chegou a Santos seu pai, alguém havia ido a Portugal e contado o ocorrido. O Barão recebeu o homem, ainda meio embriagado, pois havia adquirido o hábito de beber para aliviar sua consciência, pois seu plano tinha tomado proporções que fugiram de seu controle.

O tempo foi passando e não foi encontrado nenhum vestígio de sua esposa, com isso o Barão acabou por se isolar e não sair mais de casa, seus amigos se afastaram, não era mais uma boa companhia. Resolveu então se mudar para o planalto, lá poderia ficar isolado que ninguém repararia.

Chegando ao seu destino, conheceu um explorador que sabia do acontecido e lhe informou que conhecia uma tribo que tinha muitas mulheres brancas como prisioneiras. O explorador se ofereceu para montar um grupo de busca para ajudar o Barão a encontrar sua esposa. De acordo com o combinado, reuniram alguns homens e partiriam à procura da tal aldeia.

A viagem foi muito difícil, rios transbordando, ataques de índios, até que avistaram a aldeia onde poderia estar aprisionada sua esposa. Resolveram invadir logo quando o sol nascesse, pois pegariam todos os índios de surpresa. Quando o Sol surgiu no céu, invadiram a aldeia e capturaram o chefe, obrigando-o a chamar os outros índios, e a seguir os colocaram no chão formando um grande círculo. O Barão começa a procurar sua esposa, porém sua decepção foi grande quando viu que ela não estava ali. O explorador conversando com o chefe da tribo descobriu que em uma aldeia adiante havia uma mulher conforme a descrição dada pelo Barão. O grupo pegou as mulheres brancas e partiram em busca do local indicado pelo chefe indígena. Chegando à aldeia, foram recebidos por índios enfurecidos, foi uma luta violenta, os índios não faziam frente às armas de fogo, foi uma carnificina só. Após os seus oponentes não oferecerem mais resistência, colocaram-nos em círculo, como de costume, e o Barão começou a procurar sua esposa, porém também ali, não a encontrou. Não conformado o explorador ameaçou alguns índios de morte e estes confessaram que a tal mulher havia fugido quando sentiram a presença dos invasores. Resolveram então obrigar alguns índios a buscarem a moça, caso não voltassem com ela, iriam exterminar toda a tribo. Enquanto esperavam a volta dos índios que haviam saído em busca da esposa do Barão, o grupo chefiado pelo explorador se aproveitou de todas as mulheres que se encontravam ali, como não queria participar de tal ato, o Barão se afastou dos homens. A algazarra se estendeu até a madrugada, só quando cessou, foi que conseguiu pegar no sono.

No terceiro dia após a partida dos índios, o Barão não conseguia esconder sua ansiedade e resolveu que iria embora na manhã seguinte. Questionado pelo explorador se iria manter sua palavra e mataria a todos, respondeu que não faria tal selvageria, teria dito aquilo apenas para pressioná-los. No entanto, o Barão não teve a aprovação do homem que comandava o grupo. No dia seguinte pela manhã, foi acordado com uma saraivada de tiros e quando se deu conta do que estava acontecendo, pediu que parassem, mas não foi atendido. Desolado com o acontecido esbofeteou o comandante e o desafiou para um duelo. Lutaram por muito tempo, ao se distrair com a chegada dos índios e sua esposa, o seu oponente lhe feriu profundamente. Voltando-se para a luta, avançou para cima do homem e o feriu no braço que segurava a espada. O chefe do bando sacou um punhal e correndo em direção ao Barão, foi aparado por sua espada, ficando estirado no chão sem emitir nenhum som. Para poupar a vida dos índios que haviam sobrado a moça resolveu retornar com seu marido.

O tempo passou e tudo parecia estar entrando nos eixos, o Barão então resolveu vender suas posses e se mudaram para Portugal. A vida transcorria bem, mas sua consciência o condenava, resolveu que devia contar toda a verdade à sua esposa, não aguentava mais aquela culpa. Após aquela revelação, ele foi abandonado por ela e acabou desencarnando devido à grande depressão que o acometeu.

Depois de um longo tempo preso a seu caixão, foi resgatado de lá por um homem de aparência estranha e assustadora e foi tratado como escravo. Aos poucos foi realizando trabalhos que lhe era ordenado e foi ganhando prestígio junto ao seu amo, conseguiu sua liberdade e aos poucos foi conhecendo o caminho da luz, subindo assim na sua hierarquia, até chegar ao posto de Guardião.

Hoje trabalha auxiliando nos terreiros de Umbanda, combatendo e aprisionando espíritos sem luz, que buscam prejudicar e trazer o mal aos encarnados.

Salve nosso querido Exú Meia-Noite!

Ponto Cantado do Exú da Meia-Noite

Exú da Meia-Noite,
Exú da Encruzilhada.

Salve o povo de Quimbanda,
Sem Exú não se faz nada.

Pombagira das Sete Saias

Jalusa Correia era uma bela mulher, morena de vastos cabelos negros e lindos olhos verdes que a todos encantava. Aos dezessete anos de idade se casou, e deste casamento teve dois filhos, que foram por algum tempo a razão de sua existência. Quando estava prestes a completar seu vigésimo terceiro aniversário, uma tragédia abateu-se sobre sua família: seu marido e filhos morreram em um trágico acidente de trem, tornando sua vida da noite para o dia imensamente triste e solitária.

Por muitos anos carregou o peso na consciência por não estar com sua família naquele momento. Culpava-se intimamente por que nesse fatídico dia tivera uma indisposição séria e não quisera acompanhá-los na pequena viagem que mensalmente faziam à cidade vizinha. O remorso a torturava como se com isso conseguisse diminuir o tamanho de sua dor.

Dez anos se passaram até que Jalusa voltasse a sorrir, apesar do coração em frangalhos. Foi nesse período que conheceu Jorge que também sofria da mesma dor, a viuvez. O jovem viúvo logo se tomou de amores pela solitária e encantadora mulher. Conhecendo o trauma vivido por ela, teve a certeza de haver encontrado a mãe que sua filha precisava. A pequena Lourdes ficara órfã muito cedo, com apenas seis anos de idade, e não conseguia esquecer a morte de sua mãe, tornando-se uma criança frágil e assustada. O tempo passou e Jalusa e Jorge casaram-se. No início da união Jalusa fora exemplar, como mãe e esposa, porém de repente, sem entender o motivo, começou a odiar a menina. A pequena Lourdes a irritava, cada palavra dita pela criança lhe soava como ofensa. Lourdes apanhava por qualquer coisa, eram palmatórias, surras de cipós e puxões de cabelo que a deixavam inteiramente dolorida. Com medo de dizer ao pai o que ocorria em sua ausência, a pequena foi se tornando uma garotinha amarga e triste. Seus únicos momentos de alegria eram os passeios que fazia com o pai.

Sempre que Jorge perguntava o que estava acontecendo, Lourdes mentia, dizendo sentir saudades da mãe. O ódio de Jalusa pela criança só aumentava, cada vez que a menina chegava perto dela lembrava-a de seus próprios filhos, e isso a atormentava. Era sempre nesses momentos que a agredia mais.

Um dia Jorge resolveu fazer uma surpresa e retornou mais cedo para casa. Ao entrar devagar para não ser notado, ouviu gritos acompanhados do som de um tapa. Abrindo a porta do quarto, viu sua filha ser atirada a um canto do cômodo. Por um instante percebeu tudo que estivera acontecendo em sua ausência. Correu até a mulher e a esbofeteou com ódio, exigindo que saísse de sua casa imediatamente.

Após este dia, Jalusa passou a morar nas ruas, mendigando e xingando todas as crianças que passassem por perto. Às vezes chorava muito, mas logo se erguia e gargalhava alto. Em uma noite de intenso frio seu espírito foi arrancado de seu corpo e levado para zonas sombrias onde por muitos anos procurou respostas para as mazelas passadas em vida. Depois de ter contato com suas vidas pregressas, percebeu os erros que cometera a cada encarnação onde sempre era a causadora de grandes males a crianças, e suplicou ajuda para o ressarcimento de suas culpas. Hoje, na vestimenta fluídica de Pombagira das Sete Saias, procura sempre uma maneira de atender aos que a procuram com simpatia e carinho. Quem a conhece em terra sabe de sua predileção por jovens mães e o respeito que nutre por todas as crianças. Está enfim a caminho de uma grandiosa evolução.

Laroiê Dona Sete Saias!

Ponto Cantado da Pombagira Sete Saias

Casa de quatro cantos
Sete Saias tá na morada
Ela é moça faceira
Sem ela não se faz nada.

Pombagira Maria Mulambo das Sete Catacumbas e Maria Mulambo das Almas

A condessa Sophia estava novamente com problemas, por isso chamou a negra Calú. Da primeira vez em que ficara grávida fora do casamento, seu socorro viera através da escrava conhecedora de ervas que expulsavam o feto como que por encanto. Desta vez o assunto era ainda mais sério, estava grávida de um negro, como explicar ao conde, louro de olhos azuis e pele alvíssima, um filho que, certamente, nasceria mulato? Calú entrou cabisbaixa nos aposentos da condessa e foi informada que deveria novamente proceder como há quatro meses. A escrava ficou boquiaberta:

– Senhora, como deixou isso acontecer novamente em tão pouco tempo? É muito perigoso provocar sangramento quase seguido!

Calú foi calada por um violento tapa.

– Como ousa julgar os atos de sua senhora, negrinha vagabunda? Eu te chamei para fazer o seu serviço e é isso que deve fazer. Vá buscar as coisas que necessitas e volte imediatamente com tudo pronto ou mandarei te surrar até que morras!

Desorientada, Calú embrenhou-se na mata para procurar as ervas que conhecia tão bem. Seu rosto ainda queimava pela agressão e também pelo ódio que invadia seu coração. Ela que sempre fora fiel, facilitara os encontros clandestinos da condessa em várias ocasiões, que não foram poucas, causara-lhe o primeiro aborto e nem um obrigado tivera, e ainda tinha que apanhar? Vagabunda era ela, que se vestia com capricho, perfumava-se e fazia o papel da esposa perfeita ao lado do conde, mas ao menor afastamento deste, deitava-se em qualquer lugar com qualquer um. E depois ela é quem tinha que virar-se para dar um fim aos bastardinhos? Hoje iria a forra, seria o seu dia de vitória. Apanhou ervas que em nada serviriam para o aborto proposto e fez uma mistura que após a infusão levaria a mulher à morte em pouco tempo. Aí sim ficaria contente, em ver aquele poço de vaidade e devassidão morrendo lentamente pelas suas mãos.

Calú entrou no quarto onde a condessa encontrava-se deitada.

– Já está pronto o remedinho, minha querida? – Além de tudo era cínica.

– Sim, senhora. Preparei uma grande caneca e hoje mesmo estará livre do seu mal.

– Ah que bom! Desculpe, sim? Perdoa-me se perdi a paciência contigo, mas não gosto que me ponham contra a parede.

Calú lançou um olhar furtivo para sua patroa.

– Não foi nada, já esqueci! Tome o chá e fique deitada.

Em poucos minutos a mulher começou a sentir dores insuportáveis.

– Calú, esse não é o mesmo chá? Estou com dores horrorosas!

– É assim mesmo, senhora, faz muito pouco tempo do outro acidente.

Intimamente a escrava alegrava-se ao ver o sofrimento da condessa.

– Calú, eu estou morrendo!

A negra subiu sobre a cama e falou:

– Isso mesmo, condessinha vagabunda, estou livrando o mundo de sua podridão. Morra! Sua infeliz!

A porta se abriu e uma escrava ouve as últimas palavras de Calú e sai correndo e gritando pela enorme mansão:

– A Calú está matando a condessa!

Em poucos minutos o chefe da guarda invade o quarto e vê a cena, a condessa morta sobre a cama e a escrava rindo histericamente ao seu lado. Um golpe certeiro de sua espada corta o pescoço da mulher, a cabeça de Calú cai sobre o corpo inerte de sua vítima.

Depois de muito vagarem por tortuosos caminhos inferiores, os espíritos de ambas encontraram-se em uma lei de esquerda. Na linha de Maria Mulambo conseguiram o fio condutor de uma lenta e necessária evolução. Este é um dos raros casos em que dois espíritos ligados pelo ódio em terra, uniram-se para a evolução sob a mesma lei.

Sophia hoje atende por Maria Mulambo das Sete Catacumbas e Calú, por Maria Mulambo das Almas.

Laroiê as Pombagiras!

Ponto Cantado de Maria Mulambo

Maria mulambo quem te chama sou eu (bis)
Ai eu estou desesperado na hora do meu desespero
Maria mulambo venha ser minha advogada (bis)
mulher ingrata por que me fazes sofrer (bis)
Por que me maltratas assim a noite é nossa você é linda
Maria mulambo eu não vivo sem você (bis)

Exú Mangueira

Exú Mangueira, identificado pelo nome cabalístico de Agalieraps, segundo conta foi um rico criador de gado bovino que ascendeu ao poder se tornando primeiro-ministro da França. Cobiçado pelas mulheres da Corte, pois era muito educado e cortês, tinha uma boa lábia, conquistando muitos corações casados e deixando muitos maridos ciumentos irritados, tanto que foi morto por um destes.

Certa noite, após se encantar por uma moça casada durante um baile da corte francesa, acabou se envolvendo além do que devia. O marido da bela jovem observava de longe os galanteios que a esposa recebia do Don Juan. Pensou em interferir, mas decidiu esperar o desfecho daquela conversa.

Sem perceber que estavam sendo vigiados de longe, o casal se retirou discretamente do salão se dirigindo a um dos aposentos daquele grande palácio.

Quando os dois já estavam na cama e sem roupas, o marido da bela jovem adentrou ao quarto com sua pistola na mão e não titubeou, atirou nos dois, acabando com aquela pouca vergonha.

Desesperado pelo que havia feito e arrependido por ter matado sua amada em um momento de ódio, acabou por se atirar pela janela do quarto e também deixou a vida.

Agalieraps vagou bem um longo tempo nas zonas umbralinas do astral até ser resgatado e conduzido à linha da esquerda da Umbanda para trabalhar e poder buscar sua evolução na senda do bem.

Seu nome vem dos locais de criação de bois, mangueira é uma espécie de local onde se separa o gado para castrar, dar remédios, etc.

E seu trabalho é fiscalizar os planos físicos, dando ordens aos seus comandados, e só recebendo ordens de seus superiores e de mais ninguém.

Agalieraps (Exú Mangueira) tem gigantesco poder de cura, procurando prestar este auxílio especialmente aos iniciados na verdadeira ciência sagrada. Com sua sabedoria e conhecimento na Lei do retorno, poderá trazer iluminação e sabedoria para aqueles que a ele simpatizar. Mangueira garante proteção contra roubos, assaltos, acidentes, e mesmo ataques provenientes de rituais de magia negra e ainda combate as ondas de energia mental negativa.

Em sua apresentação, manifesta-se como um homem normal, de olhos brilhantes, de olhar profundo, trazendo o significado de ver além das aparências, podendo com grande facilidade compreender os pensamentos de seus consulentes.

Mangueira usa um turbante indicando seu conhecimento total da magia oriental, mais particularmente Hindu. Em sua mão, algumas folhas de mangueira, árvore originária da Índia, representando o culto ao tempo e aos antepassados. É símbolo também de sua maestria em lidar com elementos naturais (folhas, talos, caules, flores, frutos, especialmente, e de maneira particularmente espetacular, com a mangueira), para se trabalhar com grandes feitos de magia astral, ou mesmo com a magia natural. Por este particular enlace com esta árvore, apresenta o conhecimento da botânica oculta, ou botânica mágica, advertindo e ensinando aos seus aparelhos o poder das plantas e da necessidade de saber cultivá-las e protegê-las de quaisquer agressões. Outra planta que está intimamente ligada à vibração energética de Exú Mangueira é a alfazema, que simbolicamente representa a propagação dos perfumes utilizados nos ritos da Alta Magia, e da necessidade dos aromas dentro da Sagrada Ciência.

Apresenta-se como um homem culto, de fala calma e poética, aprecia um bom charuto, champanhe, vinhos, cerveja branca, mas sua bebida predileta é o absinto.

Ponto Cantado do Exú Mangueira

Ventou bem forte
A mangueira nem tremeu (bis)

Quando ouviu sua gargalhada
Todo mundo estremeceu (bis)

Cuidado gente Exú Mangueira
É quimbandeiro (bis)

Santo Antônio de licença
Pra ele entrar neste terreiro(bis)

Exú criado no meio da bruxaria
É um Exú inquizilado

É melhor tomar cuidado
Sabe tudo de magia

Exú João Caveira

João Caveira viveu na terra física, em 670 a.C., no Egito. Seu nome era Próculo, de origem romana, dado em homenagem ao chefe da Guarda Romana naquela época.

Próculo vivia em uma aldeia, fazendo parte de uma família bastante humilde. Durante toda sua vida, batalhou para crescer e acumular riquezas, principalmente com a criação de cabras, camelos e o cultivo da terra. Naquela época, para ter uma mulher era necessário comprá-la do pai, e esta era a motivação que o levou a batalhar tanto pelo seu crescimento financeiro. Próculo teve uma grande paixão em sua vida, por uma moça que fora criada com ele desde criança. Procurou acumular muita riqueza, pois temia que o pai da moça recusasse seu pedido de casamento.

Porém o destino lhe pregou uma peça amarga, pois seu irmão mais velho, sabendo de sua intenção em se casar, comprou sua amada hora antes de Próculo fazer seu pedido. Ao saber do ocorrido, Próculo ficou extremamente magoado com seu irmão, sentia-se como se tivesse sido apunhalado pelas costas por uma pessoa que tanto estimava, porém respeitou o acontecido pelo fato dele ser sangue do seu sangue.

Seu irmão era muito invejoso e não tinha nem metade da riqueza que ele próprio havia acumulado. A aldeia de Próculo era rica e próspera, e isto trazia muita inveja aos seus vizinhos.

Certo dia uma aldeia próxima, muito maior em habitantes, porém com menos riquezas por ser afastada do Rio Nilo, começou a ter sua atenção voltada para a aldeia de Próculo.

Uma guerra teve início. A aldeia de Próculo foi invadida repentinamente e pegou todos os habitantes de surpresa. Estando em inferioridade numérica, foram todos mortos, restando somente 49 pessoas. Estes sobreviventes, revoltados, se uniram e partiram para a vingança, invadindo a aldeia inimiga, onde estavam mulheres e crianças. Muitas pessoas inocentes foram mortas neste ato de raiva e ódio. No entanto, devido à inferioridade numérica, logo todos foram cercados e capturados. Próculo, assim como seus companheiros, foi queimado vivo. Mas, a dor maior que ele sentiu "não foi a do fogo, e sim a do coração", pela traição que sofreu do próprio irmão, que agora queimava ao seu lado. Esta foi a origem dos 49 Exús da linha de Caveira, constituída por todos os homens e mulheres que naquele dia desencarnaram.

São raros os médiuns que o incorporam, pois ele tem fama de bravo e rabugento. Quando fala algo, o faz com firmeza, nunca na dúvida. Tem temperamento inconstante, se apresentando ora alegre, ora nervoso, ora calmo, ora apressado, por isso é dado por muitos como louco. No entanto, João Caveira é extremamente leal e amigo, sendo até um pouco ciumento. Fidelidade é uma de suas características mais marcantes, por isso mesmo não perdoa traição e valoriza muito a amizade verdadeira. Considera a pior das traições, aquela que é feita por um amigo.

Seu aparelho (médium que incorpora) demora a adquirir confiança e intimidade com este Exú, pois é posto a prova o tempo todo. No entanto, uma vez amigo de João Caveira, tem-se um amigo para o resto da vida. Nesta e em outras evoluções.

Salve seu João Caveira!

Ponto Cantado do Exú João Caveira

Quando eu vou ao cemitério
Peço licença para entrar
Bato com meu pé esquerdo
E começo a "saravar"

Eu "saravo" Omolum (Omolum)
Seu João Caveira também
Passo e peço a proteção
Para o povo do além. (bis)

João Caveira vem, vem me ajudar (bis)

Mironga é boa só para quem sabe girar
Eu corro o céu, eu corro a terra, eu corro o mar
Também corro a encruzilhada para todo o mal levar

Portão de ferro, cadeado de madeira (bis)

Quem é que está na gira, é Seu João Caveira (bis)

Exú Veludo

Texto escrito por Dagmar Hernandes.
História contada pelo Exú Veludo

É comum para um espírito caído e renascido das trevas, a lembrança sempre da última encarnação. Mas seria impossível contar esta história sem lembrar as duas últimas reencarnações desse ser. Vamos chamá-lo de Veludo, desde já, pois não fui autorizada a revelar sua verdadeira identidade.

Veludo ocupava um dos mais altos postos entre os soldados de Roma, tinha trinta anos quando presenciou a Paixão e Morte de Cristo. Pena? Quase nenhuma. Tinha um ódio do povo judeu sem razão, que crescia a cada dia. Não se abalou com a comoção e nem com o sofrimento do Inocente. Durante vários anos continuou a perseguição implacável aos cristãos, matava por prazer, sentia o gosto do sangue em sua boca e isto lhe fazia chegar ao ápice da glória. Morreu aos setenta e cinco anos, sozinho e leproso. O corpo totalmente deformado, mas a mente sempre perversa.

Ficou por muitos séculos pagando em outras esferas seus débitos aqui contraídos. Sofreu muito, se redimiu, e por volta de 1900, teve a oportunidade de reencarnar na Alemanha.

Filho de um Oficial do Exército e de uma dona de casa, Veludo sempre foi muito calado e tímido. Extremamente inteligente, tinha paixão por armas de fogo, confeccionava-as com pedaços de madeira, galhos de árvores e depois com pedaços retorcidos de metal. Passava horas admirando as antigas armas do pai. Assim que pôde se alistou no Exército, era apaixonado pela Armada. Tornou-se um dos mais fiéis e dedicados membros da Corporação. Seu comportamento agressivo foi se aflorando a cada dia. Matava animais com muita vontade, e com essa atitude, seus olhos brilhavam de prazer. Quando estourou a II Guerra Mundial, Veludo foi agraciado por seu comportamento exemplar e tornou-se homem de confiança de Adolf Hitler. A partir deste momento a violência e a revolta contra os judeus explodiram na mente do soldado, que, aproveitando a situação, cometeu todas as espécies de barbárie. Praticava tiro ao alvo da janela de seu quarto em crianças e mulheres judias presas nos campos de concentração, estourava miolos de pais na presença de filhos, de mulheres na presença de maridos e o sentimento pela vontade de matar crescia a cada dia. Vibrava com cada vítima que chorava, esperneava e implorava pela sua vida. Até que entre as mulheres que iriam para a câmara de gás, um par de olhos muito azuis chamou sua atenção. Era uma judia russa que estava prestes a morrer. Sem conseguir explicar o porquê, Veludo se apaixonou. E se odiou por isto. Amava e odiava com a mesma intensidade. Ele simplesmente não conseguia ser bom.

Separou a moça nua das outras e levou-a para seus aposentos. O amor era violento, selvagem, misturava-se com o ódio que sentia por aquela mulher ser judia. Por dez dias, alegando estar adoentado, recolheu-se com a moça judia. Quanto mais a amava, mais seu ódio crescia. Viciou-se, abusou dela, e fez com que a jovem sofresse toda a sorte de humilhações, até que por fim a matou. Corroía-se de amor, de ódio e de remorso. Ficou mais violento mais amargo e mais cruel. Com o fim da II Guerra Mundial os militares alemães foram perseguidos e capturados. Veludo conseguiu fugir e pediu ajuda a sua esposa que o escondeu em uma velha casa da família. Informada das atrocidades praticadas pelo marido e da traição dele com a judia russa, ficou cega de ciúme e entregou-o aos soldados inimigos. Ao lado de outros oficiais alemães, Veludo foi colocado em um paredão e recebeu vários tiros, depois foi jogado em uma vala muito funda, porém não morreu imediatamente, ficou por muitos dias coberto com os outros mortos, se asfixiando aos poucos, quanto mais força fazia para respirar, mais sentia a podridão humana, o sangue fétido e o cheiro de morte, até que seu espírito não suportando mais aquilo tudo, deixou o corpo. A sensação que tinha era que se afogava naquele lodo que cheirava forte, e quase o impedia de respirar.

Passado mais de quarenta anos, Veludo foi resgatado de seu sofrimento pelo Senhor Ogum Rompe Mato e trazido para trabalhar na Umbanda. Hoje totalmente transformado coloca a caridade acima de qualquer obstáculo e trabalha muito. Já pertence à Ordem dos Cavalheiros, mas não quer deixar a casa que tanto lhe ajudou e que tanto ama, assim como não quer deixar a médium, a quem devota tanta admiração. Por alguns meses sua ex-esposa trabalhou como Exú Mulher naquela casa. Incorporando na mesma médium, veio se desculpar por ter entregado seu marido, levada pelo ciúme. Conseguiu seu perdão e hoje está em outra esfera astral praticando também a caridade.

Ponto Cantado do Exú Veludo

Ele é Exú e pra ele não tem mistério!
Mora na encruza, lá perto do cemitério.

Vence demanda, ele vence tudo!
Ele é Exú de fé, ele é Exú Veludo!

Malandros

    Vou abrir um espaço neste livro para uma linha que vem crescendo dentro da Umbanda, a linha de Malandro, pois os Guias Espirituais que nela trabalham possuem grande força e importância em nossa Umbanda, além de ter muito respeito ao meu querido Zé Pelintra e seu povo.

    Os malandros têm como principal característica de identificação, além da malandragem, o amor pela noite, músicas, jogos e boemia, e uma atração pelas mulheres (principalmente pelas prostitutas, mulheres da noite, etc.).

    O malandro de Pernambuco dança coco, xaxado, passa a noite inteira no forró; já no Rio de Janeiro ele vive na Lapa, gosta de samba e passa suas noites na gafieira, aproximando-se do estereótipo do antigo malandro contado em histórias, músicas e peças de teatro. Atitudes regionais bem diferentes, mas que marcam exatamente a figura do malandro. Alguns quando se manifestam se vestem a caráter. Terno branco, gravata vermelha, sapato de duas cores e chapéu estilo Panamá. Mas a maioria gosta mesmo é de roupas leves, camisas de seda, e justificam o gosto lembrando que "a navalha não corta a seda", assim a consideram uma proteção contra seus inimigos. Navalhas estas que levavam no bolso, como instrumento de proteção. Em suas brigas, na maioria das vezes jogava capoeira, às vezes arrancavam os sapatos e prendiam a navalha entre os dedos do pé, visando atingir o inimigo.

    Quando vêm aos nossos terreiros, bebem de tudo, da cachaça ao uísque. Fumam na maioria das vezes cigarros, mas utilizam também o charuto. São cordiais, alegres, gostam muito de dançar e não dispensam seu chapéu estilo Panamá. Costumam se envolver com qualquer tipo de assunto e têm capacidade espiritual bastante elevada para resolvê-los, podem curar, desamarrar, desmanchar, como podem também proteger e abrir caminhos. Têm sempre grandes amigos entre os que os vão visitar em suas sessões ou festas.

Existem também as manifestações femininas da malandragem, Maria Navalha é um bom exemplo. Manifestam-se com características semelhantes a dos malandros, dançam, sambam, bebem e fumam da mesma maneira. Apesar da forma que se apresentam, demonstram sempre muita feminilidade, são vaidosas, gostam de presentes bonitos, de flores, principalmente vermelhas, e vestem-se sempre muito bem.

Ainda que tratados muitas vezes como Exús, os Malandros não o são. Essa ideia existe porque se manifestam tranquilamente nas sessões de Exú e parece um deles. Os Malandros são espíritos em evolução que, após um determinado tempo, podem, caso desejem, se tornar Exús.

Pode-se notar na simplicidade das palavras e dos termos com os quais são compostos os pontos e cantigas dessas entidades, que são simples, amigos, leais e verdadeiros. Apesar da figura do malandro, do jogador e arruaceiro, detesta que façam mal ou enganem os mais fracos.

Na Umbanda o Malandro vem na linha dos Exús, com sua tradicional vestimenta, calças, sapatos e terno brancos, gravata vermelha, chapéu branco com uma fita vermelha ou chapéu de palha e finalmente sua bengala. Podendo também vir na linha dos Baianos, pois eles têm, em alguns casos, origem nordestina e com raízes no Catimbó.

São donos de duas características marcantes: uma é a de serem muito brincalhões, gostam muito de dançar, da presença de mulheres, de elogiá-las, etc. A outra é a de ficar sério parado num canto, assim como sua imagem. Gosta de observar o movimento ao seu redor, mas sem perder suas características.

Seu ponto de força é na subida de morros, esquinas, encruzilhadas e até em cemitérios, pois ele trabalha muito com as almas, assim como é característico na linha dos Pretos-velhos e exús. Sua imagem costuma ficar na porta de entrada dos terreiros, pois ele também toma conta das portas das entradas e recepções em geral.

Gostaria de lembrar que temos dois tipos de Zé Pelintra, o que veio de Pernambuco para o Rio de Janeiro e ficou conhecido como o malandro da Lapa e o Zé Pelintra do Catimbó, que vem do interior pernambucano, porém manteve suas origens em Pernambuco e apresenta uma vestimenta mais sertaneja.

Considerando ser uma linha nova na Umbanda, não localizei muitas histórias ou lendas a respeito destas entidades, por isso achei interessante contar algumas fábulas do seu mais famoso representante, nosso amigo Zé Pelintra.

Zé Pelintra incorpora no Catimbó (religião com prática mais forte no Nordeste do país, mais precisamente em Recife), apesar de suas vestes de malandro, sua figura tem uma conotação completamente diferente. Lá, ele é doutor, curador, Mestre e muito respeitado, não que não seja respeitado na Umbanda.

O reino espiritual do Catimbó é chamado "Jurema", local sagrado onde vivem seus Mestres. Religião muito próxima da Umbanda, mas que mantém suas características bem independentes. Na Jurema, Seu Zé Pelintra não tem a menor conotação de Exú, a não ser quando a reunião é de esquerda, porque o Mestre tem essa capacidade de vir nas duas vibrações. Quando vem na esquerda, não é que venha para praticar o mal, é justamente o contrário, vem revestido desse tipo de energia para poder cortá-lo com muita propriedade e assim auxiliar mais facilmente aos que vêm lhe rogar ajuda. No Catimbó, Seu Zé usa bengala, que pode ser qualquer cajado, fuma cachimbo e bebe cachaça. Dança coco, baião e xaxado, sorri para as mulheres, abençoa a todos que o abraçam e o chamam de padrinho.

Salve a Malandragem!

Zé Pelintra do Cabo

José Emerenciano nasceu em Pernambuco, filho de uma escrava forra com seu ex-dono, teve algumas oportunidades na vida. Trabalhou em serviços de gabinete, mas não suportava a rotina. Estudou pouco, pois não tinha paciência para isso. Gostava mesmo era de farra, bebida e mulheres, não uma ou duas, mas muitas. Houve uma época em que estava tão encrencado em sua cidade natal que teve de fugir e tentar novos ares. Foi assim que José Emerenciano surgiu na Cidade Maravilhosa.

Sempre fiel aos seus princípios, estava claro que o lugar escolhido havia de ser a Lapa, reduto dos marginais e mulheres de vida fácil na época. Em pouco tempo passou a viver do dinheiro arrecadado por suas "meninas", que apaixonadas pela bela estampa do negro, dividiam o pouco que ganhavam com o suor de seus corpos. Não foram poucas as vezes que José Emerenciano teve que enfrentar marginais em defesa daquelas que lhe davam o pão de cada dia. Era impiedoso com quem ousasse atravessar seu caminho. Carregava sempre consigo um punhal de cabo de osso, que dizia ser seu amuleto, e com ele rasgara muita carne de bandido atrevido, como se orgulhava em dizer entre gargalhadas quando nas mesas dos botecos de sua preferência.

vestido em impecáveis ternos de linho branco, camisas de cambraia adornadas por uma gravata de seda vermelha e um lenço branco na algibeira do paletó; na cabeça um chapéu estilo panamá e os sapatos de duas cores compunha-lhe o tipo. Nunca lhe faltava dinheiro no bolso, nem amigos para mais um trago.

Aos domingos, todos podiam ver Zé Pelintra Valentão entrando na Igreja Nossa Senhora do Carmo, no centro de Recife, para fazer suas orações. Dizia-se também devoto de Santo Antônio e no dia de sua consagração, lá estava o Zé Pelintra Valentão, impecável com seu terno de linho, pronto para a procissão pela Avenida Conde da Boa Vista.

A morte de Zé Pelintra Valentão ocorreu misteriosamente. Conta-se que aos quarenta e um anos de idade, ainda muito moço, ele amanheceu morto, sem nenhum vestígio de ferimento externo. Soube-se, entretanto, que Zulmira, uma das suas amantes, tinha feito um "trabalho" para ele. Ela tinha um filho que Zé Pelintra recusava registrar como seu. Zulmira tinha um ciúme doentio de Zé, e por causa disso ela já estivera envolvida em muitas brigas e confusões. Ela queria o homem só para si. Assim, contam que lhe dera um prazo de sete semanas para que ele deixasse as outras amantes e fosse para a sua casa no bairro de Tamarineira. Zé Pelintra não foi e acabou sendo envenenado. Zulmira, depois da morte dele, sumiu de Recife e nunca mais se soube dela nem do filho.

Seu Zé torna-se famoso primeiramente no nordeste, seja como frequentador dos catimbós ou já como entidade dessa religião. O Catimbó está inserido no quadro das religiões populares do norte e nordeste e traz consigo a relação com a pajelança indígena e o candomblé de caboclo muito difundido na Bahia. Conta-se que ainda jovem era um caboclo violento que brigava por qualquer coisa mesmo sem ter razão. Sua fama de "erveiro" vem também do nordeste. Era capaz de receitar chás medicinais para a cura de qualquer mal, benzer e quebrar feitiços dos seus consulentes. Já no nordeste a figura de Zé Pelintra é identificada também pela sua preocupação com a elegância. No Catimbó, usa chapéu de palha e um lenço vermelho no pescoço. Fuma cachimbo, ao invés de charuto ou cigarro, como viria a ser na Umbanda, e gosta de trabalhar com os pés descalços no chão. Para Zé Pelintra a morte representou um momento de transição e de continuidade, e passa a ser assim, incorporado à Umbanda e ao Catimbó como entidade "baixando" em médiuns em diversas cidades.

Todo esse relato em última instância não tem comprovação histórica garantida, mas o importante para nós nesse momento é o mito contado a respeito dessa figura. Seu Zé é a única entidade da Umbanda que é aceita em dois rituais diferentes e opostos: a "Linha das Almas" (caboclos e Pretos-velhos) e o ritual do "Povo de Rua" (Exús e Pombagiras).

Ponto Cantado de Zé Pelintra

De Manhã, quando eu desço a ladeira
A nêga pensa que eu vou trabalhar.

Eu boto meu baralho no bolso,
Meu cachecol no pescoço
E vou pra Barão de Mauá.

Trabalhar! Trabalhar pra quê?!
Se eu trabalhar, eu vou morrer!

Miguel da Camisa Preta

Vamos conhecer aqui um pouco da história encarnada do malandro Miguel da Camisa Preta, um dos responsáveis por eu ter começado esta pesquisa e escrito este livro.

Miguel da Camisa Preta, como é conhecido nos terreiros de Umbanda, era um boêmio das noites cariocas, um amante do samba e da escola de samba da Portela. Sua vida e também sua morte se passou em Madureira, não dispensava nenhuma "preta" como ele próprio dizia, esteve muitas vezes em rodas de samba de raiz do cacique de Ramos, mais um lugar preferido para as noites de carteado, fora a favela do Jacaré, Zona Norte do Rio de Janeiro.

Miguel da Camisa Preta viveu até seus quarenta e quatro anos de idade, teve um filho, uma esposa e várias amantes. Era muito requisitado para resolver problemas nas comunidades que frequentava, e com isso tornou-se amigo de muitos, mas também criou inimizades, além de cobiçar inveja em outros.

Em uma sexta-feira de movimento na favela do Jacaré, ele bebia cerveja e jogava seu carteado em um botequim dos becos de lá, quando quatro homens entraram no bar e o assassinaram pelas costas. Sua passagem espiritual não foi tão simples, pois não tendo se conformado com sua morte, se vingou das pessoas que o traíram matando cada uma delas.

Hoje sua missão é ajudar pessoas que se envolveram no tráfico, que têm problemas com vícios de drogas e bebidas, afim de, a cada dia, evoluir espiritualmente.

Miguel da Camisa Preta, como é conhecido, viveu aproximadamente nos anos oitenta. Para agradar esse malandro ou fazer pedidos, deve-se por uma cerveja aberta, um cigarro e um prato de sardinhas fritas na porta de um bar, de preferência nas sextas ou segundas-feiras. Miguel da Camisa Preta é um malandro muito fino que gosta de ser tratado com coisas de boa qualidade, suas vestes é uma camisa de linho preta e calça de linho branca, usa também chapéu de cor crua estilo Panamá, às vezes usa bengala, fuma cigarro de filtro amarelo, e cerveja para ele sendo quente ou gelada, tem que ser Brahma.

Segue aqui uma oração principalmente às pessoas que andam na noite, que passam por lugares perigosos, e também aquelas que querem se livrar de algum vício ou inimigo que queiram lhe fazer mal.

> *Miguel da Camisa Preta, boêmio das noites de seresta, anda comigo nessa noite e em todas as outras, e também nos dias, pois por onde passo pode ser que haja alguém que queira algo que eu tenho, e tudo que tenho consegui com meu esforço.*
>
> *Peço perdão se não sou tão bom ainda quanto deveria ser, mas em sua companhia espero melhorar a minha vida, diga a Ogum, seu mestre, que abra meus caminhos.*
>
> *Que através de você eu possa me libertar de qualquer vício. Que eu seja malandro sim, para me esquivar de assaltos, de balas perdidas e que por mais que às vezes seja necessário passar por um lugar, que você me desvie do mesmo se neste houver perigo.*
>
> *Que você esteja sempre ligado a mim como meu guia!*
>
> *Camisa Preta, amigo, me guia, me auxilia! Amém!*

Ponto Cantado do Seu Miguel da Camisa Preta

Dizem que ele matou,
Mas na verdade ele curou (bis)

Ele curou um cego, um aleijado sarou
Uma mulher grávida ele amparou
Essa criança nasceu, é seu amigo fiel
Perguntou o nome dele, é o Malandro Miguel

Dizem que ele matou,
Mas na verdade ele curou (bis)

Ele é um amigo, que estende a mão
Ele não derruba quem está no chão

Dizem que ele matou,
Mas na verdade ele curou (bis)

Ele joga baralho, ele gosta de tranca
É o Malandro Miguel, Mané Soares e Zé Pelintra.

Joana Pelintra

Em vida, foi mãe de três filhos. Trabalhou nas lavouras de milho enquanto o marido foi tentar a sorte no ciclo da borracha, lá nos seringais. Ela sempre se intitulava devota de Nossa Senhora da Glória.

Solitária, mas muito bonachona, Joana era uma daquelas mulheres de avental, saia, blusa de campanha e lenço na cabeça. Mulher da lida, de mãos calejadas do trabalho da roça e de casa, mas, à noite, depois do banho, era muito vaidosa. Sempre em seus vestidos de tecidos muito simples, porém de rendas, Joana só se dedicava, ora aos filhos, ora à comunidade. "Rezadeira", como ela mesma dizia, era daquelas que conhecia todo mundo. Era chamada pra ir à casa de todos, mas particularmente na dela, não gostava de receber ninguém. Dona de uma generosidade sem fim, ao mesmo tempo em que ela era carinhosa e cuidadosa, também era dura e rígida. Como mãe que dá a palmatória certa nas horas que tem que dar. Sua fala é comprida, adorava uma boa prosa. Mas quando dá pra falar curto e grosso ninguém a segura. A língua fica maior do que a boca.

Gosta de dançar, beber e brincar, sem abusar, porque a vida não é feita só de excessos. Senhora da moderação, ensina aos seus filhos a se reinventarem todos os dias, pois devemos lutar com gana para suportar as voltas que esse mundo dá. E, ao mesmo tempo, fazer da aflição do outro um motivo de se motivar e prosseguir, como quem trilha sua própria tristeza e avança. Porque vê no outro e projeta na caridade e generosidade alheia a mesma dedicação e o mesmo esforço que tanto precisa ter e desenvolver na vida para dignar a si mesma.

Salve Joana Pelintra!

Ponto Cantado de Malandro

Estava sentado no muro
Fumando um bagulho a polícia chegou

Joguei o bagulho pro alto
Sai no pinote e ninguém me pegou

Houve tiroteio, houve confusão
Parou na porta um camburão.

Maria Navalha

Diziam se tratar de uma mulher de vida fácil, porém ela sempre trabalhou muito para sustentar seu irmão doente mental. Trabalhou no cais, nos mais diversos bares e botecos que já existiram por lá. Fez fama pelo seu temperamento rude e de difícil amizade, talvez, por sua vida humilde.

Logo após nascer seu irmão, sua mãe morreu por complicações no parto, uma mulher doce e dedicada a seus filhos e marido. O pai, um militar muito severo, não conformado com a morte da esposa, rejeita o próprio filho e foi aí que Maria Regina das Dores, mais tarde chamada de Maria Navalha, se pôs entre o pai martirizado pela morte de sua amada e um filho que apresentava uma deficiência mental. Tudo isso a levou a uma vida de sofrimentos e angústias. Logo depois o pai também se foi. Morreu de tristeza, pois não suportou a partida de tão doce mulher.

Após seu falecimento, eles tiveram que se mudar para um lugar muito humilde. Então, Maria Navalha, agora com quatorze anos, começa entender que a vida para as mulheres na década de 50 não era tão fácil assim. Trabalhou em casa de família, mas seu jeito meigo logo atraiu os olhares maliciosos de seus patrões cobiçosos e sedentos, e foi por um deles que ela acabou deixando-se seduzir. Com esse patrão ela viveu dez anos de sua vida, até que um dia ele se foi sem deixar nenhuma notícia. Ela que sempre foi contra a dependência, logo naquele momento voltava para a rua da amargura com seu irmão que sempre estava ao seu lado. Seu desvio mental em nada comprometia o carinho e o afeto de irmão e amigo que ela sentia por ele. Foram muitas as noites que ela se pegou chorando, sem ter o que comer, com fome e frio na rua. Até que um dia se mudaram para o porto.

Não demorou e logo arrumou um emprego de garçonete em um prostíbulo. Ela era tão assediada que as meninas que ali ganhavam sua vida vendendo seus corpos se incomodavam com aquela bela jovem que agora já tinha seus vinte e cinco anos. Em meio às várias pessoas que ali frequentava, apareceu um homem negro, bem trajado, de terno de linho branco e com uma gravata vermelha que tinha um ar de conquistador. O homem pediu uma cerveja e enquanto esperava, sacou do bolso um baralho, com que ficou a cartear em cima da mesa, provocando o olhar de todos no local.

Não demorou muito um homem chegou à sua mesa para saber o que aquele estranho tinha para oferecer além de sua pinta de nobre, sacando do bolso um lindo relógio de corrente. E foi assim que o tal homem depenou os pobres frequentadores daquele local. Entre uma rodada e outra, seu olhar se virava para Maria, doce e bela, a menina correspondia com um sorriso de deboche, ao acabar com quase todos ali presentes e com o bolso cheio de "pataco" ele se levantou, como se é de costume e pediu uma pinga para finalizar sua noite. Ele nunca passava das três da manhã. Eram ordens expressas de uma vidente. Então, tomou a cachaça, que lhe dava ânimo para chegar a sua morada, mas antes de sair, agradeceu à Maria e se foi.

Após algumas horas de sua partida, Maria, cansada por mais um dia de exaustivo trabalho, também se foi embora. Ao passar por uma viela escura, um caminho mais curto próximo a Av. Mem de Sá (no Rio de Janeiro), se deparou com duas pessoas suspeitas que tinham um olhar de maldade e cobiça. Com medo, ela apressou seus passos na tentativa de despistar aqueles homens estranhos. Quando, sem ela esperar, outro homem a cerca entre as vielas, segura em seu braço e cumprimenta a moça. O homem era um dos tais que haviam sido depenados pelo negro de terno branco que havia estado no bar onde trabalhava, e queria ter ao menos uma alegria após uma noite de derrotas no carteado, lembrando a menina que havia reparado que ela ria para o tal homem enquanto ele perdia seu dinheiro. Nesse instante, ela correu em direção ao outro lado da viela e lá estavam os dois que a estavam perseguindo. Sentindo-se sem salvação, começou a pedir a São Jorge, seu santo de devoção a quem sempre teve um grande carinho e fé, para que a socorresse. Como em um passe de mágica, mais do que depressa, veio aquele negro todo engomado, cheio de passos bonitos até pra andar e disse: *"Boa noite seu moço, você diz que me conhece, tem razão de me conhecer, eu nasci de madrugada antes do dia amanhecer".*

Em seguida, retira do bolso da sua calça uma navalha, e com tamanha destreza, perfura o rosto do perdedor inconformado, que logo sai todo molhado com seu próprio sangue ruim e cheio de ódio. Os outros dois homens, que a perseguiam, mais do que depressa também resolvem se retirar por medo ou por simples vontade de não estar ali naquele nevoeiro que só aumentava, fazendo o pavor aumentar ainda mais. Ao se virar, Maria percebe que a roupa branca do nêgo malandro esta cheia de sangue, resultado do corte do inimigo que tentara incomodar a bela mulher. Então, no intuito de agradecer ao seu belo herói, ela o convida para que fosse pelo menos limpar as manchas que estavam em sua nobre roupa, e assim, foram conversando, dando muitas risadas, ela cada vez mais seduzida pelo homem que lhe dava atenção e carinho. Ao chegar a sua casa, ele retirou o paletó e ela começou a lavá-lo. Em seguida, deixou-o secar um pouco, porém, não tendo sucesso na retirada de toda a mancha, ela largou de mão e eles começaram a beber. Maria tinha não se sabe por que, uma garrafa de coquinho que serviu a si e ao seu herói. Ele, cada vez mais sedutor, fazia-a dar altas risadas enquanto o irmão dela roncava em sono pesado, sem imaginar que tinha visita. De tanto beber, ela acabou adormecendo e ao acordar sentiu algo diferente em si mesma, como se estivesse mais ousada, mais capaz, mais forte. Ao se levantar, o belo homem já tinha ido sem deixar rastro, apenas um bilhete e a navalha em cima como apoio. No bilhete, ele dizia:

"Obrigado por confiar em mim. Essa navalha nos une para todo o sempre e com ela vais cortar a injustiça, a maldade e a mentira. Saiba usar porque seu fio de corte está ligado diretamente ao seu coração. Saiba separar os bons dos maus e eu estarei sempre ao seu lado."

Seus olhos se encheram de lágrimas com a partida do seu eterno herói, sem nem ao menos um beijo de despedida, nada, apenas aquela navalha. Logo ela que demorou tanto para se simpatizar com outro homem, mal isso tinha acontecido e já houve a separação. Conforme ele disse, ela fez. Sempre que precisava de ajuda, a navalha a acudia, tanto que os homens e as pessoas ruins a apelidaram de Maria Navalha. Não havia quem não a conhecia. Logo que a vida começou a melhorar, ela comprou um chapéu estilo Panamá com uma fita vermelha igual ao do seu amado e usava sempre para todo lado que ia. Às vezes, achavam que ela gostava de mulheres, pois fazia uma cara de mau e brigava como um homem, mas na verdade ela sempre esperava um dia poder reencontrar seu grande amor.

Chegou à Quimbanda com muita luta também, mas sem a navalha. Teve que lutar contra o seu mental para ir chegando aos patamares em que está. É difícil, mas se consegue.

Hoje presta seu serviço, com muito carinho, com muita vontade, porque ela é muito feliz onde está agora.

Ponto Cantado de Maria Navalha

Eu falei pra não mexer
Eu falei pra não brigar
Os rivais ela retalha (bis)

Oh lá no morro
Chamam ela de Maria
Mas na alta burguesia
Só lhe chamam de Navalha (bis)

Maria do Cais

Minha mãe já era prostituta nos chamados cabarés, morreu jovem de DST, deixando três filhos, entre eles eu, Maria.

Fui morar com uma tia que me rejeitava devido à vida que minha mãe levava, sempre dizendo que "a fruta não caía longe do pé". A minha tia sempre me usava como empregada e me maltratava. Fui violentada pelo filho dela aos doze anos de idade. Onde decidi fugir daquela casa.

Fiquei vagando muito tempo nas estradas, pegando carona com caminhoneiros. Já não era mais inocente e para sobreviver segui a vida de minha mãe, me tornei uma prostituta.

Nessas andanças me apaixonei pelo mar, na verdade me apaixonei pelo que o mar podia me trazer; homens de vários lugares e nacionalidades. Como gostava de viajar, sonhava em um dia ir para o estrangeiro com algum desses homens que conhecia, mas isso nunca aconteceu!

As promessas eram muitas (ao longo dos anos aprendi que os homens eram apenas galanteadores), sempre ganhava presentes, e o que mais eu gostava de ganhar eram os sapatos, de preferência de salto alto. Apesar de me acharem uma dama, eu sempre falava muito palavrão e besteiras sobre safadezas.

Eu não era de beber muito e só aceitava bebidas oferecidas por homens. A minha preferida é a vodca, mas geralmente bebia aguardente, porque era isso que eles tinham. Um ou outro satisfazia a minha ilusão do que era ser chique.

Por ter dificuldade em ter amigas mulheres, nunca fui de frequentar lugares como os que a minha mãe gostava. Sempre arranjava encrenca nesses lugares, por falar o que pensava e muitas vezes de forma grosseira e certeira.

Adorava perambular pelo cais do porto, por isso me apelidaram de Maria do Cais. Vivia nos bares à beira da praia dos pescadores, à base de trocas de favores e presentes. Conheci muitos homens, que de meses em meses voltavam a me procurar, como as ondas do mar, num ir e vir, eu sabia que eles sempre voltavam.

Estabeleci minha moradia ali, conheci o amor da minha vida através do mar. Se saísse dali, como ele poderia me encontrar novamente?

Conheci um comandante de navio do qual me apaixonei! Ele me tratava diferente dos outros homens, mostrando um carinho e uma preocupação por mim que jamais tive. Sabia que era loucura, porque nunca sabia quando ele retornaria a me ver. A maioria deles tinha família, inclusive o meu comandante.

Ficava a esperar por ele meses e meses. Era dele que ganhava boa parte dos meus sapatos, os quais tinham muito significado para mim, pois eram presentes do meu amor! Em sua ausência, eram os sapatos que me restavam como lembrança de bons momentos e da esperança da chegada dele.

Nunca tive filhos, era seca. Tinha muita raiva por isso, pois achava que através de um filho com ele, poderia fazer com que abandonasse tudo para ficar comigo.

Meu amor era sofrido demais, ele demorava muito para retornar, até o dia em que não voltou mais. Fui perdendo o ânimo pela vida, não queria saber mais de outros homens, não queria saber mais de comer! Fui me tornando uma pessoa infeliz e amarga ao ponto de afastar quem chegava perto de mim com palavras. Gritava tanta besteira, rogava praga aos navegantes de tão amargurada que estava. Fechei-me num mundo só eu e meus sapatos! Não via o que estava fazendo a mim mesma, me impedindo de ser feliz!

Tinha tanta raiva por ter sido abandonada, que joguei meus sapatos no mar, tentando fazer uma troca com Iemanjá!

Morri, apodreci por dentro com todos os sentimentos ruins que uma pessoa podia ter, me matei aos poucos por causa de um amor que mais tarde, depois que desencarnei, descobri que ele também tinha partido desse mundo por causa de uma doença, tuberculose!

Simplesmente cultivei o que tem de mais nocivo ao ser humano: sentimentos de ódio, amargura, tristeza, solidão.

Todos esses sentimentos fui eu mesma que plantei, olhei apenas para o meu egoísmo, não fui abandonada. Ele morreu! Mas não conseguia ver isso, estava cega! Tornei-me uma pessoa ruim com os outros que queriam me ajudar. Entristeci e não me arrumava mais, parecia uma mendiga no final dos tempos, só tinha osso, pensar que antigamente os homens ficavam loucos por causa do meu corpo. Não me banhava mais com meus perfumes do estrangeiro, joguei tudo no mar na esperança de Iemanjá me trazer o meu amor! Achava que Iemanjá queria meu homem, até isso cheguei a pensar, que absurdo! Costume que os encarnados têm de culpar nossos Orixás e Oxalá pelas desgraças da vida.

Temos que aprender com as nossas escolhas, eu mesma afastei várias oportunidades de ser feliz, fechando meus olhos para outros homens que queriam o meu bem.

A dor do amor é uma das piores dores que uma pessoa pode sentir. Dói demais! Mas dói se você permitir, a vida é como o mar, num ir e vir contínuo! Ninguém é de ninguém, as pessoas tornam as outras como parte de si, e as coisas não são assim, nada é eterno! Quando os encarnados entenderem isso, as dores serão menores. Nem nós desencarnados somos eternos, nos tornamos humanos, e etéreos novamente, num propósito de evoluir.

A vida e a morte são aprendizados constantes!

Salve nossa querida Maria do Cais!

Ponto Cantado da Malandra Maria do Cais

Noite linda, noite de lua cheia
As estrelas me guiam moça, na juremeira.

Ela é bonita, protetora das mulheres,
Trabalhou no cais, no pesado sim senhor.

Eu te pedi uma flor, ela me deu um jardim,
Jogou fagulhas de luz, nos meus caminhos até agora.

Esqueci de perguntar nas estradas da vida,
Como posso lhe chamar, ó moça.

Qual é seu nome na beira do cais?
Sou Maria homem! (bis)

Maria do Morro

Maria do Morro é uma Malandra que desencarnou há bem pouco tempo, mas foi rapidamente aceita no astral e tratada para ajudar as pessoas. Ela nasceu, viveu e morreu no morro. De família simples, tinha muitos irmãos, porém o pai os abandonou quando ainda era pequena. Sua mãe era lavadeira e Maria a ajudava como podia arrumando a casa, cozinhando e cuidando dos irmãos.

Maria do Morro amava a favela, o jeito como as pessoas viviam ali, o samba, e foi no samba que se apaixonou por um negro forte, alto, um Malandro sambista que levava uma vida bandida. Ele compôs muitos sambas em homenagem a Maria e procurava sempre levá-la para as boemias, porém Maria do Morro era muito ciumenta e ele, muito malandro, e mesmo morando juntos a união não deu certo. Os dois brigavam muito e ele a deixava em casa para ir para farra.

Maria era muito esperta e não queria ser passada para trás, e numa dessas brigas ela quebrou uma garrafa e partiu para cima do Malandrão que sacou uma arma e deu três tiros nela. Vieram pessoas de todos os lugares e a senhora lavadeira quando viu sua filha estirada no chão, morta, se pôs a chorar.

O malandrão tentou pular o muro, mas ficou preso num beco sem saída e acabou sendo preso. Maria, desencarnada, sentia fortes dores na cabeça e ficou desesperada ao ver seu corpo sangrando e sua mãe debruçada chorando.

Gritou. Gritou muito, mas ninguém podia ouvi-la. Foi assim que ela viu uma luz que vinha de longe e que tomava a forma de uma mulher que lhe disse:

– Maria não temas, suas dores logo cessarão, sua mãe irá melhorar e você receberá ajuda. – A mulher tirou Maria daquele lugar e a levou para um terreiro de Umbanda e explicou-lhe tudo sobre os trabalhos na linha da malandragem.

Maria nunca havia sido religiosa, mas gostou do que ouviu a respeito da caridade e do amor ao próximo, atuando num trabalho como entidade na Linha das Malandras. Após meses e meses se preparando, Maria recebeu o nome de Maria do Morro. Ela perdoou o homem que a matou, mas jurou nunca mais amar ninguém.

Ponto Cantado da Malandra Maria do Morro

Lá no morro sim,
que é lugar de tirar onda,
Bebendo cerveja, fumando bagulho
e jogando ronda.

Fonte de Pesquisa

- *Deuses dos Dois Mundos* – P. J. Pereira
- *As Melhores Histórias da Mitologia Africana* – A. S. Franchini, Carmen Saganfredo
- *Mitologia dos Orixás* – Reginaldo Prandi
- *Esmeralda* – Zíbia Gasparetto
- *Guardião da Meia-Noite* – Rubens Saraceni
- *Os Segredos da Bíblia* – Roberto Lima Netto
- *A História de Maria* – Ed. Mercuryo – 2003
- *Jornal de Todos os Brasis*
- *Obras Paulinas*
- *Mistérios do Povo Cigano* – Ana da Cigana Natasha, Edileuza da Cigana Nazira
- *Grupo de Estudos Boiadeiro Rei*
- Sites: Terra Santa, Arautos do Evangelho, Canção Nova, Portal Guife, Genuína Umbanda, Caboclos na Umbanda, Luz da Serra, Blog Umbanda Estudo.